Hella Marimont

# Nomaden im Frack

Paul List Verlag

Umschlagentwurf von Ingeborg Geith und Willem Weijers

ISBN 3 471 78134 X


Printed in Germany. Schrift: Garamond-Antiqua
Satz und Druck: Presse-Druck GmbH, Augsburg
Bindearbeit: Klotz, Augsburg

# INHALTSVERZEICHNIS

II. DIPLOMATEN ERSCHLIESSEN NEULAND



III. DIE GLANZZEIT

# Einleitung

Als frischgebackene Ehefrau eines jungen Diplomaten fand ich einmal in einer Illustrierten ein Foto, das mir des Ausschneidens wert schien.
Auf dem Bild war der Hinterteil eines zu Boden gegangenen Elefanten zu sehen. Daran lehnte eine Leiter, auf der ein betagtes Männlein emporzusteigen im Begriffe war. Klein, dürr und würdig, in einer goldbestickten Uniform und dem mit Straußenfedern verzierten Dreispitz nahm er sich neben der Elefantenanatomie wunderlich und beängstigend verloren aus. Unter dem Foto stand zu lesen, daß ein Diplomat, ein europäischer Botschafter im Fernen Osten, seinen Prunkelefanten besteigt, um sich zu den Hochzeitsfeierlichkeiten des Königs zu begeben.
Das Bild, das die bizarren Begebenheiten im Diplomatendasein so anschaulich widerzuspiegeln schien, ist während einer unserer zahlreichen Übersiedlungen abhanden gekommen. Die eigenartigen Dinge freilich, die das Leben der Diplomaten zwangsweise begleiten, stoßen uns nun schon seit langem selbst zu.
Eines Tages ließen sie mich überlegen, ob es unseren Diplomatenahnen ähnlich wie uns ergangen ist. Wer waren sie, wie lebten sie? Wurden auch sie fortwährend ungewöhnlichen Situationen ausgesetzt? Diese Gedanken kamen mir, als wir in einem exotischen Land im Süden auf Posten weilten und ich auf unserer Dachterrasse dort mit einem Suppentopf auf dem Kopf Wäsche aufhing. Mit einem umgestülpten Topf, der als Stahlhelm zu dienen hatte, denn rundherum pfiffen die Kugeln. Vom Personal konnte ich nicht verlangen, sich der Gefahr aus-

zusetzen, – es war nämlich gerade Revolution. Niemals vergingen sechs Monate, ohne daß es in einem der fünf Länder, in denen mein Mann damals als Botschafter beglaubigt war, nicht eine Revolution gegeben hätte, oder zumindest einen Staatsstreich. Scharf geschossen wurde dabei jedenfalls.

Als ich viel später einmal auf meine Fragen eine Antwort suchte, stöberte ich eine Fülle von köstlichen und interessanten Tatsachen über Diplomaten auf, seit man diesen seltsamen Beruf überhaupt kennt. Dabei erfuhr ich, daß Diplomaten schon in jener finsteren Vergangenheit existierten, als der Mensch auf zwei Beinen herumzulaufen begann.

Aus unserem Dasein und dem unserer Diplomatenvorfahren stellte ich einen kleinen Überblick zusammen, so etwas wie Streiflichter auf das Leben der Diplomaten aller Zeiten, am Rande der Geschichte der Diplomatie. Er sei dem unbekannten, alten Botschafter gewidmet, zu dessen standesgemäßer Ausstattung ein Prunkelefant gehörte.

# 1. DAS WERDEN EINES TRAUMBERUFES

## EIN BERUF, DER NUR NACHTEILE ZU HABEN SCHEINT

Der erste Diplomat war jener behaarte Wilde, der von seinen im Kampf erlittenen Wunden genesen, die Keule beiseite legte und zum Lager des Gegners ging, um diesem einen Waffenstillstand anzubieten. Oder um die Jagdgebiete abzugrenzen. Man könnte es sich sehr gut vorstellen, daß er dabei, zum Beweis seiner friedlichen Absichten, einen fetten Bisonschinken hochhielt, als Diplomatenpaß, sozusagen.

Die Idee unseres Ahnen war genial. Das Ziel großartig und verlockend. Die technische Ausführung des Vorhabens allerdings sehr gewagt und es bleibt dahingestellt, ob diesem Urbotschafter bei seinem Unterfangen nicht der Schädel eingeschlagen wurde. Falls freilich die Vorteile seiner Propositionen der Gegenpartei einleuchteten, und sie den Bisonschinken besonders schmackhaft fanden, ist eigentlich anzunehmen, daß die erste Abmachung in der Menschheitsgeschichte zustande kam und unser Urbotschafter heil heimkehren konnte. Jedenfalls war er das erste Wesen, das, statt Gewalt anzuwenden, *den* Weg der menschlichen Verbindungen betreten hatte, der später mit dem Wort »Diplomatie« bezeichnet werden sollte.

Im wesentlichen hat sich seither nicht viel geändert. Der Gedanke, durch Verhandlungen eine Lösung zu finden, anstatt sich gegenseitig umzubringen, erscheint in Anbetracht der andauernden Aggressivität des Menschen nach wie vor genial. Vorteilhafte Ziele auf friedlichem Weg zu erreichen, ist immer noch großartig und verlockend. Auch die Durchführung der diplomatischen Aufgaben blieb für viele Jahrtausende mit Gefahren verbunden – und ist nicht einmal heute ohne Risiko. Gerade wegen dieser Wagnisse räumte man den diplomatischen Unterhändlern, um ihnen die Chance einer heilen Heimkehr zu bieten, schon sehr früh gewisse Sonderrechte ein, aus denen sich dann die Unverletzbarkeit beglaubigter Abgesandter entwickelte und zum ersten festen Grundsatz der Diplomatie wurde. Ihre Spur verliert sich in der Vorgeschichte. Wir begegnen der Immunität der Unterhändler bei den noch im Steinzeit-Zustand lebenden Ureinwohnern Australiens, im alten Ägypten, im Gesetzbuch des indischen Gottes Manu[1], in der Bibel und in den homerischen Dichtungen, in denen den Herolden die Unantastbarkeit von Zeus selbst verliehen wurde.

Im gesamten Verlauf der Weltgeschichte – außer zu Machiavellis Zeiten und heute – wurde diese Immunität grundsätzlich geachtet. Gesandtenmord galt stets als abscheuliches Verbrechen. Sogar für die Hunnen und Mongolen, die ärgsten Völkerschlächter, die es je gab, oder für die chinesischen Kaiser des Mittelalters, die mit absoluter Macht in einem unkontrollierbar fern gelegenen Reich walteten, waren Gesandte unverletzlich. Als der Papst, wegen des furchtbaren Völkermordes in Osteuropa, dem Großkhan der Tataren Vorhaltungen machte, bezeichnete dieser die Verheerungen als gerechte Vergeltung für einen an mongolischen Gesandten verübten Mord in Südrußland. Dieses Verbrechen war tatsächlich begangen worden, allerdings zwanzig Jahre früher, und stand in keinerlei Zusammenhang mit dem Mongoleneinfall in Europa. Bemerkenswert ist dabei, daß die Untat den Tartaren noch soviel später gewichtig genug erschien, um damit ihre Verwüstungen zu rechtfertigen. Kublai Khan, Kaiser des von den Mongolen eroberten China, schickte eine bedeutende Kriegsflotte eigens nach Java, weil dort sein Gesandter schimpflich behandelt und im Gesicht gebrandmarkt worden war. Der chinesische Kaiser Tschöng-Tsu ließ im 15. Jahrhundert Gesandte, die seiner Meinung nach die Schuld an seinem unglücklichen Sturz vom

Pferde trugen, unbestraft, »damit niemand sagen könne, daß der Kaiser von China Gewalt gegen Gesandte angewendet hat«.

Keine Unverletzbarkeit, keine Immunität konnte aber, weder einst noch jetzt, die Diplomaten von den sonstigen Mißlichkeiten und Gefahren abschirmen, die sie während der Durchführung ihrer Missionen so häufig zu erdulden hatten.

Da zogen zum Beispiel die armen Gesandten Jahrtausende hindurch als bevollmächtigte Unterhändler ihrer Herrn zu fernen, unbekannten Völkern, durch unwegsame Gegenden voller Gefahren und Not. Allein das Reisen, das noch vor wenigen Jahrhunderten Monate, und früher Jahre in Anspruch nahm, war zu jenen alten Zeiten ein lebensbedrohendes Unternehmen. Die scheußlichen Herbergen, oder gar das Fehlen jeglicher Bleibe unterwegs, Wind und Wetter, das ungesunde und ungewohnte Klima sowie die entsetzlichen Krankheiten und Seuchen in fremden Ländern, trugen beileibe nicht zur Anziehungskraft des diplomatischen Dienstes bei.

Darüber hinaus waren den Gesandten damals während ihren Missionen besonders begehrte Kostbarkeiten anvertraut, die sie im Auftrag ihrer Herrn dem Verhandlungspartner als Geschenk zu überbringen hatten – der Bisonschinken des Urbotschafters machte nämlich Schule –, und durch diese mitgeschleppten Schätze wurden sie geradezu zu Zielscheiben von Wegelagerern. Andere Ehrengaben, die sie ebenfalls häufig mitführen mußten, verursachten wiederum durch ihre umständliche Beförderung die schrecklichsten Mühen; seltene wilde Tiere etwa, die besonders begehrte Präsente darstellten, Rhinozerosse, Tiger, Eisbären und Vogel-Strauße, aber auch Meuten von Jagdhunden, edle Pferde und Scharen von Sklaven.

Man stelle sich etwa die Reise einer Gesandtschaft vor, die eine Giraffe über den Himalaya zu schaffen hat. Das Bild ist gar nicht absurd. Als Ruy Gonzales Clavijo, Gesandter König Heinrichs III. von Kastilien, zu Timur Lenk, dem Großkhan der Tartaren unterwegs nach Samarkand war, stieß er in

Aserbeidschan zufällig auf eine Gesandtschaft aus Ägypten, die ebenfalls zu Timur strebte und sich mit dem Transport einer Giraffe abplagte. Clavijo traf sie in Samarkand wieder; die Giraffe war wohlauf, die Gesandtschaft dezimiert.
Von Kaiser Augustus wissen wir, daß er von einer indischen Gesandtschaft, die volle vier Jahre für ihr Unternehmen benötigte, einen Tiger und eine Pythonschlange erhielt.
Harun al Raschid, der Khalif aus »Tausend und einer Nacht«, schickte Kaiser Karl dem Großen einen Elefanten. Der Elefant hieß Abulabaz und reiste zur See. Die Reichsannalen vermelden stolz, daß er am 19. Juli 802 wohlbehalten in Aachen eintraf. Die zwei deutschen Gesandten, Lautfried und Siegmund, die ihn auf ihrer Heimreise aus Bagdad kommend mitgeführt hatten, waren allerdings an den Strapazen unterwegs gestorben.[2]
Ein weiterer schwerwiegender Nachteil des diplomatischen Dienstes von einst war die erstaunliche Tatsache, daß die Leiter von Gesandtschaften entweder überhaupt nicht, oder nur schlecht bezahlt wurden und große Unkosten aus eigener Tasche zu bestreiten hatten. Dazu kam die Trennung von der Familie und den häuslichen Annehmlichkeiten, auch waren sie während ihres Aufenthaltes in der Fremde von den politischen Machtkämpfen in der Heimat abgeschnitten, was oft böse Folgen haben konnte.
Zu all dem gesellten sich noch die Auswirkungen einer eventuellen Mißgunst des Herrschers, zu dem sie entsandt wurden. So pflegten die byzantinischen Kaiser ihnen nicht genehme Gesandte bis zu deren Zusammenbruch zu schikanieren. Nach einer gescheiterten Mission wiederum drohte der Unwille des eigenen Auftraggebers und konnte Ungnade, Vermögensverlust, Exil, Gefängnis und sogar die Todesstrafe bedeuten.
Nach dem Vorangegangenen kann es wirklich nicht Wunder nehmen, wenn eine Betrauung als Gesandter eine meist unbeliebte und sogar gefürchtete Ehre war. Die Übernahme einer Gesandtschaft mußte in der Antike, und auch später noch, oft erzwungen werden. Im alten Griechenland waren diploma-

tische Aufgaben verhaßt. Von der Volksversammlung bestimmt, hatte man sie jedoch unverzüglich durchzuführen, und nach vollbrachter Mission einen peinlich kleinlichen Rechenschaftsbericht, auch über die Reisekosten und die Spesen für das Personal, vorzulegen. Gefiel der Volksvertretung das Wirken ihres Abgesandten nicht, – und seine politischen Gegner versuchten eine solche Gelegenheit nicht selten auszunützen –, zog sie sein Vermögen ein und er konnte noch froh sein, wenn er nicht zum Tode verurteilt wurde.

Die Republik Venedig sah in einem Dekret aus dem Jahre 1271 für jeden Venezianer, der sich weigerte, die Pflichten eines Gesandten auf sich zu nehmen, erhebliche Geldstrafen vor, die im 15. Jahrhundert noch erhöht wurden. Eine ähnliche Verordnung wurde 1421 in Florenz erlassen. In diesen »Vorschriften für Gesandte« heißt es, daß jedem Bürger, der zum Gesandten ernannt, nicht »rasch und gehorsam« zu seinem Bestimmungsort abreist, strenge Strafen drohen, darunter der Verlust seiner Bürgerrechte. Einflußreiche Florentiner brachten es dennoch fertig, sich der diplomatischen Aufgaben zu entziehen, und die Regierung war des öfteren gezwungen, ihre Unterhändler auch aus den Reihen der Schreiber und kleiner Beamter zu holen.

Ob durch Zwang oder ohne, eines steht fest: sonderbarerweise gab es in jedem Zeitalter der Geschichte der tüchtigen Diplomaten genug, sogar dann, als sie unter den schwierigsten Umständen agieren mußten.

Und heute? Heutzutage drängt man sich zur Diplomatie. Selbstredend freiwillig und darüber hinaus als Lebensaufgabe, denn die Karriere besteht nicht mehr wie ehemals aus gelegentlichen Betrauungen mit einzelnen diplomatischen Missionen, sondern ist zu einem festen Beruf geworden.

Sollte man nun meinen, das Diplomaten-Dasein wäre vielleicht nur in vergangenen Zeiten von Gefahren und Unannehmlichkeiten begleitet gewesen, und die Diplomatie seither zu einer bürgerlich soliden Beschäftigung geworden, so täuscht man sich gewaltig. Ich möchte nicht die Bomben zählen, die uns hochfahren ließen, nicht die Kugeln, die uns umschwirrten, während wir in unserem fortschrittlichen Jahrhundert in revolutionsfreudigen Ländern auf Posten weilen mußten. Auch nicht die Botschaften, die angezündet wurden, um darin unsere Kollegen möglichst mitzuverbrennen, während die schon vorher verständigten Kameraleute aufnahmebereit an Ort und Stelle standen, als das Feuer ausbrach.

Diese Zeilen schreibe ich in der Hauptstadt eines wohlgeordneten westeuropäischen Staates, am gegenwärtigen Dienstort meines Mannes. Selbst dort fielen wir eines Nachts aus den Betten, weil vor einer uns gegenüberliegenden Botschaft Bomben explodierten, auch dort stürmten Demonstranten Botschaften mit Molotow-Cocktails, verbrannte man das Auto des einen oder anderen Kollegen und wurde ein perfekt durchorganisiertes Komplott zur Entführung des Botschafters eines neutralen Staates aufgedeckt. Zwischenfälle, während denen politische Extremisten eine Botschaft besetzen, das Personal als Geißeln festhalten und mißhandeln, sind nicht einmal Ausnahmen. Fallen dabei Schüsse, gibt es beinahe immer Tote. Die große Mode unserer Zeit aber sind die Diplomatenentführungen. Botschafter sind zu begehrten Tausch- und Erpressungsobjekten gegen politische Häftlinge und Geldsummen geworden. Klappt das »Geschäft« nicht, werden sie endlos gefangengehalten, oder auch ermordet.

Man fragte einmal unsere neunjährige Tochter, was sie, wenn sie erwachsen sei, werden wolle. Sie antwortete ohne zu zögern: »Alles, nur nicht die Frau eines Diplomaten.« Wobei ich allerdings wahrheitsgemäß hinzufügen muß, daß sie weit weniger von den Gefahren, als von den aufreibenden Pflichten und der nie endenden Arbeit des Diplomatenalltags beeindruckt und von dem häufigen Ortswechsel geschreckt war, von dem immer wieder von einem fremden Land ins andere Ziehen, und in jedem frisch anfangen zu müssen.

## Wuwu

Allmählich drängt sich die Frage auf, wie man sich mit gesundem Menschenverstand einem so unsteten, zermürbenden und keinesfalls ungefährlichen Beruf, wie dem eines Diplomaten, verschreiben kann.
Das fragte auch ich mich. Und ebenfalls, wie es dazu kam, daß diese Tätigkeit seit langem sogar als Traumberuf gilt.
Zur Klärung dieses Phänomens wollen wir zuerst einmal jenen Urbotschafter mit dem Bisonschinken, dem wir anfangs schon begegnet sind, in der Hoffnung besuchen, daß er uns seine Gedankengänge offenbart. Nennen wir ihn Wuwu, es ist doch persönlicher, jemanden mit seinem Namen anzusprechen.

Herr Wuwu sitzt in seiner Höhle und blinzelt in das nur mehr glimmende Herdfeuer. Der Raum ist von schlafenden Menschen überfüllt, die Luft zum Schneiden, aber in dem betäubenden Gemisch verschiedenster Düfte herrscht immer noch der Bratengeruch vor. Das Jucken seiner heilenden Wunden erweckt in Wuwu instinktiv das Pflichtbewußtsein, noch Holz auf die Glut zu legen. Es ist spät nachts, das Feuer darf nie ausgehen ... Aber Wuwu fühlt sich so wohlig träge, das Holz ist abseits, er müßte aufstehen. Er läßt es also bleiben, kratzt sich behutsam um die frischen Narben, streckt sich, daß ihm die Knochen krachen und legt sich dann nach hinten, den Kopf an den Bauch einer seiner schnarchenden Gäste gelehnt. Ah, denkt er sich, war das ein Schmaus! Das Essen war einfach wunderbar und erst der gegorene Beerensaft! Seine Frau versteht es zu bewirten. Gewiß wird man noch lange und voller Freundschaft von diesem Abend sprechen. Etwas zuviel hat er wohl getrunken, aber schließlich war es das größte Gelage, an das er sich entsinnen kann, sein Festgelage zu Ehren jener, die ihn seit vielen Tagen von nah und fern aufsuchen, beschenken und feiern.

Ein wenig staunt er immer noch, wie alles so kommen konnte, wie er überhaupt den Einfall hatte, mit dem Bisonschinken in das feindliche Lager hinüberzugehen. Und daß er den Mut dazu aufbrachte! Wie er nun das Geschehene überdenkt, ist er plötzlich gar nicht mehr sicher, daß er es noch einmal machen würde, – obwohl man ihn seit seinem Erfolg wiederholt bat, in ähnlicher Weise auch anderswo zu vermitteln. Nein, er will es lieber nicht wieder tun. Scheußlich war die Angst, die er ausgestanden hat, als er zur Höhle des feindlichen Stammeshäuptlings wanderte und wußte, daß hinter jedem Strauch und jedem Felsen dessen Leute mit Äxten und Wurfspießen lauerten, bereit, ihn sofort totzuschlagen. Ganz unbewaffnet ging er und hielt den Schinken hoch, damit ihn jeder gut sehen konnte und tat, als ob er sich gar nicht fürchtete, aber er fürchtete sich schrecklich.
Alles Darauffolgende streicht nun, angenehm wie ein lauer Herbstwind, um Wuwus most- und schlafschweren Schädel ... Er bot den Schinken an ... schlug vor, die Jagdgebiete abzugrenzen ... sich gegenseitig nicht mehr anzugreifen ... vielmehr einander zu Hilfe zu kommen, wenn Fremde einfallen ... Und als die Gemüter ganz aufgetaut waren, regte er sogar an, Hausrat und Zuchtvieh auszutauschen. Neue, unglaubliche Ideen, aber sie gingen wie Knospen in der Frühlingssonne im Gehirn des feindlichen Stammeshäuptlings und seiner Ratgeber auf. Sie waren einverstanden, ja, sie waren sogar begeistert, auch sie waren des ewigen Krieges müde. In den Tagen, während denen er verhandelte, – daheim glaubte man ihn längst tot –, beobachtete er alles genau und sah auch eine Menge. Etwa, wie es um die Vorräte, die Herden und die Waffen bei seinen neuen Freunden bestellt war, wieviele Krieger sie hatten, und die hübschen Mädchen stellte er sich im Geiste schon mit seinen Stammesangehörigen verheiratet vor. Kurzum, er begriff, welch eine gute, ja große Sache er zustandezubringen im Begriff war.

Seither feiert man ihn und sucht seinen Rat, bei öffentlichen Anlässen sitzt er bei den Häuptlingen und den Stammesältesten, und wenn er auch im Vergleich zu dem dicken Kerl da zum Beispiel, an dessen Bauch er lehnt, ein armer Schlucker ist, so wird sich dieser dennoch geehrt fühlen, daß Wuwu seinen Wanst als Ruhekissen verwendet. So standen die Dinge. Und die vielen Geschenke! Allerdings ging das meiste davon gleich wieder für die Gäste drauf ... Und erst die, die man ihm versprochen hatte, falls er für diese und jene vermitteln wollte. Sogar vom großen Wasser kamen Männer, um seine Dienste zu erbitten. Aber in die Ferne mochte er nicht ziehen, nein, das war zu ungewiß. Interessant freilich wäre es schon, all das noch nie Gesehene, das Neue in der Fremde ... Nun, vielleicht nimmt er doch noch ein Angebot an. Nur müßte man ihm irgendwie Schutz gewähren, einen heilen Empfang, und die heile Rückkehr sichern ...
Allmählich aber entwindet sich Wuwus Kehle ein gewaltiges Geräusch. Er schnarcht – und ergänzt bis zum Morgengrauen den Chor der Schlafenden in der Höhle aufs vortrefflichste. Das Feuer ist längst verglommen, doch liegen vor dem Eingang die Hunde und das genügt, denn es herrscht ja der neue Zustand, der Friede.

Lassen wir Urbotschafter Wuwu ruhig schlafen. Seine Gedankengänge haben uns alles verraten, was wir wissen wollen, nämlich was jemanden – auch mit gesundem Menschenverstand – zum Diplomat-Sein verleiten könnte. Idealismus und Vernunft; Dienst für seine Heimat oder seinen Herrn, Dienst für eine Idee oder eine gute Sache. Ehre und Ehrungen; stets unter den Ersten, den Höchsten, den Angesehensten und somit aus der Masse gehoben zu sein – dies freilich als Befriedigung des eigenen menschlichen Ehrgeizes. Die finanziellen Vorteile hier aufzuzählen lohnt sich nicht, und wenn auch mit der Stellung ein überdurchschnittliches Lebensniveau verbunden ist, gab es in der Geschichte jedenfalls mehr Diplomaten, die ihren Reichtum für ihren Beruf opferten, als solche, die dabei Vermögen gemacht haben. Wissensdurst und jenes Körnchen Abenteurerlust hingegen, ohne welche die Menschen nie in Neuland vorgedrungen wären, fallen bestimmt in die Waagschale. Sie ließen – und lassen – die Diplomaten die mißlichen Verhältnisse, die Gefahren und das Bizarre in der Fremde ertragen und sogar anziehend erscheinen.

Nein, im wesentlichen hat sich seit Wuwus Zeiten nicht viel geändert. Was damals lockte, verführt auch heute noch.

Und die Dinge, für die er sich bemühte, stellen immer noch die Hauptaufgaben der Diplomaten dar. »Ein Diplomat ist ein Mann des Friedens«, sagt Francois de Callières[3] Jahrtausende später, dessen Handeln eine »unentbehrliche und ehrenhafte Methode zur Verteidigung der eigenen internationalen Interessen ist«, fügt eine amerikanische Definition im 20. Jahrhundert hinzu. Seine wichtigsten Pflichten – wiederum laut Callières – bestehen in zweierlei: die Geschäfte seines Landes in der Fremde zu führen, und zu erkunden, was die Gegenseite zu tun beabsichtigt und zu tun in der Lage ist.

## Wuwumenheb, der Ägypter

Das blasse Licht, das in der Morgendämmerung der Geschichte auf die ältesten bekannten Nachfolger des Urbotschafters fällt, läßt schon Schlüsse auf deren Tätigkeit, Lebensweise, ja sogar Persönlichkeit zu.

Die Pharaonen der ersten Dynastie Ägyptens setzten ab dem 3. Jahrhundert v. Chr. nachweislich bereits Gesandte ein, so in Nubien wie bei Expeditionen, welche die zum Sudan führenden Handelsstraßen offen zu halten hatten. Die hohe Zivilisa-

tion und Kultur des frühesten Ägyptens – im Deltagebiet wurde zum Beispiel das Kalenderjahr von 365 Tagen wahrscheinlich schon 4241 v. Chr. eingeführt – läßt aber vermuten, daß jene, oft sogar mit den Vollmachten eines Gouverneurs ausgestatteten Gesandten nicht die ersten Diplomaten des alten Ägyptens waren. Sicherlich sind bereits die ältesten ägyptischen Handelsexpeditionen in das sagenumwobene Land Punt* unter der Obhut von Gesandten unternommen worden.
Der Gesandte, der uns schon klar in der Geschichte entgegentritt, steht denn auch mit dem Punt-Handel im Zusammenhang. Er war ein Gesandter der ägyptischen Königin Hatschepsut**, und hatte in ihrem Auftrag das Märchenland Punt wiederzuentdecken. Punt war, während gut dreihundert Jahren, seit der Zeit, als die Hyksos Ägypten erobert hatten, in Vergessenheit geraten. Die Expedition sollte auf dem Seeweg vor sich gehen. Den Namen des zu Verhandlungen in Punt bevollmächtigten Gesandten kennen wir nicht, doch könnte er Wuwumenheb geheißen haben. Wenn wir ihn antreffen wollen, müssen wir uns auf einen jener fünf seetüchtigen Dreißigruderer begeben, die von der Königin für die Punt-Fahrt prächtig ausgerüstet waren und im Jahr 1492 v. Chr. in Richtung Süden ihrem Ziel entgegenstrebten.

Hinter den Schiffen schäumt die weiße Gischt des saphirblauen Meeres. Der Gesandte sitzt an Bord des Leitschiffes und scheint schlecht gelaunt zu sein. Gott Amon möge über seine königliche Tochter Hatschepsut wachen, aber er wäre jetzt lieber zu Hause gewesen. Seine junge Frau stand vor der Niederkunft ihres ersten Kindes, als er in See stechen mußte. Nun, Amon wird für seine Sorgen vielleicht Verständnis zeigen, da er ja seinetwegen unterwegs war. Hatschepsut ordnete die Reise einem Orakel Amons folgend an, der Myrrhenbäume für den Garten seines Tempels – in dem auch die Königin so

* etwa das Gebiet des heutigen Somali.
** 1504–1450

gerne lustwandelt – haben wollte, und Myrrhenbäume wuchsen nur in Punt. Wohl gab es Aufzeichnungen über den Verkehr der Ahnen mit diesem Land, doch waren sogar die letzten schon Jahrhunderte alt. Hoffentlich findet er hin, hoffentlich wird er nicht …

Amon war gnädig. Heute noch können wir den reizvollsten Gesandtenbericht aller Zeiten an den Wänden des Tempels der Hatschepsut im oberägyptischen Deir el Bahari bewundern. Auf langen Reliefbändern wird dort mit erstaunlicher Präzision von diesem Unternehmen erzählt. Gesandter Wuwumenheb muß einen hervorragenden Zeichner als Bildberichterstatter mitgehabt haben. Die Darstellungen sind eindeutig, klar und bezaubernd anzusehen: die Fahrt auf dem Meere, die glückliche Ankunft, »das Zeltlager des königlichen Gesandten und seiner Soldaten …, um die Fürsten des Landes Punt zu empfangen«. Die Geschenke der Königin bestanden aus »Brot, Honig, Wein, Fleisch, getrockneten Früchten und Waren aus dem Lande Ägypten«. Parihu, der Fürst von Punt, und seine an Elefantiasis leidende ungeheuer dicke Frau namens Ari »erschienen mit den Häuptlingen am Gestade des großen Meeres, sie verbeugten sich grüßend … und die Schiffe wurden ganz voll beladen mit den wundervollen Erzeugnissen des Landes Punt«. Edle Hölzer schleppte man herbei, Weihrauch und Harz, Elfenbein, pures Gold, Leopardenfelle, Affen, Windhunde … sowie Eingeborene mit ihren Familien.

Alles in allem ein fabelhafter Tausch gegen Brot und Dörrobst, denkt sich Gesandter Wuwumenheb und freut sich, der Gunst seiner Königin nun sicher sein zu können.

Die kostbarsten der erworbenen Güter waren freilich die einunddreißig in Holzkübeln eingesetzten Myrrhenbäume. Zu Amons Ehren wurden sie auf der Tempelterrasse von Deir el Bahari angepflanzt, wo dann diese ältesten Zeugen eines im Altertum durchgeführten Akklimatisationsversuches auch prächtig gediehen.

Wer heute als Tourist nach Deir el Bahari kommt, sollte nicht versäumen, sich die Reste der Wurzeln jener Myrrhen aus Punt zeigen zu lassen. Sie ruhen wie kleine Mumien an ihrer ursprünglichen Stelle, im verdorrten Boden des einstigen Haines von Gott Amon.

## Die Urdiplomaten Europas

Während die Gesandten Ägyptens – und anderer Hochkulturen – bereits im Auftrag von Herrschern organisierter Staatswesen walteten, sind Botschafter Wuwus Nachfolger auch im urwald- und sumpfbedeckten Europa nicht untätig gewesen. Dort gab es zwar noch keine Staatsgebilde, jedoch mehrere Kulturzentren, die durch Handelswege miteinander verbunden waren, da auch die primitivsten Völker die Vorteile eines friedlichen Warenaustausches längst begriffen hatten. Die wichtigsten Handelsstraßen, wie etwa die seit 2500 v. Chr. benützte »Bernsteinstraße«, die von der Nordsee über den Brenner zur Adria führte, wurden von den Stämmen, deren Gebiete sie durchquerten, als »heilige Straßen« respektiert. Schon zu Urzeiten wickelte sich auf diesen unwegsamen Pfaden ein geradezu unglaublicher Handelsverkehr ab. Die Pfahlbautenbewohner am Bodensee besaßen Gebrauchsgegenstände, die von der Appeninischen Halbinsel kamen. Die Menschen der Hallstätter Kultur im Salzkammergut tauschten ihr Salz gegen finnisches Gestein sowie Elfenbein aus Afrika zur Anfertigung von Zierrat ein. Außerordentlich begehrt war der Bernstein von der Nordsee. Edel und teuer, kam er Jahrtausende hindurch nicht aus der Mode und wurde überallhin geliefert. Das Ausmaß dieses Handels brachten erst die bei Straßenarbeiten in der Nähe von Breslau in den Jahren 1906 und 1936 gemachten Funde zu Tage. Man stieß auf Bernsteindepots von 500, 275 und 550 Kilogramm, Mengen, die sogar für heutige Begriffe große Werte darstellen, damals aber ein schier unvorstellbares Vermögen waren.

Wie viele tastende Beziehungen mußten hergestellt, was mußte nicht alles unternommen, riskiert und erfunden werden, bis ein so intensiver Handelsverkehr über halbwegs gesicherte Wege ziehen konnte, bis sich aus den höchst gewagten Ur-Einmann-Unternehmen regelrechte Handelsexpeditionen entwickelten! Da wir wissen, daß die primitiven Völker den »fremden Händler« als eine unverletzbare Person ansahen, der unter dem Schutz wohlwollender Gottheiten stand, liegt der Gedanke nahe, in ihnen die ersten direkten Nachfolger von Urbotschafter Wuwu zu sehen. Die nächsten waren wohl jene, die man den immer bedeutender werdenden Handelszügen als Verhandlungsleiter, Beschützer und Kundschafter beigegeben hatte, und die während ihrer Mission als bevollmächtigte Vertreter ihrer Auftraggeber allmählich auch weitergespannte Interessen wahrzunehmen hatten. Jedenfalls waren auch die europäischen Urdiplomaten zu Anbeginn vorwiegend auf wirtschaftlichem Gebiet tätig. Falls die schöne Helena im sonnigen Hellas eine Halskette aus Bernstein von der Nordsee besessen haben sollte – was anzunehmen ist – war dies das Verdienst dieser Wirtschafts-Urdiplomatie.

## Wuwukles in Griechenland

Bleiben wir gleich bei der schönen Helena. Ihr verdanken wir nämlich die erste, genau beschriebene diplomatische Mission zur Verhinderung eines Krieges. Ebenso die ersten Portraits namentlich bekannter Gesandter und die Schilderung ihrer fehlgeschlagenen diplomatischen Mission. Es war der Krieg von Troja. Er konnte nicht verhindert werden und dauerte

zehn Jahre lang. Die Gesandten hießen Odysseus und Menelaos, der Berichterstatter der Ereignisse war Homer.
Als der verliebte Paris die schöne Helena, Gattin König Menelaos' von Sparta, entführt und nach Troja gebracht hatte, versuchte Menelaos mit seinen Freunden und Verbündeten, die Rückgabe Helenas vorerst mit friedlichen Mitteln zu erreichen. Mit dieser Aufgabe wurden Menelaos selbst und der listenreiche Odysseus betraut und als Abgesandte nach Troja geschickt. Ihre Verhandlungen scheiterten aber, weil Paris in der Versammlung der Trojaner durch Bestechungsgelder eine Mehrheit gegen die Herausgabe von Helena zustandebrachte. Antimachos, der Wortführer gegen die Herausgabe, schlug sogar vor, die Gesandten zu töten, ein Ansinnen, das von der ganzen Ratsversammlung als Meuchelmord empört abgelehnt wurde.
Als dann während des Krieges Antimachos' Söhne in die Gewalt der Griechen gerieten, schlugen ihnen diese als Vergeltung für den schmählichen Antrag ihres Vaters ohne viel Federlesen die Köpfe ab. »Wohl, so büßet nun Ihr des Vaters schändlichen Frevel«, heißt es in der Ilias. Odysseus rächte seine diplomatische Niederlage auf die ihm eigene Art; er erfand das Trojanische Holzpferd.
Uns interessieren indessen von den Ereignissen um die schöne Frau vor allem jene, die aussagen, daß um 1200 v. Chr. regelrechte Gesandtschaften scheinbar eine Selbstverständlichkeit waren. Eine Gesandtschaft bestand damals aus mehreren, doch zumindest aus zwei gleichberechtigten Beauftragten, die in aller Form vom gesamten Rat des Verhandlungspartners empfangen und angehört wurden. Jeder Gesandte brachte das Anliegen in einer eigenen Rede vor. Sie wurden mit Achtung behandelt und ihre Immunität stand außer Diskussion. Uns analytisch veranlagten Heutigen springt es besonders ins Auge, wie ein gewiegter Diplomat schon damals bewußt Psychologie anwandte. Sogar Homer, und mit ihm der trojanischen Versammlung, imponierte der gradlinige Spartaner Menelaos ungleich weniger, als der effektbewußt auftretende Odysseus.

Diesem gefiel es, sich vorerst nicht so klug zu geben, wie er tatsächlich war. Man glaubt geradezu, das erstaunte Raunen der Zuhörer zu vernehmen, als er sich dann, aus seiner vorgespielten Unscheinbarkeit, zu einem mitreißenden Redner entfaltete.
›Als die Gesandten vor dem Rat der Trojaner das Gewebe von Redekunst und Überredung zu wirken anfingen,‹

> »... begann Menelaos sofort mit heftigem Anlauf,
> sprach nur wenig, doch sehr vernehmlich und ohne viel Worte,
> Sachlich immer und treffend; auch war er jünger an Jahren.
> Hatte sich erhoben der vielerfahrene Odysseus,
> Stand er und schaute hinab, die Augen am Boden geheftet
> Und sein Szepter bewegte er weder nach vorne noch rückwärts,
> Sondern hielt es fest, wie steife und törichte Leute,
> Und mit bissiger Miene erschien er mürrisch und blöde.
> Wenn aber dann aus der Brust die Stimme gewaltig hervorbrach,
> Und die Worte flogen wie winterlich stürmende Flocken;
> Keiner der Sterblichen hätte sich dann mit Odysseus gemessen,«[4]

und man begriff, daß Odysseus als Gesandter unvergleichlich war.‹
Nach Aussagen älterer Diplomaten unseres Jahrhunderts erinnert diese Haltung an jene des großen Aristid Briand[5], der stets mit zur Schau getragenem Mangel an Selbstvertrauen die Stufen der Rednertribüne beim Völkerbund in Genf hinaufstieg.
Übrigens finden sich in der homerischen Dichtung Spuren einer vorgeschichtlichen »Genfer Konvention«, eine Art religiöse Verpflichtung zur Eindämmung der Grausamkeiten des Krieges. Als Odysseus von Ilus Gift haben wollte, um seine Pfeile

hineinzutauchen, wies ihn Ilus deshalb zurecht. Es gab demnach schon im Heldenzeitalter, auch außerhalb der diplomatischen Immunität, internationale Grundsätze, deren Verletzung Verachtung und Abscheu auslöste. Der diplomatische Mechanismus der vorgeschichtlichen Zeit scheint überhaupt viel entwickelter gewesen zu sein, als man anzunehmen pflegt.

Schon der Wortschatz der Griechen beweist, daß sie sehr früh die Vorteile des diplomatischen Verkehrs erkannt haben, sie besaßen eine Reihe präziser Ausdrücke, mit denen sie verschiedene Arten und Stufen von Übereinkommen unterschieden.

Trotzdem waren die Griechen entsetzlich schlechte Diplomaten, und ihre Diplomatie taugte dementsprechend wenig.

Einer der Hauptgründe hierfür mag »die alte Krankheit der Griechen, die Liebe zur Zwietracht«[6] gewesen sein. Die Bindung des Durchschnittsgriechen an seine Heimatstadt war so stark, daß er jeden anderen Hellenen als einen möglichen Feind ansah. Und seine Eifersucht auf andere Städte verblendete ihn derart, daß dadurch sogar sein Selbsterhaltungstrieb erlahmte. Man stelle sich die vielen rivalisierenden Stadtstaaten Großgriechenlands vor, und die Kraft und den Geist, die durch die ständigen Bruderkämpfe vergeudet wurden...

Eine weitere Ursache wird im Temperament der Griechen gelegen sein. Der Diplomat und Historiker Sir Harold Nicolson meint, sie waren »taktlos und geschwätzig, es fehlte ihnen jeder Sinn für günstige Gelegenheiten und sie waren betrüblich indiskret«, dazu stets gefühlsbetont, ja impulsiv. Sie schätzten die List weit mehr als das Vertrauen. Ihr Mißtrauen war so eingewurzelt, daß sie nicht einmal ihren eigenen Diplomaten restlos Glauben schenkten; jede Gesandtschaft mußte aus Vertretern der verschiedenen Parteien bestehen, die dann natürlich divergierende Anschauungen verfochten. Oft setzte sich eine Mission aus mehr als zehn Gesandten zusammen, von denen jeder einzelne *seine* gut vorbereitete Rede vor dem ausländischen Souverän oder der Ratsversammlung anzubringen hatte. So herrschte um die griechischen Gesandtschaften meist eine beachtliche Konfusion. Die großen Geister gebärdeten

sich auch nicht anders. Demosthenes war, als er einer äußerst wichtigen, an den mazedonischen Hof geschickten Gesandtschaft angehörte, mit seinen Kollegen so verfeindet, daß er sich weigerte, mit ihnen am gleichen Tisch zu sitzen und im gleichen Haus zu schlafen. Nichts war leichter, als diese Gesandten gegeneinander auszuspielen. Es ist eigenartig, daß so intelligente Menschen wie die Griechen der Antike, derart schlechte diplomatische Methoden hatten und dies, obwohl sie ihre Gesandten nur unter den verdienten, geschätzten und erfahrenen Bürgern wählten.
Ein weiterer Nachteil entstand ihrer Diplomatie dadurch, daß dieses geniale Volk, das außer den zahllosen bahnbrechenden Errungenschaften auf wissenschaftlichem und künstlerischem Gebiet, ohne die unsere abendländische Kultur undenkbar wäre, auch die für unsere Ethik einzig tragbare Form des politischen Daseins schuf, die Demokratie nämlich. Leider haben sie aber genausowenig wie wir heute einen Weg gefunden, wie man das diplomatische Verfahren einer Demokratie ebenso wirksam gestalten kann, wie das eines autoritären Regimes. Die Diplomatie einer Demokratie ist der eines despotischen Systems gegenüber immer im Nachteil. Ihre Entscheidungen können weder so geheim, noch so schnell sein, wie die des autokratischen Gegenspielers, da sie ihren Gesandten keine perfekten – und somit durchschlagskräftigen – Vollmachten zu geben vermögen, weil von einem absoluten Schweigen im eigenen Lager keine Rede sein kann, weil sie auf die öffentliche Meinung ihres Landes Rücksicht nehmen müssen, weil sie über keine »Sondergelder« und sonstigen Mittel zum »Ebnen der Wege« verfügen, – um nur die wichtigsten Handicaps zu nennen.
Die grundlegenden Fehler der griechischen Diplomatie bargen den Ruin Hellas in sich.
Ihre Verwirrungen spiegeln sich am besten in den Verhandlungen wider, die zwischen der Stadt Athen und Philipp von Mazedonien unmittelbar vor der griechischen Endkatastrophe stattfanden. Auf der einen Seite finden wir die griechischen

Stadtstaaten, zutiefst erschrocken, aber nicht einmal vor dem zum Todesstoß ausholenden Feind bereit, sich miteinander zu vereinigen. Eher war jeder von ihnen geneigt, den anderen zu verraten. Auf der Gegenseite stand der König von Mazedonien, entschlossen, schlau, absoluter Herr seiner eigenen Pläne und seines Heeres und sich der Furcht und Zwietracht im Gegenlager bewußt, – ein unheimlich aktuelles Bild.

Freilich müssen wir den Griechen zu Gute halten, daß sie durch ihre diplomatischen Aktivitäten zu ethisch wertvollen Maximen gelangten. So galt es als Schmach, einen Vertrag ohne Grund zu brechen oder einen Verbündeten im Krieg im Stich zu lassen. Es widersprach dem Moralkodex, einen Überraschungsangriff auf Nachbarn zu unternehmen, oder einen Krieg unangekündigt zu beginnen. Grausamkeiten gegen Verwundete und das Entehren von Toten war den Barbaren vorbehalten. Und man hatte eine dunkle Ahnung davon, daß es außer den für die Hellenen bestimmten Gesetzen und Bräuchen auch solche Grundsätze geben kann, die für die ganze Menschheit Geltung haben. Thukydides' Meinung »der Krieg als Mittel, internationale Streitigkeiten zu lösen, sei weder gut noch sicher«, ist ein symptomatisches Beispiel dafür.

Wenn wir über die griechischen Diplomaten auch nicht viel Gutes zu berichten haben, muß man zu ihrer Verteidigung noch sagen, daß sie es nicht leicht hatten. Wie schon erwähnt, waren sie gezwungen, die ihnen aufgetragenen Gesandtschaften zu übernehmen, und mit welch argen Strafen sie zu rechnen hatten, wenn ihre Tätigkeit der Volksversammlung mißfiel, wissen wir auch. Das karge Reisegeld konnte nicht durch Geschenke wettgemacht werden, denn es war verboten, solche anzunehmen. Gesandter Timagoras aus Athen wurde hingerichtet, weil er sich von Artaxerxes beschenken ließ. Waren ihre Verhandlungen erfolgreich, so erhielten sie als Belohnung eine kostenlose Mahlzeit im Rathaus, einen Olivenkranz und ab und zu eine Ehrentafel. Da das Mindestalter der Gesandten vielfach mit fünfzig Jahren festgelegt war, werden sie nicht gerade voller Übermut in die Fremde gezogen sein.

So sitzt Urbotschafter Wuwus griechischer Nachfolger, den wir vielleicht Wuwukles nennen könnten, nach seiner vollbrachten diplomatischen Mission mit finsterer Miene im Atrium seines Hauses. Der Olivenzweig um seine schütteren Schläfen tröstet ihn nicht im geringsten über seine geschwollenen Füße und über seine Leber, die durch die schreckliche Kost bei den Barbaren arg gelitten hatte. Also nippt er nun, statt an seinem geliebten, kühlen Harzwein, an einem Pfefferminzsud, während er im Kopfe die Ausgaben überschlägt, die ihn der diplomatische Dienst für seine Heimat gekostet hat. Mindestens eine Jahresernte an Oliven und Wein, stellt er vergrämt fest, und dabei muß er noch Zeus danken, daß er wieder daheim in seinen eigenen vier Wänden sitzt. Genausogut hätte sein Vermögen bei dem geringsten Mißerfolg der ihm aufgetragenen Verhandlungen eingezogen werden können.

## Wuwus Wuwutius, der Römer

Sollte man meinen, daß die Römer, praktisch veranlagt und von überquellendem Organisationsgenie, ausgezeichnete Diplomaten hervorgebracht und ein nachahmenswertes außenpolitisches System ersonnen haben, so irrt man sich. Sie besaßen überhaupt keinen Sinn für Diplomatie, allerdings bot ihnen ihre Geschichte auch keine Chancen, einen solchen zu entwikkeln. Wenn die Griechen wegen ihrer temperamentvollen Leichtfertigkeit und ihrer politischen Einrichtungen in der Diplomatie versagten, versagten die Römer wegen ihrer Herrschsucht. Die Voraussetzung einer gesunden Diplomatie, die Gleichberechtigung der Unterhändler, kannten sie nur während der Zeit der frühesten Republik. Sobald sie aber zur

Weltmacht aufgestiegen waren, gab es für sie nur mehr kolonisierte Völker oder Schützlinge. Entscheidungen wurden natürlich ohne deren Zustimmung getroffen und die Verträge glichen eher einem Diktat. Rom lebte in der felsenfesten Überzeugung, es sei seine Pflicht, anderen Nationen den Segen der »pax romana« aufzuzwingen. Wenn diese der Menschheit auch kostbares Wohl brachte, wurde doch keinerlei Gegnerschaft geduldet und jedweder Widerstand niedergeschlagen.

Die Gesandten Roms waren im allgemeinen Männer von geziemendem Ernst. Sie wurden vom Senat ernannt, hatten meist Senatorenrang oder wurden aus den Reihen der vornehmsten Ritter ausgewählt. Unser römischer Freund Wuwus Wuwutius schritt daher stets höchst ehrbar in seiner faltenreichen Toga einher, als überaus würdiger Vertreter der furchterregenden Erhabenheit Roms. *Diplomat* war er allerdings keiner. Als Handlanger des Senats hatte er sich an dessen Weisungen zu halten, der Senat aber hatte Diplomatie nicht nötig. Nur ganz selten wurden Gesandte mit Vollmachten ausgestattet. Überschritten sie ihre Befugnisse, stellte man sie prompt unter Anklage. Ihre Missionen waren von kurzer Dauer. Heimgekehrt, hatten sie dem Senat Bericht zu erstatten und dieser stimmte dann ab, ob ihre Tätigkeit gebilligt wurde.

Die Organisationsgabe der Römer und ihre Neigung zu kategorischen Definitionen ließen sie aber für alle nur denkbaren internationalen Situationen und Beziehungen Vorschriften und Methoden festlegen, darunter auch für die Gesandten fremder Staaten. Damit wurde Rom zum Begründer und Vater des Protokolls[7], bis heute Fluch und Segen der Diplomaten.

Alles hatten sie geregelt. Sollte Krieg erklärt werden, begab sich der »Eidesvater« zur feindlichen Grenze und schleuderte über diese einen Speer aus Kirschholz. War die Zeit zu kurz oder die Grenze zu weit, tat er dasselbe vor dem Tempel der Kriegsgöttin Bellona. Wenn Frieden geschlossen werden sollte, ließ derselbe Beamte, der das Zepter des rechtschützenden Jupiters in der Hand zu halten hatte und vom »Vater des heiligen Krautes« begleitet werden mußte, – der wiederum einen Sproß des heiligen Eisenkrautes aus dem Kräutergarten des Kapitols trug –, den Vertrag den Gesandten der Gegenpartei laut vorlesen. Dann verfluchte er jene, die den Vertrag brechen sollten und schnitt mit einem uralten Steindolch, dem lapis silex, die Kehle einer Sau durch.

Ausländische Gesandtschaften wurden in Rom mit verschiedenen Abstufungen der Verachtung behandelt. Sogar die Abgesandten von befreundeten Völkern waren gezwungen, sobald sie eine gewisse Stelle in der Umgebung Roms erreicht hatten, ihre Anwesenheit anzumelden und um Erlaubnis zu bitten – die sie auch erhielten – in die Stadt einziehen zu dürfen. Alle anderen diplomatischen Missionen mußten so lange vor den Stadttoren warten, bis ihre Identität, ihre »Causa«, vor allem aber die Gültigkeit ihrer Beglaubigungsschreiben überprüft waren. Erst dann erhielten sie die Genehmigung, die Stadt zu betreten. Die Herbergen vor den Toren Roms waren indessen durchwegs Kneipen übelster Sorte mit einem dementsprechenden Publikum, miserable Unterkünfte voller Ungeziefer und Ratten, so daß die dort verbrachte Zeit zur Qual und Erniedrigung wurde. Die zugelassenen Gesandtschaften wurden zuerst im Tempel der Bellona empfangen und dann in ein Gästehaus für ausländische Diplomaten, Graecostatis genannt, gebracht. Dort hatten sie bis zu einer Audienz beim Senat auszuharren. Während ihres Aufenthaltes in der Graecostatis sorgte der Staat für ihre und ihres Personals täglichen Bedürfnisse. Den Gesandten und ihrem Personal wurde die Immunität zugebilligt, die sich aber nicht auf die Wohnstätte und ihre Dienerschaft erstreckte. Verstieß jemand, der die Unverletzbarkeit genoß, gegen das Gesetz, wurde er unter Bewachung in seine Heimat zurückbefördert.

Endlich vor den Senat zitiert, durften die Gesandten ihre Anliegen vorbringen. Anschließend hatten die Senatoren das Recht, Fragen an sie zu stellen. Danach wurden sie in die Graecostatis zurückgeführt und schließlich nochmals vorgeladen, um die Antwort des Senats entgegenzunehmen.

Es konnte vorkommen, daß sich der Senat weigerte, eine Gesandtschaft anzuerkennen oder anzuhören. Dies stieß im Jahre 205 v. Chr. Gesandten aus Karthago zu. Sie verloren ihre Immunität, wurden als Spione bezeichnet und unter bewaffneter Aufsicht zur Küste gebracht.
Eine römische Einrichtung erfüllt uns, die an zahllose, endlose und fruchtlose Konferenzen gewöhnt sind, mit einem gewissen Neid. Die Römer begrenzten die Zeitdauer der Verhandlungen. Im Jahre 197 v. Chr. zum Beispiel wurde einer mazedonischen Gesandtschaft, die nach Rom kam, mitgeteilt, die Verhandlungen müßten binnen sechzig Tagen zu einem Übereinkommen führen, anderenfalls würden die Gesandten ihre Immunität verlieren und als Spione abgeschoben.

## Des Gotenkönigs Diplomatie

Nach dem Zerfall des römischen Imperiums hörte die Politik der Nichtrömer auf, eine Alternative zwischen Gehorsam und Empörung zu sein. Im Osten und Westen entwickelten sich eine Reihe von Barbaren-Nationen, autonom und geltungssüchtig, deren Könige, falls sie sich behaupten wollten, einen neuen geistigen Wettkampf eingehen mußten; ein Sich-Messen in der politischen Staatskunst. Mit Feinden Frieden zu schließen, Verbündete zu gewinnen, rivalisierende Gegner zu versöhnen, oder sie gegeneinander auszuspielen – das waren unumgänglich notwendige Mittel der Selbsterhaltung. Damals begann die Diplomatie zu jener hohen politischen Kunst unabhängiger Staaten heranzureifen, die es ermöglicht, ihre gegenseitigen Beziehungen zu regeln.
Ein Bahnbrecher von Format war dabei der Ostgotenkönig Theoderich der Große*. Als Gesandte wählte er ausschließlich

* 455–525

Gelehrte und berühmte Männer, denen er nur allgemeine, meist mündliche Anweisungen gab, um ihre Urteilsbildung und ihre an Ort und Stelle zu fassenden Entscheidungen nicht zu behindern. Er schickte sie zu den verschiedenen germanischen Königen im Westen ebenso wie zum Papst und zum Kaiser von Byzanz, denn zwischen all denen mußte er lavieren. Während König Theoderich mit seinen teutonischen Brüdern gezwungenermaßen Freundschaft zu pflegen suchte, richtete er gleichzeitig, ebenfalls nach Frieden heischend, seinen bewundernden Blick nach dem Osten, nach der erhabenen und prachtvollen Kulturmacht Byzanz.

## Byzanz, der böse Lehrmeister

Das byzantinische Reich war ein Phänomen. Es bestand tausendeinhundert Jahre hindurch; während elf Jahrhunderten ist es reich und stark, manchmal auch reich und schwach gewesen, nie aber, – nicht einmal während seiner Dekadenz, als es arm und schwach war –, schien sein Prestige geschmälert. Niemals büßte es den magischen Glanz seiner Macht und Pracht ein. Niemals war des Kaisers, des Basileus' Aureole verdunkelt, oder der Widerschein seiner Krone verdüstert, obwohl nur ein Drittel der hundertsieben Herrscher eines natürlichen Todes gestorben sind und auch der Lebenswandel der Kaiserinnen Grund genug zum Staunen bietet. Und als Konstantinopel fiel und Byzanz zerbarst, ging es wie ein großartiges Flaggschiff unter, im Kampf, mit dem Kapitän am Steuer und alle Mann an Bord.

Als direkter Nachfolger des Römischen Reiches hatte Byzanz dessen perfekte Verwaltung und Organisation übernommen und sie später für die eigenen Bedürfnisse klug abgewandelt. An der Schwelle des Orients gelegen, blühte und wirkte dazu in Byzanz bereits das Finanzgenie der Levante. Als Erbe des griechischen Geistes hütete es stolz die Kulturtradition der Antike. Und als erstes christliches Imperium erfüllten und bewegten es bis zur äußersten Spannung die mystischen Kräfte des frühen und des mittelalterlichen Christentums. So entstand auf aufgeklärtem griechischen Boden ein mit römischer Realität gepanzerter, mit orientalischer Elastizität gepolsterter und von der metaphysischen Kraft des Christentums durchdrungener Staat, ein »heiliges Reich Gottes« auf der sehr realen Welt, in dem Christus das tägliche Schicksal der Völker durch den Basileus und seinen wohlfunktionierenden Verwaltungsapparat lenkte.

Dieses Staatsgebilde glich einer übernatürlichen Stufenpyramide der Hierarchie, ihre Grundfläche ruhte auf drei Kontinenten, ihr Gipfel reichte in nur erahnbare Höhen. Oben, auf der Spitze, in göttlicher Nähe, stand der Kaiser, Sinnbild des Lichtes und des Logos. Von dort aus rückte eine himmlische Hand stets alles zurecht, was die Harmonie des Ganzen hätte stören können. Gut zwanzig Nationen waren in diese Pyramide eingebaut. Ihrem Mittelpunkt, Konstantinopel, flossen, so wie einem Herzen alles Blut zuströmt, um von dort aus wieder verteilt zu werden, alle Reichtümer der damaligen Welt zu.

Die Last dieses Riesenbaues wurde, während der gesamten Zeit seines Bestehens, vornehmlich von vier Pfeilern getragen; von der geistigen Einstellung der Byzantiner selbst, von ihrem Militär, von der geographischen Lage des Reiches, – und von ihrer Diplomatie.

Die griechisch-römisch-orientalisch-christliche Komponente ihres Geistes verlieh den Byzantinern das Gefühl der absoluten Überlegenheit, ihre Reichsidee war übernational und unerschütterlich. Sie waren überzeugt, das erwählte Volk des neuen Testaments zu sein. Byzanz war der Kosmos selbst, die Welt außerhalb dieses Universums aber das Chaos.

Dieses Chaos, das elfhundert Jahre hindurch tatsächlich an die Grenzen des Reiches brandete, war durch die vielen, verschie-

denartigen Barbarenvölker und den Islam, die Byzanz ständig bedrohten und angriffen, mehr als treffend verkörpert. Der Schutzwall dagegen war die Armee und die Flotte. Nie überdimensioniert, bestanden sie vorwiegend aus Eliteeinheiten, die teilweise mit Wunderwaffen[8] ausgestattet waren.
Seine geographische Lage sicherte Byzanz unermeßliche Reichtümer. Alle wichtigen Handelswege der Zeit, sowohl zu Lande wie zur See, führten nach Konstantinopel.
Die Diplomatie aber war nicht nur ein Element der hohen byzantinischen Staatskunst, gleichsam sich selbst genügend, sie stützte auch die anderen drei Pfeiler. Den Geist und die Reichsidee trugen Byzanz' Diplomaten in Zusammenarbeit mit christlichen Missionaren in ferne Gegenden, wo sich weder die Armee noch die Verwaltung hätten behaupten können. Das Militär entlasteten sie durch geschickte Schachzüge, durch die sie die Barbaren gegeneinander aufwiegelten. Die gleiche Außenpolitik wandte Byzanz auch in Westeuropa an. Und was die außerordentlich wichtigen Wirtschaftsverbindungen und Tributzahlungen betraf, so wären diese ohne eine diplomatische Mitarbeit unvorstellbar gewesen.
Die Byzantiner sorgten als die Ersten für eine Ausbildung ihrer Diplomaten. Sie waren auch die Ersten, die eine Art Außenministerium einrichteten, eine Regierungsabteilung für auswärtige Angelegenheiten, das »Amt für die Barbaren«.
Die Gesandten wurden mit größter Sorgfalt ausgewählt. Im allgemeinen betraute man hohe und höchste Würdenträger mit der Leitung einer Mission; Strategen, Gouverneure, Hofbeamte und Patrizier. Ihr Rang entsprach meist der Bedeutung des Verhandlungspartners, ausschlaggebend war aber die persönliche Eignung für die zu lösende Aufgabe. Unser byzantinischer Freund, Gesandter Wuwudosius, hatte sich nötigenfalls einer speziellen Schulung zu unterziehen. Dazu gehörten nicht nur wissenschaftliche Gebiete, sondern auch Kurse in Psychologie. Sein Taktgefühl wurde begutachtet, so wie seine Fähigkeit, sich in schwierigen Situationen zu behaupten. Er hatte auch den Primitivsten gegenüber höflich zu sein. Die Zustände

im Ausland durfte er nicht kritisieren, vielmehr war er gehalten, selbst das geringste Positive zu loben, – freilich ohne dabei seiner eigenen Würde Abbruch zu tun. In der Fremde sollte er nie die Schätze Konstantinopels und die Schönheit seiner Frauen preisen, sondern die Befestigungsanlagen.

Die Kosten der diplomatischen Missionen pflegte der Staat oft durch eine Sondererlaubnis zu bestreiten; den Gesandten gestattete man, Waren, die sonst der Staat als Monopol vertrieb, ins Ausland mitzunehmen und sie gegen dortige Währung zu verkaufen. Trotz ihrer Wirtschaftlichkeit hatte sich diese Besoldungsart in den späteren Jahrhunderten nicht gehalten, ganz einfach deshalb, weil die solcherart honorierten Gesandten ihren finanziellen Geschäften oft mehr Aufmerksamkeit widmeten als ihren diplomatischen Aufgaben.

Die Instruktionen, die sie – nicht selten vom Kaiser persönlich – erhielten, grenzten die von ihnen zu vertretenden Maximal- und Minimalforderungen genau ab. Innerhalb dieser konnten sie nach ihrem Gutdünken handeln. Wehe aber, wenn sie ihre Befugnisse überschritten – und die Sache schlecht ausging. Kaiser Justin II. ließ einen Patrizier, den Gesandten Johannes, der, seine Vollmachten mißachtend, ungeschickt agierte, vor den Staatsrat stellen. Johannes wurde verurteilt und verlor wegen seines Mißerfolges als Gesandter Amt und Würden.

Auch die in entferntesten Ländern tätigen Gesandten wurden von der Zentrale aus ständig überwacht. Gaben sie ein strategisches Geheimnis oder auch ein Fabrikationspatent preis, wurden sie mit dem Tode bestraft. Besonderen Wert legte man auf Informationen über die Käuflichkeit einzelner Personen und man wollte genau wissen, um welche Summe und wann diese am besten ansprechbar waren. Für Bestechungen gab der Staat immense Gelder aus.

Das Ideal unseres Gesandten Wuwudosius war demnach der listenreiche Odysseus, der allerdings gleichzeitig ein ehrfurchterregender, aber nicht aneckender Römer und ein von christlicher Theologie durchdrungener Byzantiner sein sollte.

Unglaublich ist die Anzahl der Gesandtschaften, die von Konstantinopel aus überallhin nach Europa und bis in das Innerste Asiens ausschwärmten. Sie sollten die Barbarenvölker von den Reichsgrenzen abhalten, oder sie in die Einflußsphäre von Byzanz locken. Sie mußten Kriege verhindern und Kriege anstiften. Sie hatten Handelsbeziehungen anzuknüpfen oder zu unterbinden, Tribute zu erpressen oder würdevoll selbst welche zu entrichten. Bald traten sie hochmütig und ablehnend auf, bald großherzig und voller Freundschaft. Über tausend Jahre hindurch manövrierten sie unter dem Motto »imponieren und abschrecken« emsig und sicher in dem komplizierten Netzwerk byzantinischer Staatspraktiken, das aus List und Täuschung, Versprechungen und Drohungen äußerst kunstvoll gewoben war.

Diese Einstellung spiegelt sich auch in den Vorschriften über die Behandlung fremder Gesandter wider. Kaiser Konstantin VII. Porphyrogenetos* schrieb ein etwa tausend Seiten umfassendes Werk, in dem alle Protokollfragen erörtert wurden, darunter auch, wie ausländische Diplomaten zu empfangen seien.

Fremden Gesandten gegenüber hatte man vor allem darauf zu achten, daß sie angemessen beeindruckt und entsprechend überwacht wurden. In Konstantinopel angekommen, wurden sie samt ihrem Personal in einem besonderen, mit größtem Luxus ausgestatteten Gebäude, im sogenannten »Gästehaus der Römer« untergebracht, oder auch, je nach Absicht und Zweck, in einem abschreckenden und entwürdigenden Quartier. Da und dort wurden ihre Besucher, ihr Verkehr und jede ihrer Bewegungen durch eine ihnen zugeteilte Ehrenwache, die der Geheimpolizei angehörte, überwacht. Zu den Empfangszeremonien, die mit mystischem Glanz – und betrügerischen Manipulationen – eindrucksvoll gestaltet waren, gehörte unter anderem eine endlose Militärparade, während der die Truppen bei einem Tor des berühmten Hyppodroms herein- und beim anderen hinausmarschierten, – immer die gleichen Soldaten,

* 919–959

die sich draußen schnell in Uniformen anderer Waffengattungen umkleideten. Die erste Audienz beim Kaiser war geradezu verblüffend inszeniert. Um sich dem Thron zu nähern, mußten die Gesandten in einem Raum an einer goldenen Platane voller künstlicher Vögel und an goldenen Drachen und Löwen vorbeischreiten. Sobald sie diesen Saal betreten hatten, fingen die Vögel zu zwitschern, die Drachen zu fauchen und die Löwen zu brüllen an. Vor dem Kaiser angelangt, waren sie gehalten, sich das drittemal auf den Boden zu werfen. Als sie sich von diesem Kotau erhoben, war der Basileus ihren Blicken entschwunden; er schwebte hoch über ihnen unter der Kuppel des Saales, wohin er samt dem goldenen, von Purpurschleiern überdachten Thronsessel emporgehievt worden war. So kindisch diese Protokoll-Machinationen auch anmuten, verfehlten sie, durch die Pracht und den Reichtum der Hauptstadt und die Macht des Imperiums unterstützt, nur selten ihre Wirkung. Sogar aufgeklärte Geister ließen sich beeindrucken und um so mehr jene, die aus den Steppen und Wäldern, aus fernen Festungen oder Wüstenzelten kamen. Nach dem Empfang von manchen in Tierfelle gehüllten Gesandten mußten im Palast die Türen und Fenster aufgerissen werden, dies beeinträchtigte aber keineswegs die etwaige politische Bedeutung der Übelduftenden.

Den Ablauf der kaiserlichen Mahlzeiten, zu denen die Gesandten mit verschiedenen anderen Gästen und Würdenträgern des Reiches geladen waren, beschreibt Kaiser Konstantin ebenfalls in seinem Zeremonienbuch.

Im Festsaal mit grünen Marmorsäulen und goldenen Mosaiken hatten in allen schweren Silberleuchtern die Kerzen zu brennen. Vor der erhöhten Loge mit der kaiserlichen Tafel waren im Saal im Halbkreis neunzehn mit Goldgeschirr gedeckte Tische mit je zwölf Liegestätten so aufgestellt, daß niemand dem Basileus den Rücken kehrte. Sobald der Kaiser, in Purpur gekleidet und mit einer weißen Tiara auf dem Haupte, eintrat, verbeugten sich alle und verdeckten Augen und Stirne mit seraphischer Geste durch ihren vorgehaltenen Ärmel, um vom himmlischen Licht nicht geblendet zu werden. Der Basileus saß an seiner Tafel als dreizehnter zwischen zwölf Ehrengästen, Sinnbild der zwölf Apostel, denen er als »Apostelgleicher« präsidierte, denn jedes Essen mußte das heilige Abendmahl symbolisch andeuten.

Die Gänge wurden auf rollenden Tischen herbeigeführt. Während der Vorspeise – kalte Platten, Oliven, Kaviar und eine bekannte Fischsauce – wurden Orgelmusik, Chorgesänge, mimische Szenen und alte griechische Tänze dargeboten. Der Kaiser zeichnete die Ehrengäste und jene, die er bevorzugen wollte, durch von ihm gewählte Leckerbissen aus. Zu den warmen Gerichten, meist Geflügel und Wild, las ein Mönch aus den Schriften des heiligen Chrisostomus vor. Auch wurde auf das Wohl des Kaisers getrunken. Vor den Süßspeisen – Törtchen und Bonbons – brachte man wohlriechende Wasser zum Reinigen der Hände. Dann führten indische Jongleure, chinesische Akrobaten und sonstige Gaukler ihre Kunststücke vor. Die erlesenen Früchte zum Abschluß wurden in drei riesigen, wundervollen Schalen aufgetragen. Diese Meisterwerke byzantinischer Goldschmiedekunst waren so schwer, daß sie mit Maschinen von der Decke heruntergelassen werden mußten. Zuletzt reichte man dem Basileus Brot und Wein, der mit diesen sakramentalen Symbolen das Mahl beendete.

Denjenigen, der während eines kaiserlichen Essens eine Platte umstieß oder fallen ließ, erwartete die Todesstrafe. Sie ist jedoch wegen eines solchen Deliktes nie vollzogen worden, eine weitere Bestimmung drohte nämlich jedem, der die Untat sah, geblendet zu werden. So dürften sich wohl niemals Zeugen für einen auf dem Boden rollenden Braten gefunden haben.

In das Labyrinth des byzantinischen Protokolls den Gegebenheiten angemessene Beleidigungen und Herabsetzungen als wohldosierte Schikanen einzubauen, war ein leichtes Spiel. Solche Nadelstiche vermochten, konsequent durchgeführt, auch die zur Strecke zu bringen, die unter Keulenhieben nicht wankten.

Das Musterbeispiel eines Opfers der byzantinischen diplomatischen Technik war ein gewisser Gesandter Liutprand, der vom deutschen Kaiser Otto I. als sein bevollmächtigter Unterhändler nach Konstantinopel geschickt wurde. Liutprands ausführlicher Bericht über seine byzantinischen Abenteuer ist uns glücklicherweise erhalten geblieben. Er läßt zwar darin den üblichen objektiven Ton diplomatischer Dokumente vermissen, schildert aber dafür – aus seiner Sicht – die Kehrseite der byzantinischen Herrlichkeit auf amüsanteste Weise.

Liutprand, Bischof von Cremona, war ein Grandseigneur und Bonviveur. Am italienischen Hof von Pavia erzogen, begabt, gewandt und gut aussehend, buchte er sowohl in seinem Beruf wie im Privatleben, besonders bei schönen Damen, zahlreiche Erfolge.

Nachdem Kaiser Otto I. den Großteil Italiens samt Rom unter seine Herrschaft gebracht hatte, wollte er sich mit seinem Gegenspieler, dem byzantinischen Kaiser Nikephoros Phokas gut stellen und wünschte seinen Sohn, den späteren Otto II., mit einer byzantinischen Prinzessin zu vermählen. Liutprand sollte diese Ehe in die Wege leiten. Otto hielt ihn für den richtigen Mann, um als sein Abgesandter mit dem Kaiser in Konstantinopel zu verhandeln, da sowohl Liutprands Vater und Stiefvater als auch er selbst schon in diplomatischer Mission in der byzantinischen Hauptstadt geweilt hatten.

Ungeachtet der mühseligen Reise traf Liutprand in freudiger Erwartung an einem Frühnachmittag des Jahres 968 mit seiner fünfundzwanzigköpfigen Begleitung in Konstantinopel ein. Er erinnerte sich an seinen glücklichen, früheren Aufenthalt dort, an seine guten Freunde – und mußte vorerst einmal im strömenden Regen bis Mitternacht vor den Stadttoren warten. Dann erst eskortierten ihn kaiserliche Beamte in das ihm zugewiesene Quartier. Dieses war ein scheunenartiger Bau, der weder vor Regen noch Sonne schützte, nichtsdestoweniger aber die verschiedensten Bewohner beherbergte, unter ihnen auch fünf Löwen, deren übelriechende Nachbarschaft Liutprand mit Abscheu registrierte. Wasser existierte in der Unterkunft nicht, und zu trinken gab es nur einen »mit Pech, Harz und Gips gepantschten griechischen Wein«, den Liutprand ungenießbar fand und verächtlich als »Badewasser« bezeichnete. Die Verpflegung bereitete ebenfalls Schwierigkeiten, da die Wachen vor der Türe ihn und sein Gefolge am Verlassen des »schrecklichen Hauses« hinderten. Nur sein italienischer Koch durfte hinaus, um Vorräte zu besorgen. Da dieser aber nicht griechisch konnte und in Konstantinopel damals eine Inflation herrschte, wurde er beim Einkaufen dermaßen übers Ohr gehauen, daß Liutprand jede Mahlzeit seiner Leute an die drei Goldgulden[9] zu stehen kam. Die Wache ließ auch keine Besucher zu ihm, und als ihm alte Freunde ordentliches Essen und Wein zu schicken versuchten, warfen die Posten die guten Sachen in den Rinnstein und verprügelten die Boten. Hundertzwanzig Tage wurde der Gesandte solcherart wie ein Gefangener gehalten und behandelt.

Während dieser Zeit ist er wiederholt zu Verhandlungen an den Hof und zum Kaiser geholt worden. Die Art und der Verlauf der Zusammenkünfte erregten ihn noch mehr als die Zustände im »schrecklichen Haus«. Kaiser Nikephoros bezichtigte Kaiser Otto der Usurpator Roms und ein verruchter, gottloser Mörder zu sein, worauf Liutprand Nikephoros fragte, wieso er denn, wenn er sich als rechtmäßiger Herrscher Roms fühle, die Stadt den Huren überlassen hatte, denn Dirnen hatten dort regiert, als Otto sie eroberte. Solche »diplomatische« Geplänkel wurden dann meistens durch einen Gottesdienst oder ein Mahl an der Tafel des Kaisers unterbrochen. Der Gottesdienst bestand hauptsächlich aus Chorgesängen, die Nikephoros priesen und ihn mit Beinamen wie »Widerschein der Sonne«, »Schreck der Sarazenen«, »Eroberer« und »Morgenstern« verherrlichten. Liutprand repliziert in Gedanken mit Beinamen wie »kriecherisches altes Weib«, »ausgebrannte Schlacke« und vermerkt, daß die Chorknaben barfuß gingen und ihre schäbigen Kleider wohl schon von ihren Großvätern getragen worden waren. Er schildert den Kaiser, der ihn lebhaft an einen Maulwurf oder an ein Schwein erinnerte, als eine schier unglaubliche Kreatur, mit dem Körper eines Pygmäen, langem, verfilztem Haar, dunkler Haut und kleinen Knopfaugen. Seine reichbestickten, kostbaren Gewänder waren so alt, daß sie von weitem stanken. Dazu »führt er unverschämte Reden, ist schlau wie ein Fuchs, im Lügen ein Riese«, kurzum »ein Kerl, dem man nicht in der Nacht begegnen möchte«, schließt der Gesandte voller Haß.

Auch die kaiserlichen Mahlzeiten werden nicht besser beschrieben. Das Essen war verdorben und ekelhaft. Einmal mußte Liutprand an fünfzehnter Stelle bei Tisch sitzen, dort, wo das Tischtuch schon zu Ende war und er das Salz nicht mehr erreichen konnte. Ein andermal placierte man ihn nach einem »ungewaschenen und unrasierten Bulgaren«. Liutprand war darüber so empört, daß er sich weigerte, den ihm zugewiesenen Platz einzunehmen, worauf ihn Nikephoros' Garde an den Gesindetisch brachte.

Daß seine Mission erfolglos ausgehen würde, stand für den Gesandten bald fest, der Kaiser ließ ihn jedoch erst nach vier elenden Monaten ziehen. Dann aber erlaubte er ihm, soviele Waren wie er nur wollte, mitzunehmen, um ihm solcherart die Kosten seiner Reise bestreiten zu helfen. Nach all dem Vorangegangenen versteht es sich beinahe von selbst, daß der wertvollste Teil dieser von Liutprand erstandenen Sachen ihm vom Zoll gleich wieder beschlagnahmt und abgenommen wurde.

Als er reisebereit war, weigerte man sich, ihm Träger zu besorgen und er mußte mit Unsummen von Geld Leute bestechen, damit sein Gepäck befördert werden konnte. Kurz vor seinem Aufbruch übte Liutprand eine bescheidene Rache: er schnitzte ein langes lateinisches Gedicht in einen der Tische des »schrecklichen Hauses«, in dem er nicht verschwieg, was er von seinem dreckigen Quartier, den verlogenen Griechen und ihrem blöden Kaiser hielt. Liutprand wurde dann auf ein morsches Boot verfrachtet, mit dem er Schiffbruch erlitt. Nachdem er auch noch gefangengenommen und ausgeraubt worden war, gelangte er endlich heim und konnte, trotz allem, seinen historisch gewordenen Bericht abliefern.

Da Gesandter Liutprand zu überheblich war, um bei den Unterredungen einen seiner mehr als schwachen Ausgangsposition entsprechenden Ton zu finden – die Heirat einer Prinzessin von Byzanz mit dem Erben jenes Barbaren, der den Byzantinern Rom entrissen hat, schien undiskutabel – ist er, durch die Beleidigungen gereizt, schnell ad absurdum geführt worden. Und da er auch zu eitel war, um die zermürbenden protokollarischen Sticheleien nicht tödlich ernst zu nehmen, benahm er sich bald so, wie es von byzantinischer Seite gewollt war. Gewiß, Überheblichkeit und Eitelkeit können einem Diplomaten nur schaden. Gesandter Liutprand war aber seiner Herkunft und seinem Habitus nach durchaus kein Tölpel, sondern ein gebildeter und erfahrener Weltmann. Wären ihm die Byzantiner offen entgegengetreten, hätte er bestimmt normale Vermittlungsversuche zustandegebracht, an denen freilich dem Basileus gar nicht gelegen war. Jener Liutprand aber, der gedemütigt und von einer schrecklichen Darminfektion geschwächt, ungepflegt und von Fieber und Wut geschüttelt, zu den Audienzen wankte, war nicht mehr Herr seiner selbst. Man hatte ihn »fertig« gemacht. Allein während der halbdutzend verschiedenen Einladungen, die er zu kaiserlichen Mahlzeiten erhielt, und während denen ihn insgesamt gut vierzehnhundert Persönlichkeiten beobachten konnten, erweckte er genau den Eindruck, den der Hof von ihm vermitteln wollte: das Bild eines ungebärdigen, lächerlichen Mannes, der durch sein unmögliches, ja unerhörtes Benehmen – er unterbrach sogar den Basileus in seiner Rede – sich selbst, seinen Herrn und die von ihm vertretene Sache restlos kompromittierte.

Gesandter Liutprand war ein schlechter Diplomat, weil er die Nerven verlor und weil er alles ausschließlich durch die Brille seines Unmuts sah und nicht imstande war, seinen Gegner objektiv einzuschätzen. Er erfaßte nichts von Byzanz, weder seinen Geist, noch seine Größe oder Stärke, geschweige denn, daß er fähig gewesen wäre, hinter die Kulissen zu blicken. Seinem unterhaltenden, doch völlig verzerrten, weil einseitigen Bericht mangelte es an jeglicher geschichtlicher Klarsicht.

Kaiser Nikephoros Phokas war zwar tatsächlich eine häßliche Kreatur, er war aber der Napoleon des byzantinischen Reiches. Er hat den Arabern Kreta entrissen, das Taurus-Gebirge überschritten und Antiochia zurückerobert. Seine krummen Beine bemerkte man, wenn er zu Pferde saß, nicht im geringsten. Seine Haut war von Sonne und Wetter vieler Feldzüge gegerbt. Machte er einen verwahrlosten Eindruck, so mag es sein, daß er sich nicht nur als ein von Natur aus rauher Soldat gehen ließ, sondern auch, weil er ein von schweren Sorgen geplagter Mensch war. Zur Zeit der Liutprand-Mission konnte er schon Böses geahnt haben, denn nach einem knappen Jahr ließ ihn seine schöne und angebetete Frau ermorden. All diese Hintergründe und Zusammenhänge scheinen Liutprand entgangen zu sein. Ebenso, wie er nichts von dem liturgisch zu deutenden Charakter des byzantinischen Zeremoniells begriff. Immer wieder spottet er in seinem Bericht über die Eunuchen am byzantinischen Hof und über die Achtung des Kaisers für sie, ohne zu wissen, daß diese dort absolut nichts mit den entmannten Sklaven orientalischer Harems oder den rechtlosen Objekten Roms gemein hatten, sondern in der Hierarchie des »heiligen Reiches« symbolisch die geschlechtslosen Engel verkörperten. Sie standen, stets in weißer Seide gekleidet, auf den obersten Stufen der großen Pyramide. Im Mysterienspiel des Zeremoniells reichten sie dem Basileus bei der Krönung die Reichsinsignien, kleideten den vom Krieg Heimgekehrten in die geheiligten kaiserlichen Gewänder um und schirmten ihn jedesmal, wenn er sein Purifikationsbad nahm, wie eine himmlische Mauer vor allen unbefugten Blicken ab. Jeder Besucher, der zum kaiserlichen Thron schritt, wurde von zwei Eunuchen, die ihre Arme um seine Schultern legten, geleitet und gestützt, als wollten sie ihn mit Engelsflügeln beschirmen und schwebend dem Herrn zuführen. Viele der höchsten Posten des Reiches waren aus denselben mystischen Gründen Eunuchen vorbehalten. Oft ließen sich Mitglieder der vornehmsten Familien und sogar Söhne des Kaisers kastrieren, damit diese Stellen keinem Außenstehenden zufielen.

Es sei noch vermerkt, daß Otto II. die Kaisertochter doch noch geheiratet hatte, allerdings nicht als Resultat der im Zeichen von Schmähungen und Zorn gestandenen Verhandlungen Liutprands.
Gesandter Liutprands Mission war vielleicht das erste überlieferte Beispiel einer »Diplomatie«, die mit psychologischer Pression geführt wurde.
Die Grundsätze dieser Methoden übernahmen von Byzanz die Venezianer und von ihnen das gesamte Europa der Renaissance. Während sich aber das Abendland weiterentwickelte und dieser Art der Diplomatie teils entwuchs, teils sie aus Vernunftsgründen ablegte, da die solcherart erzielten Erfolge nicht dauerhaft sein konnten, lebten im Osten Europas die Eigenheiten der byzantinischen diplomatischen Schule weiter und manche sind bis zum heutigen Tage erhalten geblieben.
Als die byzantinischen Kaiser die Slawenapostel Cyrillus und Methodus in die russischen Steppen schickten, um die Slawen zum Christentum zu bekehren, entsandten sie auch Gelehrte, Kunstmaler und Baumeister, um ihnen mit der Lehre Christi gleichzeitig das Lesen und Schreiben, die Anfertigung von heiligen Bildern sowie den Bau von Kirchen beizubringen. Und sie schickten ihre Diplomaten nach Rußland. Damit diese leichter nach Kiew, nach Moskau und zu den Stämmen entlang der Wolga gelangen konnten, richteten sie in Cherson auf der Krim einen außenpolitischen Stützpunkt ein. Die Diplomaten der Kaiser vermittelten dann – wohl ohne Absicht – durch die Art ihrer Verhandlungen den Russen die hohe byzantinische Staatskunst; wie man auf komplizierten Umwegen zu seinen Zielen kommt, Methoden, die ihrer Diplomatie ureigen waren. Die Russen lernten gründlich. Die Regeln, die sie einst von Konstantinopel übernommen hatten, sind nie in Vergessenheit geraten. So war nach der bolschewistischen Revolution die Diplomatie der Sowjetunion keinesfalls aus dem Nichts entstanden, ihr Ursprung ist vielmehr in der frühesten Vergangenheit Rußlands zu suchen und dieser wiederum liegt in der byzantinischen Geschichte verankert.

Im Jahre 1934 traf der erste amerikanische Botschafter in der Sowjetunion ein. Er hieß William Bullit und hatte den Auftrag, die Botschaft der Vereinigten Staaten von Amerika in Moskau einzurichten.
Botschafter Bullit dachte gerne an seine ersten Rußlanderfahrungen und erinnerte sich an den überaus herzlichen Empfang, den Stalin und andere Potentaten ihm, als sich die Sowjets noch um die Anerkennung durch die USA bemühten, zuteil werden ließen. Als nun im Jahre 1934 sein Zug in Moskau einfuhr, gewahrte er aus dem Fenster seines Abteils tatsächlich schon von weitem einen auf dem Bahnsteig ausgebreiteten roten Teppich, eine Musikkapelle und ein Empfangskomitee mit Blumen. Er freute sich nicht lange darüber. Die Musik und der Nelkenregen galten den Mitgliedern einer Frauenorganisation, während ihn selbst ein subalterner Beamter schnell durch die Menge zu einem Wagen bugsierte.
Die ihm zur Verfügung gestellte Residenz war kaum möbliert. Immerhin hatte sie ein Dach. Das seinen Angestellten zugedachte Gebäude hatte nämlich keines, es war noch im Bau. Das Wasser in den Badezimmern floß nur selten und noch seltener kam das Warmwasser. Der Botschafter beschwerte sich darüber, worauf sämtliche Leitungen an ein städtisches Dampfsystem angeschlossen wurden; nun zischte sogar aus den Toiletten brühend heißer Dampf. Schon nach kurzem zeigten sich am Plafond Risse und eines nachts fiel dann auch die ganze Decke herunter und zertrümmerte die Einrichtung.
Seine dienstlichen Miseren übertrafen aber den Ärger mit seinem schrecklichen Haus. Stalin empfing ihn überhaupt nicht. Nicht einmal dem Außenminister konnte er begegnen. Als es ihm endlich gelang, Außenminister Litwinow in einem Moskauer Spitalbett ausfindig zu machen, erklärte dieser, von all den vorherigen Vereinbarungen mit Washington über die Beglaubigung eines Botschafters in der Sowjetunion nichts zu wissen.
Dennoch ging es Botschafter Bullit, zumindest während der ersten Monate seines Aufenthaltes, wesentlich besser als seinen

dortigen Kollegen. Er durfte sich nämlich in und außerhalb der Hauptstadt frei bewegen und sogar seine russischen Freunde aufsuchen. In seine Residenz allerdings ließ seine Überwachung keine Besucher vor. Einmal besichtigte er eine Porzellanfabrik, in der ihm ein nettes, aber beileibe nicht außergewöhnliches Speiseservice als Geschenk verehrt wurde. Wenig später bekam er dafür eine Rechnung zugesandt, sie lautete auf tausend Dollar. Und dann wurde sein bester russischer Freund verhaftet und für viele Jahre in ein Gebiet nördlich des Polarkreises verbannt.
Als Botschafter Bullit Moskau verließ, wird sich seine Verfassung kaum von der des Gesandten Liutprand unterschieden haben, der tausend Jahre früher Byzanz den Rücken gekehrt hatte. Die Grundlage zum Eisernen Vorhang, der in der Gegenwart die Diplomatie des Ostens von der des Westens trennt, ist eben in Byzanz gelegt worden.

## Venedig, die gute Schülerin

Während Rußland die diplomatischen Methoden von Byzanz sozusagen mit der Muttermilch aufnahm, erlernte sie Venedig bewußt und abwägend. Die Lagunenstadt stand Jahrhunderte hindurch in sehr engen, wenn auch nicht immer herzlichen Beziehungen zu Konstantinopel.[10]
Die Königin der Adria verstand sich darauf, die orientalische Doppelzüngigkeit und den Argwohn elegant zu verpacken – und erbarmungslos anzuwenden. Besonderen Wert legte sie auf die Nachrichtenvermittlung, die in Venedig zum ersten Mal auf einem Austausch von Informationen zwischen der Regierung in der Heimat und den Gesandten im Ausland beruhte. In einer Epoche, in der es noch keine Zeitungen gab, waren diese wechselseitigen Mitteilungen von größter Bedeutung und verliehen außergewöhnliche Vorteile.

In Venedig war – als einzigem Staat der damaligen Welt – der diplomatische Dienst den Adeligen vorbehalten, die ab ihrem fünfundzwanzigsten Lebensjahr der Signoria für Regierungsgeschäfte zur Verfügung zu stehen hatten, diplomatische Missionen inbegriffen. Da damals Kultur und Bildungsmöglichkeiten ein Privileg des Adels waren und die venezianischen Nobili auch einen hohen Begriff von ihren patriotischen Pflichten hatten, verfügte die Republik durch ihre Patrizier über Elite-Diplomaten. Zur Zeit Philipp II. konnte man in Spanien, oder bei Richelieu in Frankreich ganz junge venezianische Botschafter antreffen, die ihren Gesprächspartnern völlig gewachsen waren. Noch im Jahre 1740 rät Lord Chesterfield seinem Sohn, im Ausland mit den venezianischen Gesandten zu verkehren, weil sie von allen Diplomaten die kultiviertesten und bestinformierten wären.
Venedig hielt seine Söhne unter eiserner Zucht, schon im 13. Jahrhundert gab es genaue Vorschriften über die Ernennung und das Verhalten der Gesandten. Diese gereichten den venezianischen Nachfolgern unseres Urbotschafters Wuwu nicht gerade zur Freude.

Herr Wuwuredano zum Beispiel wurde nun zum drittenmal mit der Leitung einer Gesandtschaft betraut. In seiner bronzebeschlagenen Festgondel fährt er soeben zur Signoria, um dort die letzten Weisungen und das Beglaubigungsschreiben für seine Mission entgegenzunehmen. Es ist außergewöhnlich heiß, die Lagune schimmert wie Perlmutt unter dem rötlich-blassen Himmel, der vom Atem des Sirocco glüht. Als seine Gondel in den Canale Grande einbiegt, schaukeln die Wellen zwei tote Katzen an ihm vorbei. Ihr Anblick verdirbt seine Laune vollends. Ein schlechtes Omen, denkt Wuwuredano, und spürt, wie ihm außer der Hitze auch Unmut und Sorgen den Schweiß aus den Poren treiben.
Seit Wochen hatte er sich vorsichtig, aber mit allen Mitteln bemüht, seine neuerliche Ernennung zum Gesandten

rückgängig zu machen. Vergeblich. Auf eine offene Weigerung standen hohe Strafen, die ebenso hart wie beschämend waren, ganz abgesehen davon, daß er sich bei der herrschenden politischen Lage den Ruf eines schlechten Patrioten nicht leisten konnte. Im Verruf eines schlechten Christen war er nach seiner römischen Gesandtschaft beinahe schon geraten. In Rom schwer erkrankt, konnte er an dem Abschluß der Krönungsfeierlichkeiten für den neuen Papst nicht mehr teilnehmen. So ließ er sich aus der überfüllten Stadt in ein Landgasthaus der Umgebung bringen und sich dort auskurieren. Den vorgeschriebenen Schlußbericht schickte er mit seinen besten Reitern nach Venedig. Gottlob war dieser voll von wichtigen Neuigkeiten, so daß die Signoria über sein Fehlen bei der päpstlichen Ablaßprozession und seine verzögerte Heimkehr ein Auge zudrückte, jedoch nicht ohne ihm eine Rüge zu erteilen. Freilich befand sich damals die Regierung wegen der Kriege mit Padua und Ferrara in Bedrängnis und hatte andere Sorgen, als ihre Diplomaten zu maßregeln. Während seiner zweiten Mission in Konstantinopel – die er für Venedig äußerst erfolgreich beendete, die ihn aber auf über zweitausend Golddukaten zu stehen kam –, brach zu Hause ein Aufstand gegen den Dogen Gradenigo aus. Als er aus einem der Neuigkeitsbriefe, mit denen die Signoria ihre Gesandten im Ausland über die Geschehnisse daheim informierte, davon erfuhr, begann für ihn eine Zeit schwerster Sorgen, da er seinen Sohn Giovanni mit dem Rebellenführer befreundet wußte. Er hielt es in Konstantinopel kaum mehr aus. Der Aufstand wurde niedergeschlagen, es gab Tote und Verletzte. Der Anführer der Verschwörung entkam, wurde aber auf ewig verbannt, auf der Stätte seines geschleiften Palastes hatte man eine Schandsäule aufgestellt. Giovanni gelang es, sich zu rechtfertigen. Die Familie blieb unbehelligt, wenn man ihr seither auch mit betonter Reserve begegnete.

Heutzutage aber konnte auch das leiseste Mißtrauen der Regierung das Vorspiel zu einem Todesurteil bedeuten. So kam seine neuerliche Berufung als Gesandter einer Art Rehabilitierung gleich.
War dies aber wirklich der Fall? Oder lud man absichtlich gerade ihm diese unglaublich gewagte Aufgabe auf? Man brauchte ihn, zweifelsohne, seine Konstantinopler Erfahrungen, seine bereits bewiesenen Fähigkeiten und sein Geld. Wenn er aber an den sicherlich bevorstehenden Gefahren zugrunde gehen sollte? Dann hätte der Chef des Hauses Wuwuredano in Erfüllung seiner patriotischen Pflichten eben sein Leben gelassen – und wäre auf elegante Weise eliminiert. Was konnte man in den jetzigen Zeiten noch mit Sicherheit wissen? Nichts. Nach der Verschwörung gegen Gradenigo wurde der Rat der Zehn gebildet, eine Justiz- und Überwachungsbehörde, die alle, selbst den Dogen, den Großen und den Kleinen Rat, Beamte, das Volk und die Ausländer auf ihre Zuverlässigkeit kontrollierte. Ein unübersehbarer Spitzelapparat breitete sich mit der Geschwindigkeit ekliger Schimmelpilze aus. Geheim und unpersönlich führten die Zehn bald alleine die Geschäfte der Republik.
Gesandter Wuwuredano spuckte ins Wasser. Sein Gondoliere und der Diener, der ihn begleitete, ahmten ihn sofort nach, was ihm beinahe ein Lächeln abzwang, denn just in diesem Augenblick tauchte linkerhand von ihnen die Baustelle des neuen Dogenpalastes auf. Feiner Staub umgab ihn wie eine leichte Wolke, das Kling-Klang der Steinmetze hörte man bis zum Boot herüber.
Als sie anlegten, fingen die Glocken von San Marco gerade zu läuten an und weckten in Wuwuredano das Bedürfnis, sich Gott anzuvertrauen. Er ging zur Kirche hinüber. Jetzt, wo die Würfel über seine Berufung gleich endgültig fallen würden, überkam ihn die Angst. Nichts Geringeres hatte man ihm aufgetragen, als hinter dem Rücken von Byzanz mit den Sarazenen zu verhandeln.

Die Aufgabe war in jeder Hinsicht ungeheuerlich. Wie stellte sich zum Beispiel das christliche Gewissen dazu? Die Staatsgeschäfte schienen nicht danach zu fragen.
Im Regierungsgebäude, im Sekretariat der Legationen, teilte man Wuwuredano die Höhe der Entschädigungssumme mit, die er für seine Ausgaben bekommen würde. Sie war lächerlich gering. Dann las man ihm die Pflichten und Verhaltensregeln für Gesandte vor.
Er durfte im Bestimmungsland keinerlei Vermögen besitzen, hatte alle erhaltenen Geschenke der Signoria abzuliefern, mußte sich seiner Mission in befristeter Zeit entledigen und fünfzehn Tage nach ihrer Beendigung darüber Bericht erstatten. Ein Recht auf Urlaub stand ihm nicht zu. Seine Frau durfte er aus Gründen der Geheimhaltung nicht mitnehmen. In seiner Privatpost über Politik zu schreiben, war ihm verboten. Ebenso war es untersagt, sich mit nichtamtlichen Personen über politische Fragen zu unterhalten. Der eigene Koch mußte ihn begleiten, damit die Gefahr einer Vergiftung verringert würde – und so fort.
Während er die Verbotsliste, die er nur zur Genüge kannte, anhörte, schweiften seine Augen im Saal umher und ein Schimmer von Stolz erhellte sein verdüstertes Gemüt. Die Wandnischen rundherum, bis hinauf zur Decke und all die Truhen hier bargen Abertausende von Gesandtenberichten und Neuigkeitsbriefen, gesammelt seit dem Jahre 889. Die gesamte diplomatische Geschichte Venedigs ruhte da, sorgfältig geordnet, in Folianten katalogisiert – und seine eigenen Berichte waren auch darunter.
Nun sollte er sein Beglaubigungsschreiben in Empfang nehmen. Zu seiner größten Überraschung wurde er in einen verdunkelten Raum geführt. Als sich seine Augen an das Dämmerlicht gewöhnt hatten, unterschied er zehn regungslose schwarzverhüllte Gestalten. »Der Rat der Zehn!« durchfuhr es ihn und er fühlte, wie ihm das Blut

in den Adern erstarrte. Nach einer endlos scheinenden Stille wurde eine Kerze angezündet. Jemand sprach ihn mit seinem Namen an. Obwohl sie durch die Tuchkapuze entstellt war, erkannte er sofort die Stimme des verhaßten Staatsanwaltes Faliero. Vor einem Kruzifix, dessen Schatten auf der Wand das flackernde Licht hin und her zucken ließ, sollte er jetzt, bevor man ihm sein Beglaubigungsschreiben aushändigte, der Republik bedingungslose Treue schwören.
Danach erlosch die Flamme und die schwarzen Gestalten verschwanden wie ein Spuk durch eine Türe im Hintergrund. Die Schwüle und Lautlosigkeit wurden unerträglich. Wuwuredano fuhr plötzlich zusammen; dicht neben ihm stand ein Mann, das Gesicht von einer schwarzen Maske verdeckt. Er drückte ihm einen kleinen Gegenstand in die rechte Hand und flüsterte: »Sieben Minuten.« Dann zwang er auch in seine andere Hand etwas, sagte leise: »Sieben Tage« und entfernte sich unhörbar.
Wieder im Freien, kam dem Gesandten sogar die vom Südwind brackige Luft erquickend vor. In einer unbeobachteten Ecke besah er die ihm zugesteckten Dinge, zwei hübsch gearbeitete, winzige Dosen. Beide enthielten ein Pulver. Kein Zweifel, der Maskierte war der staatlich bestellte Giftmischer der Signoria gewesen. Am gravierten Deckel der Döschen hatte der Künstler als Ornament das Kreuz verwendet. Wuwuredano starrte mit einem sonderbar hohlen Gefühl darauf und fragte sich, ob es denn einen Zweck geben könne, der *alle* Mittel zu heiligen vermag. Dann ging er müde zur Riva hinüber, wo seine Gondel auf ihn wartete.

Der Zweck, der die Mittel heiligte – oder sie zumindest guthieß – war die Macht, Macht durch alle Mittel. Sie war die treibende Kraft der Renaissance. Kein Wunder, daß die diplomatische Schule Venedigs von allen italienischen Staaten übernommen wurde und zusammen mit anderen Errungenschaften der Zeit das ganze aufgeklärte Europa eroberte. Ihre Methoden waren nicht nur dem Geist, sondern auch den politischen Verhältnissen von damals wie auf den Leib geschnitten. Echte Großmächte im Sinne der späteren Imperien gab es noch nicht und besonders im Microcosmos der italienischen Stadtstaaten bot diese Diplomatie der Verschwörungen und Gegenverschwörungen, der Spionage und Unterhandlungen erschwingliche Mittel, um die eigene Macht auf Kosten der Nachbarn zu festigen. Sie zeitigte immerhin Augenblickserfolge und war ungleich billiger als ein Krieg.

Die Handlanger für Ränke und Verschwörungen waren die Diplomaten. Daß sie dabei in Verruf gerieten, versteht sich von selbst. In der Renaissance erwartete man von einem Botschafter, daß er »die Diener des fremden Herrschers bestach, dessen Minister kaufte, seine Frau verführte und ihn selbst nötigenfalls ermorden ließ. Er wiederum mußte jederzeit mit einem Dolchstoß im Rücken, mit Gift oder mit einem Wein rechnen, dem zermahlenes Glas beigemengt war«. Es ist verständlich, daß damals Diplomaten niemand gerne sah. Man mißtraute ihnen und fürchtete sie.

Die Republik Venedig strafte im 15. Jahrhundert jeden venezianischen Bürger, der es wagte, über öffentliche Angelegenheiten mit einem ausländischen Diplomaten zu sprechen, mit der Verbannung und einem Sühnegeld von zweitausend Dukaten. Noch 1653 berichtet der bei Cromwell beglaubigte Schweizer Gesandte, daß ein Mitglied des englischen Unterhauses seinen Sitz im Parlament verlor, wenn es mit einem ausländischen Botschafter zu reden wagte. In Moskau wurden zur selben Zeit fremde Diplomaten wie Kriegsgefangene behandelt. Und die türkischen Sultane pflegten die ausländischen Botschafter »sicherheitshalber« in Jedikule, dem Schloß der sieben Türme, einzusperren, das deshalb noch im 19. Jahrhundert als »Botschafterturm« bekannt war.

Sonderbar ist, wie lange den Diplomaten das Odium ihres einstigen Intrigantentums und des Spionierens nachhing; es verfolgte sie bis in Zeiten, zu denen sich der Westen längst von den byzantinisch-venezianischen Methoden losgesagt hatte – und noch weiter. Vor kurzem fragten wir den Sohn von Freunden, der sich sehr für die diplomatische Laufbahn interessierte, was er sich darunter vorstelle, ob er wisse, was ein Botschafter oder Gesandter eigentlich sei? Die Antwort »So etwas wie ein besserer Spion«, ließ Machiavelli prompt auferstehen.

Niccolo Machiavelli, den »leibhaftigen Bösen« der Renaissance, den meistgelesenen und meistdiskutierten politischen Schriftsteller, unter dessen Einfluß all die großen Gekrönten des 16. Jahrhunderts wirkten. Den Renaissance-Diplomaten, den personifizierten Geist skrupellosen politischen Denkens, der in seinen Schriften mit schamloser Offenheit zum Erreichen und Erhalten der Macht alle Mittel guthieß. In England soll die Bezeichnung des Teufels als »Old Nick« aus seinem Namen entstanden sein.

Old Nick Machiavelli war indessen absolut kein Teufel, es sei denn im Sinne eines armen Teufels. Er war Beamter der Republik Florenz und gleichzeitig ihr schlecht bezahlter und schlecht behandelter Gelegenheitsgesandter. Man vertraute ihm die schwierigen, heiklen oder gefährlichen Missionen an, die er, etwa zwanzig an der Zahl, fast immer im Schatten eines reichen und repräsentativen Botschafters auszuführen hatte. Als in Florenz das Regime wechselte, fiel er für den Rest seines Lebens in Ungnade und verbrachte fünfzehn Jahre in ärmlichen Verhältnissen auf seinem kleinen Landbesitz. Von dort aus überschüttete er alle möglichen Persönlichkeiten mit Briefen und Bittgesuchen, um wieder sein früheres Amt oder sonst einen Posten zu erhalten. Und er schrieb. Er schrieb – trotz

seiner im Grunde republikanischen Gefühle – emsig an seinem Werk »Der Fürst«, um es, in der Hoffnung auf Gnade und eine Anstellung, den neuen Herren, den Medicis, dedizieren zu können. Als dann die Medicis gestürzt wurden, brachte ihm gerade diese Widmung die Ablehnung der Republikaner ein. Vergeblich versuchte Niccolo das kompromittierende Werk, Exemplar für Exemplar, zurückzuerwerben, zu seinen Lebzeiten kam er kaum mehr zum Zuge. Was er sich aber sicherte, war die Unsterblichkeit. Mit eiskalt sezierendem Scharfsinn und unbestechlicher Logik verewigte er den Geist und das politische und diplomatische System seiner Zeit. Seine erbarmungslosen Schlußfolgerungen, so sittenlos und skandalös sie auch scheinen, entsprechen nur der damaligen Realität: dem Primat der Staatsraison vor der Moral. Längst lebte und handelte man danach. Machiavelli sprach es nur aus. Dies brachte ihm die Bezeichnung »Teufel« ein, – und den Diplomaten vieler künftiger Generationen den Ruf gewissenloser Abenteurer.
Die hemmungslosen Methoden der Politik und der Umstand, daß in jenen Jahrhunderten – die Republik Venedig ausgenommen – Lebensart und Bildung keine Voraussetzung für den diplomatischen Dienst darstellten, hatte zur Folge, daß sich auf dem internationalen Parkett der Diplomatie, das damals noch beileibe kein Parkett, sondern ein recht holpriger Boden war, die merkwürdigsten Gestalten tummelten. König Ludwig XI. von Frankreich schickte seinen Barbier als Gesandten zu Marie von Burgund, die Florentiner einen Apotheker zu König Alfons von Neapel, und Dr. Puebla, der Spanien in London vertrat, war so schmutzig und ungepflegt, daß man sich darüber empörte. Die Wahl der Herrscher fiel gerne auf Männer, die zwar tüchtig waren, um deren Belohnung willen man aber nicht zu tief in den Sack zu greifen brauchte. So kamen oft Leute bescheidenster Berufe zum Zuge, ebenso Priester und Mönche, die mit Pfründen abgefunden werden konnten, und dazu über Verbindungen verfügten, die Laien nicht zugänglich waren. Für Missionen in ferne Länder bevorzugte man Kaufleute mit gleichem Reiseziel, die, mit einem staat-

lichen Schutzbrief schon zufrieden gestellt, dem Auftraggeber eine Gesandtschaft ersparten. Der diplomatische Verkehr Englands und Hollands mit Rußland wickelte sich bis in die Mitte des 17. Jahrhunderts durch Kaufleute ab.
Was die von den Diplomaten verlangte Einstellung betraf, ist sie am besten mit den Worten König Ludwigs XI. von Frankreich* zusammengefaßt. »Herrschen heißt, seine Gedanken zu verheimlichen«, erklärte er und empfahl seinen Gesandten »um so mehr zu lügen, je mehr sie belogen werden«. Um diese unentbehrliche »Gewandtheit« zu rechtfertigen, gab es auch im Kirchenrecht eine Theorie über Lüge und Eid. Ein Dekretale des Gratian verbot zwar zu lügen, stellte aber fest, daß nicht jede Lüge im gleichen Maße strafbar sei. Verheimlichen ist erlaubt. Und beim Eid sei eben zu unterscheiden, wofür man ihn ablegt – oder bricht.
Außer den charakterlichen Eigenschaften eines Gesandten, zu denen unbedingt »Geduld, Kaltblütigkeit, Elastizität, Gelassenheit und Begabung zum Schmeicheln« gehörten, stellten die politischen Schriftsteller der Renaissance in ihren Werken theoretisch auch noch andere Anforderungen an das Ideal von einem Diplomaten. Freilich war im bunten Haufen jener, die sich damals mit Diplomatie abgaben, eine Idealfigur nur selten anzutreffen. So ein Elite-Gesandter hätte also sprachgewandt sein sollen, zumindest aber Latein, die damalige Umgangssprache, vorzüglich beherrschen müssen. Er sollte auch als gelehrter, gebildeter Weltmann von gutem Geschmack auftreten können und ein stets gastfreies Haus führen, in dem ein erstklassiger Koch wirkte. Dazu schien für Diplomaten, die zu den Barbaren entsendet wurden, ein schönes und stattliches Äußeres wichtig, hingegen für Gesandte nach der Schweiz, Deutschland, Dänemark, Polen und Rußland eine weitgehende Standfestigkeit beim Konsum alkoholischer Getränke unerläßlich.
Die Italiener, besonders aber die aus Florenz, galten als überaus tüchtige Diplomaten. Als Papst Bonifazius VIII. während

* 1423–1483

der von ihm eingeführten Feier des – ersten – »heiligen Jahres« im Jahre 1300 die Gesandten vieler Nationen in Rom empfing, stammten die meisten von ihnen aus Florenz. Nicht nur die Lilienstadt selbst, auch Frankreich, England, Böhmen, Neapel, Sizilien und Verona, der Großfürst von Moskau, der Khan der Tartaren und der Johanniter-Orden ließen sich durch Florentiner vertreten. Ludwig XI. verwendete oft Italiener als Gesandte, von denen mehrere aus Florenz kamen. Noch Heinrich VIII. von England betraute mit Vorliebe Italiener. Diese Diplomaten verdingten sich, ungeachtet ihrer eigenen Nationalität, an alle möglichen Länder und ließen sich ihre Dienste wie Söldner bezahlen. Sie wechselten ihre Auftraggeber, falls sich ihnen günstigere Gelegenheiten boten. Bekannte Diplomaten-Söldner waren der Pole Lanski, der Spanier Rincon und der Ungar Frangipani, die der Reihe nach für die verschiedensten Herren arbeiteten.

Ein Stardiplomat jener Zeit war ein flämischer Adeliger, der Philipp de Commynes hieß. Er wuchs am burgundischen Hof, von Glanz und Pracht umgeben bei seinem Vater auf, der Herzog Philipp dem Guten treu ergeben diente. Der junge Commynes wurde zum Vertrauten, Berater, Unterhändler und dann zum Gesandten Herzogs Karl des Kühnen, dem einzigen Sohn und Nachfolger Philipps des Guten. Die stets erwiesene Gunst und die lange Freundschaft seines Fürsten, aber auch die Interessen seines Vaterlandes hinderten Commynes keinen Augenblick daran, das Lager Karls bei Eu in der Nacht des 7. August 1472 zu verlassen und sich im Gegenlager dem Erzfeind, dem Franzosenkönig Ludwig XI. zu verpflichten. In seinen Memoiren berichtet er mit völliger Selbstverständlichkeit, ohne ein Wort der Erklärung oder Rechtfertigung über diesen Schritt.

Indessen war Commynes keine Söldnerseele, vielmehr ein Fanatiker der Politik und der Diplomatie im Dienste der Macht. Als er seinen Herrn wechselte, handelte er wie ein Forscher, der seine Arbeitsstätte ändert, weil ihm ein anderes Laboratorium mehr Möglichkeiten zur Verwirklichung seiner

Ideen bietet. In seinen Schriften ringt Commynes, ebenso wie Machiavelli, um das »Gesetz der Politik«. Intuitiv beurteilte er seine zwei Herren richtig, Herzog Karl der Kühne, ein letzter Ritter, verkörperte die erlöschende Epoche, König Ludwig hingegen die neue Zeit.

Karl der Kühne fiel im Januar 1474 gegen Ludwig XI. in der Schlacht bei Nancy. Man fand seinen Leichnam erst tags darauf unter den Burgmauern der Stadt, im Morast eingefroren und von Wölfen angefressen. Commynes aber diente König Ludwig und seinem Nachfolger lange und führte für ihn viele erfolgreiche Gesandtschaften durch.

Unter welchen Aspekten auch immer, jedenfalls wurde die Diplomatie mit den fortschreitenden Jahrhunderten immer mehr zu einem natürlichen Organ der internationalen Politik, ein unentbehrliches Mittel zur Regelung der Beziehungen zwischen den Staaten. Längst schon vollzog sich der diplomatische Verkehr in einem ständigen, emsigen Hin- und Herreisen und Verhandeln zahlloser Gesandtschaften. Nicht nur die großen, auch die kleinsten Herrscher bedienten sich ihrer. Der Renaissance aber blieb, trotz ihrer Anarchie im diplomatischen Dienst, die Entdeckung vorbehalten, um wieviel besser und nützlicher ein Gesandter zu wirken vermag, der längere Zeit an seinem Bestimmungsort belassen wird. Die bisher üblichen Gelegenheitsmissionen blieben ja nur bis zur Erfüllung ihrer Sonderaufgaben im Ausland und so wurden die angeknüpften wertvollen Verbindungen durch ihre Abreise jedesmal unterbrochen. Kurzum, das 15. Jahrhundert erfand die Einrichtung des in der Fremde residierenden Diplomaten, jener Art von Gesandten also, der auch heute noch in irgendein fernes oder nahes, angenehmes oder beschwerliches Land entsendet wird, um dort Jahre lang durch ständige Kontaktnahmen die Interessen seines eigenen Staates zu vertreten. Damit wurde die diplomatische Laufbahn erst richtig geboren und dem Leben der Diplomaten völlig neue Horizonte verliehen. Die erste ständige Gesandtschaft im modernen Sinne ließ Florenz, genauer gesagt, Cosimo dei Medici, beim Herzog von

Mailand im Jahre 1450 errichten. Der von ihm ernannte Botschafter, Nicodemus dei Pontramoli, war seinen Zeitgenossen als der »sanfte Nicodemus« bekannt. Anscheinend war er nicht nur sanft, sondern auch tüchtig und machte seine Sache sehr gut, da wenig später der Herzog von Mailand diesem Beispiel folgte und seinerseits einen residierenden Botschafter in Genua beglaubigte. In den nächsten Jahrzehnten übernahmen alle italienischen und andere europäische Staaten diese Einrichtung. Venedig unterhielt bereits 1478 einen ständigen Vertreter in Paris, wo Mailand seit 1494 und Florenz ab 1498 ebenfalls mit je einem Gesandten auftraten. Die venezianische Signoria beglaubigte 1495 Zacharia Contarini als Botschafter bei Kaiser Maximilian I. und kurz danach Andrea Trevisano als Botschafter in London. Die spanische Botschaft in London war schon im Jahre 1487 permanent besetzt und da sie seit damals besteht, kann man sie als den ältesten Posten der modernen Diplomatie betrachten.

Der erste in London ansässige Repräsentant Spaniens und somit Vorgänger all der spanischen Granden, die später diese Funktion mit großem Glanz bekleideten, war niemand anderer, als jener ungepflegte Dr. Puebla, über dessen schmutziges Äußere man sich in London empört hatte. Nichtsdestoweniger besaß dieser Dr. Puebla das Vertrauen und sogar die Freundschaft des englischen Königs und amtierte unter höchst merkwürdigen Umständen zwanzig Jahre hindurch als Botschafter Spaniens in London, teilweise sogar gegen den Willen seiner eigenen Herren, nämlich des Königspaares Ferdinand von Aragonien und Isabella von Kastilien.

Dr. Roderigo Gondesalvi de Puebla war Rechtsgelehrter. König Ferdinand, dem seine Geschicklichkeit aufgefallen war, entsandte ihn nach England, um dort über eine königliche Heirat zu verhandeln. In London schmeichelte sich Dr. Puebla dermaßen in die Gunst von Heinrich VII. ein, daß er bald zu dessen engsten Freunden gehörte und später praktisch sein Minister für spanische Angelegenheiten wurde. Sehr zum Unmut ihrer katholischen Majestäten in Spanien, denen nicht nur die politisch zwielichtige Tätigkeit ihres Botschafters mißfiel, sondern auch sein Lebenswandel. Don Roderigo hauste für zwei Pence am Tag in einem schäbigen Gasthaus, in dem Straßendirnen verkehrten und ihm ständig Gesellschaft leisteten. Die Kneipe war auch ein Treffpunkt von Spionen aller Länder, deren Informationen freilich Dr. Puebla bestens zu verwerten verstand. Ebenso übrigens wie seine Rechtskundigkeit, mit der er sich fleißig Nebeneinkünfte verschaffte, indem er seine Landsleute, die die Dienste oder Hilfe der Botschaft benötigten, erpreßte. Schließlich schickten Ferdinand und Isabella 1498 zwei königliche Kommissäre nach London, um das Treiben ihres Vertreters zu überprüfen. Ihre in den spanischen Archiven aufbewahrten Berichte bieten eine köstliche Lektüre. Die Kommissäre gingen – und Don Roderigo blieb. Alles, was die spanischen Majestäten erreichen konnten, war, ihm einen Bischof als Hüter der Moral und von Spaniens Ansehen zuzuteilen.

Dr. Puebla war sich bestimmt bewußt, welche Stärke ihm die Neuigkeiten, die er auf seiner Wirtshaus-Spionagenbörse bezog, verliehen. Tatsächlich bestand damals nach authentischen und raschen Nachrichten ein besonders großes Bedürfnis und dies war zweifellos einer der Hauptgründe für die Errichtung von ständigen Gesandtschaften. Zu jener Zeit, als es noch keine Zeitungen, geschweige denn Telegraf, Telefon oder gar Fernsehsatelliten gab, erfüllten die Botschafter auch die Aufgaben, die heute den Journalisten zufallen. Genau, wie heutzutage ein tüchtiger Journalist stets versuchen wird, im Brennpunkt der Ereignisse zu sein, setzten einst die Botschafter alles daran, um sich immer an der Quelle, das heißt bei Hof und in der Nähe des Herrschers aufzuhalten.

Die Situationen, die sich daraus zwangsläufig ergaben, gereichten keinem der Beteiligten zur Freude. Der Botschafter, ständig auf der Lauer und auf dem Sprung, um den Herrscher und seinen Hof nicht aus den Augen zu verlieren, mußte, so er nichts versäumen wollte, nicht nur bei allen Veranstaltungen, Bällen, Spielen und Jagden und sogar am Krankenbett des

Souveräns zugegen sein, er begleitete ihn auch bei Ortsveränderungen, ja sogar bei Kriegszügen. Wieviel Mühe und Ärger, wieviele auf Pferderücken verbrachte Tage und in schlechten Unterkünften durchwachte Nächte dies kostete, läßt sich leicht erraten. Die schnüffelnden und unentwegt aufwartenden Botschafter wiederum bereiteten dem Herrscher und seinen Ministern eine oft unerträgliche Last, – ganz abgesehen von dem damals gegen Diplomaten grundsätzlich gehegten Mißtrauen. Sie scheuten keine Erfindungskraft und List, um die ihnen nachstellenden Gesandten loszuwerden und hatten ihr helles Vergnügen daran, wenn sie diese irreführen und durch unnütze Strapazen quälen konnten.

Die Basis für die moderne Diplomatie, nämlich für ständige Vertretungen und damit ununterbrochene Kontakte, Verhandlungen und Beobachtungen war also entstanden. Hand in Hand mit ihr entfalteten sich auch die Nationalcharaktere innerhalb der Diplomatenwelt. Kurioserweise gibt es darüber bereits Quellen aus der Renaissancezeit. Nach ihnen galten die Franzosen als bieder, wenn auch nicht unbedingt geschickt, die Italiener als treulos lavierend und die Deutschen als hochmütig. Den Engländern sagte man große Vorsicht nach, ebenso wie Schwerfälligkeit während Verhandlungen und eine ausgeprägte Abneigung gegen zur Schau getragene Gefühle. Die Spanier schilderte man als undurchsichtig und – überraschenderweise – als ermüdend langsam.

Übringens hießen all' die Abgesandten, von denen hier die Rede ist, nicht Botschafter und Gesandte, sondern »ständige Sprecher«. Der Titel »Gesandter« und »Botschafter« oder »Ambassador« – die letzte Bezeichnung soll von einem keltischen Wort herrühren, das treffenderweise »Diener« bedeutet – wurde erst Mitte des 16. Jahrhunderts allgemein gebräuchlich. Damals verfügte der Habsburgerkaiser Karl V., daß diese Titel nur den Vertretern gekrönter Häupter und der Republik Venedig zuerkannt werden dürfen, den Vertretern anderer Republiken und freien Städten aber nicht zustünden.

Damit fällt schon ein vager Schein auf jene Glanzperiode, in

der die Botschafter höchstpersönliche Repräsentanten einer Handvoll absolutistischer Majestäten waren, die die damalige Welt, nicht gerade brüderlich unter sich aufgeteilt, selbstherrlich regierten.
Während der auf die Renaissance folgenden drei Jahrhunderte wurde die diplomatische Laufbahn zu dem begehrtesten und für die meisten unerreichbaren Beruf; der Botschafter ist nun ein Grandseigneur, der sich nur mit zahlreichem Gefolge und mit mindestens sechs Pferden vor dem Wagen fortbewegte, und im Glorienschein von Kaisern und Königen lebte. Er war vornehm, vermögend, einflußreich und alleswissend, – wenn wir den äußerlichen Erscheinungsformen Glauben schenken wollen ... Jedenfalls ist seit damals dieser Beruf von jener Aureole umgeben, deren golden schillernder Widerschein höchst trügerisch auch heute noch die von Arbeit und Sorgen gebeugten Beamtenhäupter der modernen Diplomaten umspielt.
Bevor wir uns an diesem »Diplomatenglanz« von einst und jetzt ergötzen, möchte ich gerne noch kurz die Gestalten einiger Gesandter der diplomatischen Pionierzeit heraufbeschwören. Gesandte, von denen kaum jemand weiß, obwohl wir ihnen das Eröffnen unbekannter Welten verdanken, und ihr Wirken völkerverbindender und aufschlußreicher war, als viele diplomatische Schachzüge der sogenannten großen Politik.

# II. DIPLOMATEN ERSCHLIESSEN NEULAND

## Der geheimnisvolle Osten

Es war einmal, vor dreitausend Jahren etwa, eine Gesandtschaft, die aus einem fernen fremden Lande nach China kam, um dem Himmelssohn zu huldigen. Als ihr im Reich der Mitte nach den Geboten der Höflichkeit alle Ehren erwiesen worden waren, geleitete man sie mit Hilfe eines »südweisenden Wagens« in ihre Heimat zurück.
Diese uralte chinesische Erzählung handelt von Dingen, die sich um 1100 v. Chr. ereignet haben dürften. Mit dem »südweisenden Wagen« ist sicherlich ein Kompaß gemeint, und daß Sagen vielfach einen historischen Kern haben, bezeugt uns die Forschung täglich. Die Kenntnis der Magnetnadel in so weit zurückliegender Zeit – in Europa kann man ihren Gebrauch erst um 1300 n. Chr. nachweisen – ist erstaunlich, nicht minder aber, daß damals eine Gesandtschaft in China weilte und sogar heimgeleitet wurde. Erstaunlich vor allem, wenn man Chinas notorische Abgeschlossenheit und seinen Fremdenhaß in Betracht zieht. Tatsächlich gab es in Chinas langer und wechselvoller Geschichte nur wenige Sternstunden, während derer sich das Riesenreich zu einem befruchtenden Austausch mit der übrigen Welt öffnete. Die meisten Chinesen glaubten denn auch bis in die jüngsten Jahrhunderte, ihr »Reich der Mitte« sei tatsächlich die Mitte der Welt. Sie wußten gar nicht, daß es Gegenden gibt, wo nicht Chinesen herrschten und waren der Überzeugung, alle Völker um sie seien nur tributpflichtige Vasallen. So kommt jeder Nachricht von der Anwesenheit

fremder Gesandtschaften in China eine besondere Bedeutung zu, denn diese stellten die einzige und seltene Verbindung Chinas zum Ausland dar. In das Abendland drang, wie wir sehen werden, die erste genaue Kunde von China erst tausenddreihundert Jahre nach Christi Geburt.

Im Altertum scheinen die entferntesten Gegenden des geheimnisvollen Ostens, von denen man in Europa zumindest fabelartige Vorstellungen hatte, Indien und Ceylon gewesen zu sein. Durch die orientalischen, besonders aber die indischen Eroberungen Alexanders des Großen, rückten diese märchenumnebelten Gebiete im vierten vorchristlichen Jahrhundert etwas näher und die Epoche der Nachfolger Alexanders bescherte uns sogar den ersten Augenzeugenbericht. Er stammt aus der Feder eines Diplomaten, des Gesandten Megasthenes.

Am Ganges hatte sich unmittelbar nach Alexanders Tod ein Inder niederer Herkunft zum Gründer eines glänzenden Reiches – gewissermaßen als nationale Reaktion gegen die griechische Fremdherrschaft – emporgeschwungen. Alexander des Großen Erbe, Seleukos I. Nikator, unternahm zuerst Kriegszüge gegen Tschandragupta, – so hieß dieser Gründer –, unterlag aber und mußte ihm weite Gebiete am Indus abtreten. Nun wechselte Seleukos auf friedliche Pfade über und schickte eine Reihe von Gesandtschaften in die Hauptstadt des Inderreiches. Sie sollten sich um die Freundschaft von Tschandragupta bemühen. Wie es scheint, hatten sie Erfolg, denn bald zogen indische Gegengesandtschaften nach dem Westen, und wir wissen, daß Tschandragupta von den neuntausend Elefanten, die er besaß, fünfhundert dem Seleukos schenkte.

Gesandter Megasthenes war, wie gesagt, nicht der einzige, der in Seleukos Auftrag in Indien weilte, doch nur seine Aufzeichnungen sind uns überliefert geblieben. Er hielt sich in Nordindien auf, sammelte aber eifrig alles Wissenswerte über die ganze Halbinsel und beschrieb vom Hörensagen sogar Ceylon. Seine Bewunderung galt vor allem der überraschend hohen Kultur des Landes, seinen prachtvollen Straßen und den hervorragenden Posteinrichtungen, die Strecken bis zu zweitausend Kilometer erfaßten. Megasthenes war auch der erste, der über das indische Kastenwesen berichtete. Seine Bemerkungen über die chinesische Seide haben gleichfalls den Wert einer Entdeckung, denn die Europäer bekamen die Seide erst viel später zu Gesicht. Freilich nehmen seine Schilderungen manchmal den Ton der Fabel an, enthalten aber trotzdem ihren wahren Kern. So erzählt er von »goldgrabenden Ameisen, nicht kleiner als Füchse, die beim Ausheben ihres Baues goldhaltige Erde, die man nur mehr zu waschen braucht, um pures Gold zu erhalten, an dessen Eingang anhäufen«. Mit den tüchtigen Tieren sind wohl asiatische Murmeltiere gemeint, die sich zufällig in einer Gegend betätigten, deren Erde Gold enthielt. Seine »geflügelten Skorpione, die oft Europäer stechen«, sind unschwer als Moskitos zu identifizieren und »das Rohr, das Honig ohne Bienen spendet«, als das Zuckerrohr.

Natürlich glaubte man damals dem Bericht des Gesandten kein Wort. Heute zählt seine Beschreibung zu den wichtigsten Quellen über das vorchristliche Indien, womit ihm zumindest eine späte Ehrenrettung zuteil wird.

Die diplomatischen Verbindungen mit Indien schliefen auch während der folgenden Jahrhunderte nicht ein. Die römischen Kaiser, und später auch die byzantinischen, tauschten wiederholt Gesandtschaften mit indischen Herrschern aus, sogar »Höflichkeitsmissionen« wurden entsendet, etwa um Glückwünsche zur Thronbesteigung zu übermitteln.

Ceylon erblickte der erste Europäer erst dreihundertfünfzig Jahre nach der Indien-Gesandtschaft des Megasthenes, ein befreiter römischer Sklave, der um 45 n. Chr. durch ein Unwetter auf die Insel verschlagen wurde. Seine Erzählungen über das römische Kaiserreich beeindruckten den dortigen Herrscher so sehr, daß er sich entschloß, eine Gesandtschaft nach Rom zu schicken. Die vier Gesandten, unter ihnen sogar ein Raja, landeten – als erste Ceylonesen in Europa – wohlbehalten in Rom. Ihre Schilderungen über Ceylon und Indien wurden mit großem Interesse vermerkt und uns von keinem geringeren als Plinius überliefert.

Kurz zuvor habe ich Chinas notorische Isolation und die seltenen Sternstunden erwähnt, während denen es sich der übrigen Welt – dem Westen und dem Süden nämlich – auftat und die dem Reich der Mitte stets eine außergewöhnliche Blüte brachten. Die wichtigsten dieser Perioden sind eng mit dem Namen je eines Diplomaten verknüpft.

Die erste Sternstunde, etwa 100 v. Chr., ergab sich während der Regierung des genialen Kaisers Wuti, dem es gelang, die »Seidenstraße«[11] zu eröffnen. Das wäre aber ohne den Mut und die Tatkraft eines seiner Gesandten nicht zustande gekommen. Die zweite – um 100 n. Chr., während der Herrschaft des glorreichen Kaisers Hoti, der die »Seidenstraße« wiedereröffnete – konnte dagegen wegen der Kleinmütigkeit eines Gesandten nicht jenen Höhepunkt erreichen, durch den sogar das ganze damalige Weltbild eine Veränderung erfahren hätte. Die dritte, im 13. Jahrhundert n. Chr., entstand während der Herrschaft des großen Mongolenkaisers Kublai Khan. Als sein hoher Beamter und Gesandter wirkte der Venezianer Marco Polo, und auch die Poli waren es, die, als seine Gesandten eben die erste offizielle Verbindung zwischen China und Europa herstellten.

Im Jahre 138 v. Chr. erfuhr Kaiser Wuti, die Hunnen hätten auch die Stämme bei Buchara besiegt und »aus dem Schädel ihres Herrschers einen Becher gemacht«. Der Kaiser, der seine Pläne für einen Karawanenverkehr nach dem Westen – der unvermeidlich durch die Hunnenländer führen mußte – zu verwirklichen wünschte, suchte nach Männern, die der Aufgabe einer diplomatischen Erkundungsreise in die Hunnengebiete gewachsen waren. Als Führer der Gesandtschaft bestimmte er den General und Forschungsreisenden Kien. Die Mission des Gesandten Kien zu den Hunnen dauerte zwölf Jahre, – von denen er volle zehn Jahre als ihr Gefangener verbrachte. Der Hunnenhäuptling fand nämlich das Interesse eines Gesandten des chinesischen Kaisers an seinem Land höchst verdächtig. Nicht, daß man den Gesandten schlecht behandelt hätte, man verheiratete ihn sogar. Aber es dauerte endlos, bis er das Vertrauen der Hunnen, und damit allmählich mehr Bewegungsfreiheit zu gewinnen vermochte. Als Kien seine Fluchtpläne endlich realisieren konnte, setzte er seine ein Jahrzehnt vorher begonnene Reise unbeirrt fort. Es gelang ihm, wichtige Handelsbeziehungen in den umliegenden Gebieten Mittelasiens wie Ferghana, Samarkand, Buchara und Baktrien anzuknüpfen. Mit nur einem einzigen Begleiter kehrte er schließlich heim.

Die Früchte seines Unternehmens sollten nach der Bezwingung der Hunnen reifen. Kaiser Wuti hatte inzwischen erkannt, daß diese, wollte er einen Weg nach dem Westen offen und gesichert haben, unbedingt unterworfen werden mußten.

Bevor er sie bezwang, suchte der Kaiser noch mit dem »Elefantenland« Indien, von dem Gesandter Kien in Baktrien gehört hatte, in Verbindung zu kommen. Auch diese Gesandtschaft vertraute er Kien an. Diesmal aber scheiterte dessen Mission an der Haltung wilder Bergvölker, und er brachte nicht mehr nach Hause als die Nachricht von einem Lande, in dem Elefanten als Reittiere verwendet werden. Dennoch barg auch diese Gesandtschaftsreise Kiens den Kern eines Erfolges, seinen Spuren folgend, drangen chinesische Kaufleute erstmals nach Birma vor.

Währenddessen rüstete Kaiser Wuti zu einem großen Feldzug gegen die Hunnen, und als Gesandter Kien heimgekehrt war, wurde er zum Heeresbefehlshaber ernannt. Kien scheint ein besserer Diplomat als Militär gewesen zu sein, denn der Krieg endete mit der Niederlage der Chinesen, worauf Generalissimus Gesandter Kien in Ungnade fiel. Als später die Hunnen doch besiegt und für lange Zeit unschädlich gemacht wurden, schlug endlich die von Kaiser Wuti erträumte Stunde, der Handelsweg nach dem Westen war frei. Auch der Stern des Gesandten Kien ging wieder auf. Der Kaiser schickte ihn in die westlich liegenden Länder, um Handelsbeziehungen anzubahnen und Bundesgenossen gegen die unterworfenen Nomaden zu gewinnen. Diese Reise des Gesandten dauerte drei Jahre und brachte großartige Resultate. Seine Beauftragten drangen sogar zu den Parthern und bis nach Indien vor, seine Vorschläge für Handelsverbindungen fanden überall freudiges Gehör.

Gesandter Kien kehrte 115 v. Chr. nach China zurück. Ein Jahr darauf starb er, doch er durfte es noch miterleben, wie die ersten, mit kostbaren Waren beladenen Karawanen in die von ihm erschlossenen Länder aufbrachen. In der Geschichte Chinas spricht man von einer Epoche vor und nach 115 v. Chr., in diesem Jahr wurde die »Seidenstraße« zu den Völkern Vorderasiens und Europas eröffnet. Den Grenzstein zu dieser Zeitwende hatte Gesandter Kien gesetzt.

Kaiser Wutis Nachfolger ließen all diese Verbindungen einschlafen. Erst zweihundert Jahre später erwachte die »Seidenstraße« durch die Anregung des großen Kaisers Hoti, zu neuem Leben, und mit ihr China zu einer kurzen, herrlichen Blüte.

Um 100 n. Chr. war der Osten und der Westen von je einem Riesenreich beherrscht gewesen, die beide in allen Bereichen einen geradezu phantastischen Höhepunkt erreicht hatten – und die voneinander so gut wie nichts wußten. China und das römische Reich waren die Herren der Welt – und kannten sich nicht.

Es ergab sich, daß Chinas Kaiser Hoti, ebenso aufgeklärt wie sein Vorfahre Wuti, den Westhandel, der nach der Wiedereröffnung der Seidenstraße einen Aufschwung nahm, weiter auszubauen beabsichtigte. Vage Nachrichten vom Römerreich ließen ihn den Entschluß fassen, eine Gesandtschaft dorthin zu entsenden. Als Leiter dieses Unternehmens wurde der Untergeneral Tschan-Ying zum Gesandten bestellt. Die chinesischen Vorstellungen vom Römischen Imperium konnten sich damals freilich auf kaum mehr als dessen vorderasiatische Provinzen bezogen haben, vor allem auf Syrien mit der Handelsstadt Antiochia, Zentrum der weiterverarbeitenden Seidenindustrie.

Tatsächlich übte man dort ein Veredlungsverfahren aus und verarbeitete die aus China importierte Seide zu Gewändern und sonstigen Fertigwaren, die dann zum Teil nach China zurückgebracht und gerne gekauft wurden.
Zwischen China und Syrien lag zu jener Zeit als mächtigster Pufferstaat das Partherreich. Als Gesandter Tschan-Ying nach langer und gefahrvoller Reise am Euphrat anlangte, gab er den Parthern arglos seinen Auftrag und sein Reiseziel preis. Die Kundschaft erfüllte diese mit großem Unbehagen. Der Seidenhandel, der über ihre Gebiete lief, warf ihnen sagenhafte Gewinne ab. Was aber, wenn durch eine direkte Verbindung zwischen Rom und China diese Zwischenrolle wegfiele? Zum Glück für die Parther ahnte der chinesische Gesandte nicht, wie nahe er schon seinem Ziele war und daß er den größten Teil seiner qualvollen Reise bereits hinter sich gebracht hatte. Also unterzogen sie den erschöpften Mann einer regelrechten seelischen Behandlung; sie schilderten ihm die noch zu bewältigende Strecke nicht nur so abschreckend wie nur möglich, sondern setzten dabei geschickte psychologische Akzente. »Das Meer ist groß. Bei günstigem Winde kommt man in drei Monaten ins Römerreich. Sind aber die Winde ungünstig, so kann die Reise auch zwei Jahre und länger dauern. Unsere Schiffe werden deshalb immer mit Proviant für drei Jahre versehen. Und dann ist auf dem Meer etwas, was den Menschen veranlaßt, nach seiner Heimat zu verlangen. Wer sich aufs Meer begibt, wird von melancholischen Gefühlen ergriffen. Möge der Gesandte nur ziehen, wenn ihm seine Eltern und Weib und Kind gleichgültig sind«, sagte man ihm. Anscheinend waren diese dem Gesandten Tschan-Ying nicht gleichgültig, denn er kehrte um. Nie wieder gab es eine so vielversprechende Möglichkeit für direkte Kontakte zwischen Ost und West. China und Rom fanden sich niemals. Hätte der Gesandte Tschan-Ying mehr Mut aufgebracht, wäre seine diplomatische Mission vielleicht zu einer der erfolgreichsten der Weltgeschichte geworden. In Rom herrschte damals der kluge Kaiser Hadrian, und das Eintreffen einer offiziellen

Abordnung des chinesischen Kaisers hätte unabsehbare Folgen zeitigen können.

Die erstaunlichste Gestalt unter diesen Diplomaten, die als Schlüsselfiguren zwischen China und der übrigen Welt wirkten, war zweifelsohne Marco Polo. Noch an seinem Sterbebett in Venedig bedrängten ihn seine Freunde, sein Gewissen zu erleichtern und die vielen »Unwahrheiten« seiner Reisebeschreibung endlich zu widerrufen. Zeitlebens glaubte man ihm keine Silbe seiner Schilderungen über China und über den Fernen Osten; das beweist freilich nur, wie beispiellos und unwahrscheinlich seine Leistungen und Erlebnisse für das Europa um das Jahr 1300 gewesen sein mußten. Man nannte ihn spöttisch »Messere Millione« wegen der vielen, unglaubhaft hoch wirkenden Ziffern, die er in seinem Werk angab. China stand unter dem Mongolenkaiser Kublai Khan auf einem Gipfelpunkt seiner politischen Macht und wirtschaftlichen Blüte, und Marco Polos Berichte über die unermeßlich großen Städte, über die ungeheuren Menschenmassen des Landes, die ausgezeichneten Verkehrseinrichtungen, die vorzügliche Organisation der staatlichen Verwaltung und das Meistern der Wirtschaftsprobleme muteten im mittelalterlichen Europa wie ein Märchen an. Man wußte von China kaum etwas, aber daß es ein unerhört mächtiges, blühendes, vorbildlich organisiertes, von einem wahrhaft großen Kaiser regiertes Riesenreich sein sollte, mit dem sich in Europa nichts auch nur annähernd messen konnte, verwies man empört oder lachend in die Welt der Fabeln.

Trotzdem begann man allmählich manche der durch Marco Polo bekannt gewordenen chinesischen Errungenschaften nachzuahmen, das staatliche Papiergeld, das Anpflanzen von Bäumen am Rande der Landstraßen, die Verwendung der Kohle. Seine Schilderung über die Reichtümer des Ostens übten einen nachhaltigen Einfluß auf das Zeitalter der Entdeckungen aus, dessen geographische Vorstellungen übrigens ebenfalls von seinen Angaben bestimmt wurden.

Den Auftakt zu dem ereignisreichen Leben Marco Polos gab

das schicksalhafte Eingreifen eines fremden Gesandten in eine Geschäftsreise seines Vaters und seines Onkels. Vater Nicolo und Onkel Matteo – Marco selbst verblieb als Kleinkind in Venedig – zogen um 1260 als Kaufleute in die Handelszentren Bulgar und Perm an der Wolga, mußten aber wegen Kriegswirren von dort ostwärts weiterreisen. In Buchara stießen sie auf »einen Mann von großem Ansehen und außerordentlichen Gaben, ... einen Gesandten des Hulagu an seinen Bruder Kublai, Großkhan der Tataren und Kaiser von China«. Der Gesandte, der nie zuvor einen Italiener gesehen hatte – die Poli verständigten sich bereits fließend auf tatarisch – schien über die Begegnung sehr erfreut und schlug den Brüdern vor, sich ihm anzuschließen, und ihn zum Großkhan in dessen kaiserliche Residenz nach China zu begleiten. Der große Kaiser Kublai Khan, der ebenfalls noch niemals einen Italiener zu Gesicht bekommen hatte, brachte den beiden Poli lebhaftes Interesse entgegen. Er beschloß später sogar, wohl durch ihre Schilderungen angeregt, sie als seine Gesandten zum Papst zu senden. In dieser Funktion brachen sie dann zurück in ihre Heimat auf.

Hier sei bemerkt, daß die Brüder Poli, und später auch Marco, im allgemeinen nur als venezianische Kaufleute gelten. Das waren sie, und sogar sehr tüchtige, aber sie waren außerdem noch beinahe immer als bevollmächtigte Gesandte unterwegs, und zwar als die des Kaiser-Großkhans Kublai und als die des Papstes.

Nach einer komplizierten Reise und mannigfaltigen Verzögerungen in Europa – Papst Klemens IV. war inzwischen gestorben, die Papstwahl zwei Jahre nicht vollzogen und der neue Papst wünschte dem Großkhan persönlich zu schreiben – befanden sich die Poli erst Anfang der Siebziger Jahre wieder unterwegs nach Peking, diesmal in Begleitung von Nicolos vierzehnjährigem Sohn Marco. Sie reisten als Gesandte des Papstes Gregor X. zu Kublai Khan, dem sie den offiziellen päpstlichen Antwortbrief überbringen sollten.

Papst Gregor hatte ihnen, in der Hoffnung auf eine Missionstätigkeit in China, zwei Mönche zugeteilt, die aber von den Beschwernissen der Fahrt entmutigt, bereits in Armenien kehrt machten, während die Poli auch weiterhin »unerschrocken den Gefahren entgegengingen, an die sie schon lange gewöhnt waren«. So seltsam es auch klingen mag, wenn damals die zwei frommen Brüder durchgehalten hätten, wäre eine weitgehende Christianisierung Chinas gar nicht ausgeschlossen gewesen. Die Poli hätten den Weg zu einer Taufe des Kublai Khan vielleicht ebnen können, und dieser hätte dann sein Volk mit sich gezogen. Später kam zwar ein großer Gottesmann[12] als päpstlicher Legat nach Peking, aber die Poli waren schon abgereist und der weltoffene Kublai Khan lebte nicht mehr lange. Kein Europäer konnte jemals die Position der Poli erreichen, die sich während all der vielen Jahre ihres Aufenthaltes in China ununterbrochen der außergewöhnlichen Gunst des Kaisers erfreut hatten.

Als dem Kaiser gemeldet wurde, daß die Poli sich seiner Hauptstadt näherten und »wieviel sie unterwegs zu erdulden gehabt hatten, schickte er ihnen seine Boten vierzig Tagesreisen entgegen, mit dem Befehl, ihnen in allen Orten jede Annehmlichkeit zu verschaffen«. Freilich werden sie diese letzten vierzig Tage kaum die Qualen der vorangegangenen dreieinhalb Jahre vergessen haben lassen. So lange hatte es gedauert, bis sie von Venedig, über Akkon, Jerusalem, Armenien, Innerasien und durch ganz China nach Peking gelangten.

Am jungen Marco fand Kublai großen Gefallen. »Er nahm ihn sofort in sein Ehrengefolge auf und ließ ihm seine Huld im allerhöchsten Maße zuteil werden.« Den günstigen Start am kaiserlichen Hof verstand der überaus begabte Jüngling zu einer schwindelerregenden Karriere auszubauen. Besonders intelligent und klarsichtig, zeigte sich Marco allen ihm gestellten Aufgaben gewachsen. Er stieg zum Generalissimus der Armee der Mongolen auf, zum Provinzgouverneur und schließlich wurde er als Botschafter des Kaisers mit zahlreichen Missionen »nach Birma, nach den Sunda-Inseln, Indien, Persien und verschiedenen christlichen Staaten des Westens« betraut.

Die Heimreise im Jahre 1292 gestattete Kublai Khan seinen Lieblingen nur nach deren langem Drängen, und nahm ihnen das Versprechen ab, wieder zu ihm zurückzukehren. Auch diesmal brachen sie als seine bevollmächtigten Gesandten auf, wiederum waren sie von ihm mit einer Mission an den Papst betraut. Aber es sollte mit dem großen Kaiser kein Wiedersehen mehr geben.

Die Poli wählten diesmal den weit sichereren und bequemeren Seeweg und fuhren in Gesellschaft persischer Gesandter, die eine Mongolenprinzessin aus China ihrem König als Gemahlin heimführen sollten. Mit vierzehn, für zwei volle Jahre wohlausgerüsteten Schiffen stachen sie in See. »Von den Schiffsleuten und anderen Mitfahrenden«, berichtet Marco Polo, »verloren wir unterwegs durch den Tod ungefähr sechshundert Mann, von den persischen Gesandten überlebte nur einer namens Goza, während von allen Frauen und Dienerinnen nur eine starb«.

Den Poli indessen taten die großen Strapazen nichts an, sie landeten gesund und mit unermeßlichen Schätzen beladen in Venedig, wo sie, reich und glücklich verheiratet, bis zu ihrem Lebensende verblieben. Noch während sie auf der Reise waren, starb der achtzigjährige Kaiser Kublai Khan in Peking, und damit waren sie ihres Wortes, zu ihm zurückzukehren, entbunden. Vater Nicolo Polo hatte, mit einer zweijährigen Unterbrechung, über vierzig Jahre in der Fremde verbracht gehabt. Daß ihre Erlebnisse der Nachwelt überliefert wurden, verdanken wir Marco. Nachdem er sich bereits in Venedig niedergelassen hatte, geriet er während einer Seeschlacht zwischen Venedig und Genua in genuesische Kriegsgefangenschaft und benützte die neun Monate seiner Haft zum Diktat seiner Memoiren. Der Schreiber war ein Franzose und so erschien das Original in französischer Sprache, »durchgelesen und korrigiert von Marco Polo selbst, im Jahre 1307«.

Die Hunnen, die Kaiser Wuti und seinem Gesandten Kien in den Steppen Asiens soviel Schwierigkeiten bereitet hatten, überzogen im 5. Jahrhundert n. Chr. Europa mit Mord und Brand. In Schlachten, während denen »sich der Himmel von der Unzahl ihrer abgeschossenen Pfeile verdunkelte«, drangen sie bis zum Rhein und bis in die Nähe von Paris und Rom vor. Ganz Europa zitterte vor Attila, der »Geißel Gottes«, mit seinem Namen schreckte man die Kinder und stellte sich ihn als ein feuerspeiendes, menschenfressendes Ungeheuer vor.
Wie war Attila wirklich? Kein Bild, kein Porträt blieb uns von ihm erhalten. Wir wüßten es nicht, hätte nicht ein Diplomat, der Sekretär einer byzantinischen Gesandtschaft zu Attila, die Geschehnisse während seiner Mission als Augenzeuge beschrieben. Dieser Gesandtschaftssekretär namens Priskos war Rechtswissenschaftler von Beruf und Historiker aus Liebhaberei und so lassen seine Berichte nichts an Beobachtungsgabe und Klarheit missen.
Attila hatte sich damals bereits in den Ebenen Ungarns niedergelassen gehabt, von wo aus er seine Kriegszüge unternahm. Schon auf dem Weg zu ihm begegneten die byzantinischen Diplomaten einer hunnischen Abordnung, mit der sie vom Pferderücken aus verhandeln mußten. »Man traf sich hoch zu Roß«, erzählt Priskos. »Die Barbaren pflegten nämlich bei Unterredungen nicht abzusitzen. Daher wollten auch wir, um uns nichts zu vergeben, nicht von den Pferden steigen, damit nicht etwa die Hunnen vom Sattel aus, wir aber zu ihren Füßen die Besprechung führen mußten.«
»Attilas Haus« in einem der hunnischen Dörfer, »das größer und schöner sein sollte als alle seine anderen Wohnsitze, lag auf einer Anhöhe. Es war aus Balken gefügt, hatte Türme und getäfelte Wände und einen hölzernen Zaun als Zierde ... Der Herrscher wurde bei seinem Einzug in das Dorf von einem Reigen singender Mädchen begrüßt, die unter zarten, weißen

Schleiern zu siebent dahinschritten, Frauen hielten die Enden der Schleiertücher weit auseinander. Aus dem Haus eines seiner Vornehmsten trat dessen Gattin mit einer Schar von Dienerinnen, die Speisen und Wein trugen und sie Attila als Willkomm darboten. Der König kostete davon, im Sattel sitzend, während ihm dazu sein Gefolge einen silbernen Tisch hochhielt. Dann trank er aus dem dargereichten Kelch.
Attila lud uns zum Gastmahl um die neunte Stunde ...* Wir standen an der Schwelle des Saales Attila gegenüber ... Die Stühle reihten sich entlang der beiden Seitenwände, in der Mitte saß Attila auf einem Ruhebett. Auch der älteste Sohn saß auf dem Sofa des Königs, allein nicht neben ihm, sondern am äußersten Ende und hielt aus Ehrfurcht vor seinem Vater den Blick gesenkt. Als alle die ihnen gebührenden Plätze eingenommen hatten, trank Attila dem Ehrengast und dann alle anderen dem König zu. Jeder Gast hatte einen eigenen Mundschenk. Den Barbaren und uns wurden auf Silbertellern erlesene Speisen vorgesetzt. Attila jedoch erhielt nur einen Holzteller mit Fleisch. Er zeigte sich auch sonst überaus mäßig; seinen Gästen setzte man goldene und silberne Becher vor, er aber trank aus einem hölzernen. Schlicht war auch sein Gewand, das nur durch fleckenlose Reinheit hervorstach. Weder sein Schwert, das er am Gürtel trug, noch die Bänder an den Sandalen, noch das Geschirr seines Rosses waren, wie bei den übrigen Hunnen, mit Gold, Edelsteinen oder Zierrat geschmückt.
Bei Einbruch der Dunkelheit wurden Fackeln angezündet. Zwei Barbaren traten vor Attila und trugen Lieder vor, in denen sie seine Siege und Tapferkeit rühmten. Danach kam ein schwachsinniger Narr, dessen ungereimtes Stammeln bei allen große Heiterkeit erregte ... Nur bei Attila nicht. Der saß mit unbewegter Miene, ohne sich die geringste Lustigkeit anmerken zu lassen, außer, daß er seinen jüngsten Sohn Ernas, der hereingekommen war und neben ihm stand, froh und freundlich ansah und ihm die Wangen streichelte.«

* drei Uhr nachmittags.

Zu dieser überraschenden Charakteristik des Barbaren-Ungeheuers und Völkerschlächters reihen sich noch weitere Züge von ihm.

Unter den Mitgliedern der byzantinischen Gesandtschaft befand sich einer, der von Konstantinopel den Auftrag hatte, Attila ermorden zu lassen. Byzanz bevorzugte stets zwielichtige Geschäfte und so wurden die Gesandten und übrigen Teilnehmer der Mission in diesen Plan erst gar nicht eingeweiht. Der freilich darüber sehr bald Bescheid wußte, war Attila selbst. Er ließ aber den Verschwörer ruhig weiterwirken, und als er ihn schließlich entlarvte, begnügte er sich damit, ihm heftige Vorhaltungen zu machen, ihm mit allem möglichen zu drohen, und ihn dann, da ihn die diplomatische Unverletzbarkeit schützte, laufen zu lassen.

Eigenartigerweise entstanden in Innerasien immer wieder, binnen kürzester Zeit und sozusagen aus dem Nichts, riesige Barbarenreiche, die ungeheure Ausmaße erreichten, sich aber nach dem Tod ihres Gründers ebenso rasch auflösten. Solcherart zerfiel Attilas Reich, und so endete hundert Jahre später auch die Herrschaft eines türkischen Stammeshäuptlings, der mit seiner kleinen asiatischen Horde ein Reich geschaffen hatte, das sich vom Kaukasus bis nach Wladiwostok am Stillen Ozean erstreckte. Er hieß Dizabulus. Die einzige verbürgte Schilderung seiner Person verdanken wir wiederum einem Gesandten, dem Byzantiner Zemarchus, der Dizabulus in seinem Hauptquartier im Altai-Gebirge antraf. In Zemarchus Bericht tritt uns ein typischer, götzenhafter asiatischer Herrscher gegenüber, vor dessen mit Seide ausgeschlagenem, von Gold und Silber strotzendem Zelt, in dem er auf einem Ruhelager aus purem Gold thronte, ganze Wagenladungen von wunderbaren Gold- und Silbergegenständen im Freien herumstanden.

Dieser Dizabulus entschloß sich eines Tages aus politischen und wirtschaftlichen Gründen – auch das Seidenland Sogdiana war ihm untertan –, mit Kaiser Justinian in Byzanz Beziehungen aufzunehmen. Kaiser Justinian veranlaßten die Aussichten auf eine neue Seidenbezugsquelle, die Gesandtschaft des Türken bestens aufzunehmen und auch seinerseits eine Gesandtschaft – unter der Leitung des Zemarchus eben – zu Dizabulus zu schicken. Auch Dizabulus empfing die Byzantiner äußerst freundlich und schenkte Zemarchus gleich eine Konkubine, »die bei den Kirgisen gefangengenommen war«. Zemarchus, ein Jugendfreund des Kaisers, war ein feiner Mann. Die Kirgisin war gewiß auch hübsch, denn ein Herr, der etwas auf sich hielt, gab keine schäbigen Geschenke. Die Frauen asiatischer Nomadenstämme pflegten aber ihre Körper- und Haartoilette mit ranzigem Talg zu besorgen.

Nicht nur auf das unbekannte Asien, auch auf das recht finstere, von den Völkerwanderungen zerrüttete Europa werfen ebenfalls Erlebnisberichte von Gesandten oft das überraschendste und aufschlußreichste Licht.

Ein köstliches Sittenbild verdanken wir einer Gesandtschaft der Mauren aus Spanien, die im 9. Jahrhundert zu den Normannen nach Nordeuropa zog. Das Unternehmen erhielt eine ganz besondere Note, denn der Maurenherrscher Abdelrahman II. schickte als Gesandten einen Dichter nach Skandinavien. Man stelle sich nur vor: einen feurigen arabischen Poeten nach dem kühlen Norden ... Die Folgen blieben denn auch nicht aus.

Der skandinavische König – wahrscheinlich ein Däne – ließ den Gesandten gastlich unterbringen und nach zwei Tagen zur Audienz laden. Gesandter und Dichter Al-Ghazal stellte die Bedingung, sich vor ihm nicht niederwerfen zu müssen. Als nun die Mauren zum König kamen, saß dieser zu ihrem Empfang in seinem schönsten Geschmeide da, – hatte aber den Eingang zum Thronraum dermaßen verkleinern lassen, daß niemand aufrechtgehend eintreten konnte. Als der Gesandte dies bemerkte, »setzte er sich auf den Boden und rutschte auf seinem Hintern, die Füße voran, durch die Türe«. Dann sprang er auf und hielt völlig unbefangen und höchst würdevoll seine Antrittsrede.

Der protokollarische Zwischenfall sprach sich herum. »Als die Frau des Normannenkönigs von Al-Ghazal gehört hatte, be-

schied sie ihn zu sich ... Nachdem der Gesandte bei ihr eingetreten war, betrachtete er sie lange und bewundernd ...«
Die darauffolgende, durch einen Dolmetsch vermittelte Konversation sprühte von arabischen Komplimenten. Tief beeindruckt erkundigte sich die Königin, wieweit es denn Al-Ghazal Ernst sei, und ließ bekannte Schönheiten herbeiholen, um zu erproben, ob sie einem Vergleich mit ihnen standhalte. Der Gesandte beantwortete alles mit überschwenglichen Gedichten und wies ihre Geschenke zurück, »denn als Geschenk genügte es ihm, sie anschauen zu dürfen ...«

Gesandter Al-Ghazal wurde zum täglichen Gast bei der Königin. Das Unbehagen und die wachsende Angst seiner Gefährten, die verständlicherweise Komplikationen befürchteten, zerstreute seine Herzensdame kurzerhand: »... die Frauen bei uns haben unseren Männern gegenüber ihr freies Bestimmungsrecht. Die Frau bleibt bei ihrem Mann, solange sie will, und trennt sich von ihm, wenn sie seiner überdrüssig geworden ist.«

Nach diesem Einblick in die Sitten der damals noch heidnischen Normannen bekommen wir auch eine Kostprobe ihres Schönheitsempfindens. Der Gesandte, überaus stattlich, aber nahe der Fünfzig und bereits ergraut, wird von der Königin aufgefordert, sich die Haare färben zu lassen. Tags darauf erscheint er mit dunklem Haar, worüber sich die Königin ebenso entzückt zeigt, wie über das nicht erlöschende Feuerwerk seiner Gedichte.

Die Historiker freilich waren von diesem Übermaß an Poesie weniger erbaut; vor lauter Liebesabenteuern und Reimen blieb in Al-Ghazals Bericht – in den er seine Dichtungen natürlich aufnahm – kein Raum für Namen und Ortsbezeichnungen. Bis heute weiß man nicht genau, in welchem Land und bei welchem König er geweilt hatte.

Die Männer, die jenes gefürchtete und unbekannte Innerasien, aus dem sich immer wieder verheerende Völkerstürme über Europa ergossen, erschlossen und dem Abendland nähergebracht haben, waren wiederum Diplomaten.

Im Jahre 1245, ein Vierteljahrhundert vor den berühmten Venezianern Polo, begab sich ein Gesandter Papst Innozenz' IV. auf dem Landweg nach Asien. Er hieß Pater Giovanni Pian del Carpini. Die Gestalt dieses Diplomatenmönches ist nicht nur wegen der ihm anvertrauten, wahrhaft kühnen Mission, wegen seiner Erlebnisse dabei sowie seiner unwahrscheinlichen physischen Leistung interessant, sondern auch um seiner selbst willen: er war lange ein Schüler des heiligen Franziskus von Assisi und Mitbegründer des Franziskanerordens. Hochbegabt und weitgereist, wurde er schließlich dazu auserkoren, eine Botschaft des Papstes dem Großkhan der Tataren zu überbringen.

Papst Innozenz IV. hatte nach den entsetzlichen Völkermorden der Mongolen, die ganz Osteuropa[13] in Blut und Asche erstickten, als erster den Versuch unternommen, mit den Herrschern dieser unbekannten, wilden Horden Verbindung aufzunehmen. Dazu freilich mußte jemand zu ihnen nach Zentralasien vordringen, und eben diese Aufgabe fiel dem Franziskaner Carpini zu.

Gesandter Pater Carpini brach 1245 aus Lyon[14] auf. Ein volles Jahr brauchte er, um die »Goldene Horde« Batu Khans, des Enkels von Dschingis-Khan, in den Steppen Rußlands an der unteren Wolga zu erreichen. Er hatte Batu seine Aufwartung zu machen und bei ihm zu »sondieren«. Batu Khan verwies aber den Gesandten in das mongolische Haupt- und Residenzlager nach Karakorum. Dort sollte noch im selben Jahr die schon seit langem angesetzte, große Reichsversammlung der Mongolen stattfinden, um den neuen Großkhan auf den Thron des verstorbenen Occoday – der ein Sohn des schrecklichen

Dschingis' gewesen war – zu erheben. Nur diesem, dem neuen Großkhan Kuyuk, stünde es zu, die Botschaft des Papstes entgegenzunehmen. Den Mongolen schien, wahrscheinlich aus reinen Prestigegründen, daran gelegen zu sein, so viele Ausländer von Rang als nur möglich bei der Zeremonie in Karakorum anwesend zu haben. Jedenfalls gab Batu Khan Pater Carpini eine berittene mongolische Begleitung mit, wohl, damit er bestimmt rechtzeitig in Karakorum einträfe. Die Eskorte hetzte Carpini und seinen Begleiter, den Franziskaner-Bruder Benedikt aus Polen, in mörderischem Tempo durch halb Asien zum Hauptlager des Großkhan, wo sie nach der unglaublich kurzen Zeit von nur dreieinhalb Monaten angelangt waren.

»Wir ritten so schnell«, schreibt Carpini, »als unsere Pferde im Trab laufen konnten und wechselten fast täglich drei- oder viermal auf frische Reittiere um ... Wir waren vom frühen Morgen bis in die Nacht hinein im Sattel, ja sehr oft auch während der Nacht. So ging es pausenlos weiter, wobei wir uns vor Müdigkeit kaum mehr aufrecht halten konnten. Denn in der ganzen vierzigtägigen Fastenzeit vor Ostern bestand unsere Nahrung bloß aus Hirse, die mit Salz und Wasser gekocht war. Zu trinken hatten wir nichts als Schnee.« Als aber die Zeit vorrückte, beschleunigten die Mongolen das Tempo noch mehr, nun wurden fünf- bis siebenmal am Tag die Pferde getauscht. Mit einem einzigen Rasttag während vierzehn Wochen – und diesen gab es nur wegen einer Panne in der sonst im ganzen Mongolenreich fabelhaft organisierten Versorgung der Kuriere mit ausgeruhten Pferden – kamen sie am 22. Juli 1246 im »Kaiserlager« an. Sie erhielten eine Jurte[15] und freie Verpflegung. Die »Kaiserkrönung« war für den 15. August angesetzt.

Zu den Feierlichkeiten »waren Großfürst Jeroslaus von Susdal in Rußland erschienen, mehrere Fürsten der Kitaier und Solangen[16], zwei Söhne des Königs von Georgien, ein Sultan als Gesandter des Kalifen von Bagdad, außerdem mehr als zehn Sultane der Sarazenen. Und, wie von den Staatssekretären gesagt wurde, mochten mehr als viertausend Gesandte anwesend sein ...«, ein wahrhaft imposantes Heerlager von Gästen. Die festliche Thronerhebung wurde wegen eines fürchterlichen Hagelwetters, bei dem hundertsechzig Menschen ertranken, um neun Tage verschoben.

Eine Weile danach wurde Gesandter Carpini vom neuen Großkhan empfangen, und am 11. November erfolgte schließlich auch die feierliche Übergabe des Antwortschreibens Kuyuks an Papst Innozenz. Am dritten Tag nach dieser Audienz gab man ihm die Erlaubnis zur Abreise. Das Siegel am Briefe des Großkhans enthielt den Schutz- und Geleitbefehl für Gesandten Carpini: »In der Kraft des ewigen Himmels, Befehl vom Meereskhan des Volkes der großen Mongolen. Wenn er zu Völkern kommt, die Wir unterworfen haben, sollen sie ihm Achtung und Ehrfurcht erweisen.«

Kein »Diplomatenausweis« konnte aber Pater Carpini und Bruder Benedikt vor Wind und Wetter und den Entbehrungen unterwegs bewahren. In den Steppen Asiens war die bitterkalte Jahreszeit längst angebrochen, »es war so kalt, daß die Steine barsten«, und die beiden waren den ganzen Winter hindurch auf der Heimreise. »Öfters mußten wir in der Wüste im Schnee liegen, wenn wir uns nicht mit den Füßen einen Platz freischarren konnten«, berichtet Carpini. »Es gab auf weitesten Strecken keinen Baum, nur flaches Gelände. Häufig fanden wir uns am Morgen, wenn wir aufwachten, ganz mit Schnee bedeckt, den der Wind auf uns geweht hatte.«

Zu der Beschreibung der schrecklichen Mühen, die Gesandter Carpini ertragen mußte, sei noch hinzugefügt, daß er damals in seinem sechsundsechzigsten Lebensjahr stand; mit vierundsechzig war er zu den Mongolen aufgebrochen.

Im Mai verweilte Carpini nochmals bei Batu Khan in Rußland und im November konnte er sich endlich bei Papst Innozenz IV. in Lyon zurückmelden.

Papst Innozenz wird mit der Antwort Großkhan Kuyuks keine Freude gehabt haben. Die Mission erwies sich als ein kompletter Fehlschlag.

Gewiß hat auch die mehr als dürftige Erscheinung der zwei

völlig mittellosen Mönche, noch dazu im Rahmen der glänzendsten und bedeutendsten Staatsfeierlichkeiten der Mongolen, die päpstliche Macht in keiner Weise zu demonstrieren vermocht. Dies *allein* wird aber den Mißerfolg nicht verursacht haben. Die Vorstellung der Mongolen von den europäischen Verhältnissen war mehr als vage. Für geistig-religiöse Werte hatten sie kein wie immer geartetes Verständnis und wenn sie sich tolerant zeigten, so geschah es aus Uninteressiertheit und Indolenz. Der Papst wurde vielfach nur als irgendeiner der christlichen Herrscher angesehen. Kurzum, Kuyuk wußte mit der Botschaft des Oberhauptes aller Christen nichts anzufangen. Zwei vollkommen fremde Welten standen sich gegenüber; durch Raum und Zeit getrennt, in die eigene Moral hineingeboren, konnte keiner auch nur die leiseste Ahnung von der des anderen haben, von gemeinsamen Ideen ganz zu schweigen. Die Verständnislosigkeit beider spricht mit derartiger Gewalt sowohl aus der Botschaft des Abendländers, wie auch aus der Antwort des Asiaten, daß es einem kalt überläuft.

Der Papst beginnt in tiefer christlicher Demut seinen Brief. »Bischof Innozenz, Knecht der Knechte Gottes an den König und das Volk der Tataren ...« und setzt mit väterlichen Vorhaltungen, kummervollen Ermahnungen und – falls die Mongolen sich nicht zum Guten wendeten – sanftem Drohen mit Gottes Zorn fort.

Darauf der Großkhan: »Aus Kraft des ewigen Himmels erteilen Wir, der Meereskhan des ganzen großen Volkes der Erde, unseren Befehl. Dies ist ein *Befehl,* gesandt an den großen Papst, auf daß er ihn kenne und verstehe ...

Dein Brief enthält in seinem Verlauf den Satz, Wir sollen uns taufen lassen und Christen werden. Darauf antworten Wir dir kurz, daß Wir nicht verstehen, wie Wir dies machen sollen. Ferner stand in deinem Brief auch, das Niedermetzeln der Christen und hauptsächlich der Ungarn, Polen, Mährern habe dich in Betrübung und Erstaunen versetzt. Hierauf antworten Wir dir kurz, daß Wir auch dieses nicht verstehen können.

... Ihr Bewohner des Westens betet Gott an und haltet euch allein für Christen,[17] indem ihr die anderen verachtet. Aber woher wißt ihr denn, wer in Gottes Augen würdig ist, seine Gnade zu empfangen? Auch Wir beten Gott an und durch *seine Kraft* werden Wir die ganze Erde, von Osten bis zum Westen, verwüsten. Wenn wir Menschen nicht Gottes Kraft dazu hätten, wie könnten wir solches zustandebringen?«

Und schließlich legte der Großkhan die päpstliche Aufforderung zur Annahme des Christentums als Bitte des Papstes aus, sich der Mongolenherrschaft unterwerfen zu dürfen. Aber eine solche »Gnade« war nicht so ohne weiteres zu erwerben: »Darum müßt ihr in eigener Person an der Spitze der Könige ohne Ausnahme kommen und Uns eure Dienstleistung und Huldigung anbieten. Dann erst wollen Wir eure Unterwerfung anerkennen.«

Dennoch wollte Papst Innozenz mit bewundernswerter Ausdauer an diesem Kontakt festhalten. Er schickte zwei weitere Gesandtschaften aus, ebenfalls Mönche, die aber ihren Zielort gar nicht erreichten und also nicht nur nichts ausrichteten, sondern um ein Haar als »Spione« niedergemacht wurden.

Dem eifrigen und vergeblichen Streben des Papstes schloß sich alsbald auch König Ludwig IX. von Frankreich an. Sein Gesandter, der Mönch Andreas von Longjumeau kam, ebenso wie Carpini, nur unter unvorstellbaren körperlichen Anstrengungen in Karakorum an, wo er aber an Stelle des kurz vorher verstorbenen Großkhans Kuyuk, seine Witwe als Interregentin vorfand. Die Antwort der Regentin Ogulgaimisch an den französischen König war noch anmaßender, als der Brief Kuyuks an Papst Innozenz. Auch sie faßte den Wunsch, die Mongolen mögen sich zum Christentum bekehren, als ein Unterwerfungsangebot König Ludwigs auf, forderte Tributzahlungen von ihm, und drohte, ihn zu vernichten, falls er nicht gehorche.

Trotzdem ließ der französische König nicht locker. Sein nächster Gesandter war der aus Ruysbroek in Flandern stammende Franziskanerpater Wilhelm von Rubruk. Es erging ihm min-

destens so arg wie seinen Vorgängern. Der recht menschlich anmutende Seufzer schon zu Beginn seines Reiseberichtes war durchaus begründet: »... am dritten Tag trafen wir auf Tataren. Mir schien es, als sei ich in eine andere Welt gekommen, als ich mich unter ihnen befand.« Auch auf ihn wirkten die endlosen Weiten der Steppe bedrückend: »Wochen hindurch sahen wir nichts als Himmel und flache Erde ...« Zwei Monate hindurch hatte er nie in einem Zelt oder gar Haus geschlafen, immer nur im Freien. Wegen Mangel an Pferden mußten sie oft zu Fuß gehen und wurden kaum und nur schlecht verpflegt: »Unbeschreiblich waren die Qualen durch Hunger, Durst, Kälte und Ermüdung.« Als er im Dezember mit seinen zwei Gefährten in Karakorum eintraf, bekamen sie zu dritt eine so enge Hütte zugewiesen, daß sie darin kaum ihre Sachen unterbringen, ihre Lagerstätte aufschlagen und ein kleines Feuer anfachen konnten. Schon am folgenden Tag wurden sie zum Großkhan geführt. Rubruk, der wahrscheinlich die Schlichtheit christlicher Mönche beweisen wollte, erschien barfuß, – und mußte danach klagen: »Ich hatte meine Sandalen abgelegt. Mir sind die Zehen erfroren, so daß ich nicht mehr bloßfüßig gehen konnte.«
Gesandter Rubruk verbrachte Monate im Lager des Großkhans. Er tat sein möglichstes, um irgendein geistiges Verständnis zu wecken und mit seiner Sendung anzukommen. Vergeblich. Wenn auch seine kirchliche und politische Mission zu einem Fiasko wurde, so war Rubruk glücklicherweise ein nüchterner Flame, der alles mit offenen Augen und wachem Sinne erlebte. Sein Bericht wurde nicht nur zu einer höchst bedeutenden historischen Zeugenaussage, er erkannte auch, wie falsch der Westen die Mentalität der Mongolen einschätzte – und wie aussichtslos die Bemühungen des christlichen Abendlandes um diese Barbaren waren. Seine Schilderungen klangen objektiv, das heißt, pessimistisch genug, um den bisherigen Vorstellungen und Hoffnungen Einhalt zu gebieten, – es sei denn, man versuchte, in eindrucksvoller Form aufzutreten. »Es scheint mir nicht von Nutzen zu sein, daß sich auf die Art,

wie ich und andere Mönche gereist sind, nochmals ein Bruder zu den Tataren aufmache. Wenn aber der Herr Papst ... in *ehrenvoller* Weise einen *Bischof* zu ihnen zu senden die Absicht hätte ... Er muß unbedingt einen guten Dolmetscher haben, oder sogar mehrere und auch reichliches Reisegeld«, beschließt Rubruk realistisch, treffend – und resigniert – seine Erfahrungen.

## Diplomaten als Entdecker

Als Vater und Onkel Polo zu ihrer ersten großen Reise 1260 aus Venedig aufbrachen, strebten sie, wie schon erwähnt, nach Bulgar und Perm an der Wolga. Was vermochte die tüchtigen Poli in jene wilden Gegenden zu locken? Nun, das Land dort war gar nicht so wild wie man glauben könnte, und was sie dorthin zog, dürften zweifelsohne edle Pelze gewesen sein. Tatsächlich gab es an der Wolga, eingebettet zwischen den riesigen, immer wieder von Nomadenvölkern durchfegten Steppen und unwegsamen, von Polarlicht umspielten Sümpfen und Urwäldern des Nordens, schon Jahrhunderte vor den Poli geordnete Staatengebilde mit einer erstaunlich wohlhabenden Bevölkerung, die sogar ihr eigenes Geld prägten. Sie verdankten ihre Existenz einer Handelshauptader der damaligen Welt, der Pelzstraße. Diese begann in dem von Sagas umwobenen Bjarmerreich, irgendwo östlich vom Weißen Meer. In seine Hauptstadt Perm brachten Pelzjägerstämme des hohen Nordens aus ihren Tundras und Wäldern wunderbare Zobel-, Hermelin-, Fuchs-, Fee- und Eisbärfelle zum Tausch. Von Perm holten sich die Wolgabulgaren, deren Reich an der mittleren Wolga lag, die Pelze in ihr Zentrum nach Bulgar an der Kamamündung und betätigten sich dort als Zwischenhändler. Auch aus Sibir jenseits des Ural lieferte man ihnen

Pelze. Dieser osteuropäische Pelzhandel, der schon um das Jahr 500 bezeugt wird, führte zu einem großen Wohlstand, der noch zunahm, als sich für den Pelzhandel ein riesiger neuer Absatzmarkt eröffnete, der – paradoxerweise, wie es scheinen mag – im warmen Süden lag. Man riß sich dort um feine Pelze. Wir wissen, daß Eisbärfelle für Unsummen bis nach Ägypten und Andalusien gebracht wurden und in Indien für ein einziges, schönes Hermelinfell der unglaubliche Preis von vierhundert Dinar[18] bezahlt wurde.

Wer freilich jemals eine eiskalte Nacht in der Wüste erlebt hat, oder die gar nicht warmen Wintermonate in Bagdad und in anderen, auf Heizen meist überhaupt nicht eingerichteten heißen Gegenden, der wird die Vorliebe der Südländer für die weichen, warmen Felle nicht mehr unverständlich finden.

Erschlossen wurde dieser Absatzmarkt Hand in Hand mit den islamischen Eroberungen. Die direkten Wegbereiter des Islams und der arabischen Handelsbeziehungen nach dem Norden waren wiederum Diplomaten, und zwar die berühmte Gesandtschaft des Bagdader Khalifen Muktedir, die einst auf Wunsch des Bulgar-Herrschers Almus an die mittlere Wolga zog. Almus wollte den Islam annehmen und hatte den Khalifen um Glaubenslehrer ersucht. Nebenbei bat er auch um Fachleute, die im Festungsbau bewandert waren ... Die Gesandtschaft aus Bagdad kam am 12. Mai 922 in Bulgar an und hatte gleich in der ersten Nacht einen entsetzlichen Schreck auszustehen; am Himmel flammte ein starkes Nordlicht auf, in dem die Araber Dämonenköpfe zu erkennen glaubten. Nur ein junger Diplomat beobachtete das Naturereignis mit kühlen Augen, der Gesandtschaftssekretär und Chronist Ibn Fadhlan. Seinem wissenschaftlich-kritischen Interesse verdankt die Nachwelt ein Werk, das man ruhig als sensationell ansprechen kann, enthält es doch eine der ersten Beschreibungen nördlicher Breiten und der Eigenheiten des Lebens dort. Ibn Fadhlan verblieb länger in Bulgar und hatte dadurch Zeit zu Forschungen. Das Original seines Berichtes wurde erst in den Dreißiger Jahren dieses Jahrhunderts in Mesched in Persien gefunden.

Ibn Fadhlan berichtet genau über die kurzen Sommer- und endlosen Winternächte. Er beschreibt den Hundeschlitten als die einzige Verkehrsmöglichkeit, um in die Nähe der Pelzjägerstämme des Nordens zu gelangen. Er erwähnt – als erster in der Literatur überhaupt – Schifahrer; Menschen, die an den Füßen Holz befestigt haben und über den Schnee gleiten, indem sie sich mit einem langen Stock vom Boden abstoßen. Auch in Pelzen kennt sich Ibn-Fadhlan vorzüglich aus. Nicht nur in den feinen Fellen, aus denen die Kleidung der Vornehmen in Bulgar bestand, sondern vor allem im Pelzhandel selbst, der im hohen Norden, an bestimmten, durch Gewohnheit überlieferten Stellen, mit Hilfe einer Zeichensprache durch Tauschhandel – besonders gegen Metall- und Eisenwaren – vor sich ging. Und Ibn Fadhlan weiß, außer über die Gebiete entlang der Pelzstraße, sogar darüber Bescheid, daß die normannischen »Ruß«[19], die sich bei Kiew niedergelassen hatten und Namensgeber der Russen wurden, sich von den anderen Völkern in »Rußland« unterscheiden, eine Tatsache, die der übrigen Welt noch lange vorenthalten blieb.

Das Ergebnis von Ibn Fadhlans eigentlichem Wirken in Bulgar wurde offenbar, als König Almus mit seiner ganzen Familie zum Islam übertrat. Er nannte sich nunmehr »Emir von Bulgar«, und sein Sohn pilgerte sogar nach Mekka. Der im europäischen Rußland bis heute erhalten gebliebene Islam hatte sich damals dort verankert.

Nicht minder glücklich als die Missionstätigkeit Ibn Fadhlans entwickelten sich seit der Gesandtschaft des Khalifen Muktedir auch die Handelsbeziehungen der Araber mit dem Norden. Funde ungeheurer Mengen kufischer Münzen, die an der Wolga und noch in Perm ans Tageslicht kamen, legen davon Zeugnis ab[20]. Bis in das 14. Jahrhundert, bis zur endgültigen Vernichtung Bagdads durch Timur-Lenk, wurde der zu einer Monopolstellung ausgebaute arabische Pelzhandel nach dem Süden durch große Karawanen abgewickelt. Auch die arabischen Chronisten trugen zur Abschreckung etwaiger Konkurrenz fleißig bei, nach ihren Schilderungen war das Reisen in die nordischen Länder, über die sie, einschließlich Sibirien, ausgezeichnete Kenntnisse hatten, mit den fürchterlichsten Gefahren verbunden, denn alle Fremden würden dort umgebracht und – aufgefressen.

Mochten die Araber von den an die Pelzstraße anrainenden Ländern noch soviel gewußt haben, die innerrussischen Gebiete waren und blieben ihnen – und der ganzen übrigen Welt – weitgehend verschlossen. Noch auf der berühmten Katalanischen Weltkarte von 1375 stand der Name »Russia« auf einer leeren Fläche. Nicht einmal Kiew, die seit langem blühende Stadt, war darauf vermerkt.

So war es kein Wunder, daß das Buch eines Augenzeugen über Rußland, als es 1549 erschien, wie eine Sensation einschlug und in kürzester Zeit eine Auflage nach der anderen erlebte. Dem lateinischen Original aus Wien folgten noch im selben Jahrhundert gut zwölf Ausgaben, Übersetzungen und Neuauflagen in verschiedenen Ländern Europas.

Verfasser dieses frühen Bestsellers war ein österreichischer Diplomat, der Gesandte Sigismund Freiherr zu Herberstein. Allein die Illustrationen seiner »Moscouiter wunderbare Historien« waren Offenbarungen, vor allem die Rußlandkarte, die nichts mehr mit den Phantasievorstellungen bisheriger Machwerke zu tun hatte, und der erste Plan Moskaus, mit dem aus Holz erbauten, von einer Mauer umgebenen Kreml. Der Inhalt selbst war eine Fundgrube noch nie vernommener Tatsachen über das riesige Land, das trotz seiner damals bereits mehrhundertjährigen Geschichte eine unbekannte Welt war.

Gerade von dieser Warte aus berührt uns, mehr als der von ihm erforschte Stoff, die Art und Weise, wie Herberstein als Mensch und Diplomat der so völlig verschiedenen russischen Mentalität begegnete, mit ihr fertig wurde, und über alles Fremde, ohne ein Werturteil abzugeben, gelassen und objektiv berichtete. Gesandter Herberstein scheint der ideale Vorgänger jener Diplomaten unserer Zeit zu sein, die es zustandebringen, sich mit Anstand und Würde, aber wenn nötig auch energisch, überall Gehör und Anerkennung zu verschaffen.

Rußland wünschte schon damals, nicht entdeckt zu werden.
Österreich und Rußland tauschten zwar bereits seit 1489 hin und wieder Gesandte aus, doch waren ihren Missionen keine besonderen Erfolge beschieden. Jene, die aus Rußland kamen, setzten die Bevölkerung durch ihre langen Röcke und Bärte, die Staatskanzleien durch ihre ungehörigen protokollarischen Forderungen und die Gastgeber durch ihre Ungepflegtheit und ihre barbarischen Manieren in Verwunderung. Die wiederum, die von Europa nach Rußland zogen, hatten dort mit allerlei Schwierigkeiten zu rechnen. So verweigerte man 1492 einer österreichischen wissenschaftlichen Gesandtschaft den Aufenthalt in Rußland. Der Kaiserliche Hof in Innsbruck, an geographischen Fragen sehr interessiert, schickte einen Tiroler, Michael Snups, als Gelehrten-Gesandten nach Moskau. Mit einem Beglaubigungsbrief von Kaiser Maximilian versorgt, sollte er die Genehmigung erwirken, Rußland bereisen und erforschen zu dürfen. Die Russen aber brachten Ausländern größtes Mißtrauen entgegen und schlugen diesen Wunsch mit der Begründung ab, das Vorhaben sei für Fremde zu beschwerlich. Snups durfte nicht einmal über Polen oder die Türkei, wie er es gerne wollte, zurückkehren, sondern mußte Rußland auf dem gleichen Weg, auf dem er gekommen war, wieder verlassen.
Daß selbst die Russen heute noch Herberstein als den »Kolumbus Rußlands« bezeichnen, rückt seine Verdienste erst recht ins wahre Licht. Denn leicht hatte er es dabei wirklich nicht. Das erste Mal reiste er 1516 im Auftrag Kaiser Maximilians von Österreich nach Rußland. Zehn Jahre später befand er sich wieder auf dem Weg nach Moskau, diesmal von Erzherzog Ferdinand, dem späteren Kaiser und König sowie Bruder Karls V., geschickt. Durch die glückliche Heiratspolitik der Habsburger näherte sich ihr anwachsendes Reich den Grenzen Rußlands, das damit in das unmittelbare Feld ihrer politischen Interessen rückte. Ernsthafte Verbindungen herzustellen erschien immer dringlicher, und die Aufgabe, diese anzuknüpfen, fiel ihrem Stardiplomaten Herberstein zu.

Bald, nachdem Gesandter Herberstein und sein Gefolge die russische Grenze überschritten hatten, begann man russischerseits mit sonderbaren Maßnahmen, die uns, Kinder des 20. Jahrhunderts, freilich vertraut genug sind. Es wurde genau erhoben, von welchem Land und von welchem Herrscher sie kämen, was für ein Mensch der Gesandte sei, welchen Rang er bekleide, wieviel Pferde er mitführe, auch »aller seiner Diener Namen samt den Namen derer Eltern, in welchem Lande jeder von ihnen geboren war, welche Sprache er spreche, welchen Standes er sei, ob er einem Fürsten diene, oder dem Gesandten durch Blut und Sippschaft verbunden wäre. Zuletzt wollten die Russen auch noch wissen, ob jemand schon einmal in ihrem Lande gewesen war. Dies alles wurde aufgeschrieben und auf schnellstem Wege dem Großfürsten zugeschickt.«

Die Plagen der Reise selbst waren unvorstellbar. An einem einzigen Tag zum Beispiel, und während nur einer Meile, mußte Herberstein mit seiner Begleitung unter großen Gefahren mit den Pferden durch drei Flüsse und eine Anzahl Bäche schwimmen. Über viele, durch die Schneeschmelze angeschwollene Flüsse kamen sie überhaupt nur über selbstgezimmerte Brücken, die, wie er erzählt, »nach stundenlanger Anstrengung endlich fertiggestellt, dann oft genug vom Wasser weggerissen, davonschwammen. Es hätte auch nicht viel gefehlt, so wäre Graf Nugarol* am zweiten Tag nach unserer Abreise aus Smolensk ertrunken. Während ich auf einer Brücke stand, die auch schon wieder ins Schwimmen kam, und dafür sorgte, daß der Troß hinübergeführt wurde, stürzte sein Pferd und warf ihn an einer Stelle ab, an der man das Ufer nicht mehr sehen konnte. Obwohl sich unsere beiden russischen Begleiter, die zwei Prokuratoren, nahe bei ihm befanden, hätte doch keiner auch nur einen Schritt getan, um ihm zu helfen. Wenn unsere Leute nicht von weit herbeigeeilt wären, wäre es um ihn geschehen gewesen.«

Überhaupt stießen ihnen immer wieder Dinge zu, die, so sie

* Herbersteins Kollege, der gemeinsam mit ihm als Gesandter Kaiser Karls V. nach Moskau reiste.

nicht dem Stumpfsinn entsprungen sind, an Sabotage erinnern. »Als ich sah«, schreibt Gesandter Herberstein, »daß mich mein Prokurator, dessen Pflicht dies gewesen wäre, nicht verpflegen wollte, weil er, wie er sagte, den Proviant schon vorausgeschickt hatte, bat ich die Bäuerin, bei der ich Quartier nahm, mir etwas zum Speisen zu geben. Dies merkte mein Begleiter und verbot der Frau sofort, mir Nahrung zu verkaufen. Als ich dahinter kam, ließ ich ihm durch seinen Diener bestellen, er wolle mir entweder zur rechten Zeit Essen besorgen, oder ich würde ihm den Schädel einschlagen. In der Zukunft ließ er mich nun nicht nur keinen Mangel leiden, sondern hielt mich in großen Ehren.«

Als sich die Gesandtschaft Moskau näherte, begannen plötzlich die Prokuratoren die Reise zu verzögern. Mit lächerlichen Ausreden ließ man den Konvoi zehn Tage lang in einer winzigen Ortschaft verharren, Tage und Nächte unnütz wartend unter freiem Himmel kampieren oder Umwege einschlagen, weil – wie Herberstein herausfand – vom Großfürsten noch kein Befehl eingelangt war, sie in Moskau vorzulassen. Schließlich wirkte auch dieses Mal des Gesandten energisches Auftreten Wunder.

Auch das Protokoll, dem die Russen ungeheure Wichtigkeit beimaßen, wurde oft zu einem Hemmschuh. Ob mit bedecktem oder unbedecktem Haupt, vom Sattel aus oder stehend die Botschaft des Großfürsten vernommen werden durfte, konnte langwierige Verhandlungen auslösen, weil es sich daraufhin auch Herberstein nicht leisten konnte, »das Gesicht *seines* Herrn zu verlieren«. Die einheimischen Würdenträger, die in den verschiedenen Städten den Gesandten entgegenzugehen und sie zu begrüßen hatten, blieben vor diesen in der Mitte des Weges stehen und wichen keinen Fußbreit von der Stelle. War es Winter, so ließen sie lieber den Schnee vom Straßenrand wegräumen, damit sie die Mitte behielten, die Gesandten aber an ihnen vorbeireiten konnten. In Moskau hatte Gesandter Herberstein seine ganze Schlauheit aufzuwenden, um auf die Abordnung, die ihn zum Großfürsten geleiten sollte, nicht warten zu müssen, sondern mit dieser genau in der Mitte einer Treppe zu gleicher Zeit zusammenzutreffen.

Als die Gesandten mit zahlreichem Gefolge zur Audienz ins großfürstliche Schloß ritten, waren überall so viele Menschen versammelt, daß sie sich nur mit Mühe ihren Weg durch die Menge bahnen konnten. »Sooft man nämlich ausländische Gesandte zu Hof führt, werden der Adel und das Militär des umliegenden Landes herbeibefohlen. Alle Gewerbe- und Handelswerkstätten werden geschlossen, selbst die Händler und Käufer vom Markte vertrieben, damit alles Volk vor dem Schloß zusammenkomme. Dies geschieht, damit die Ausländer an der Zahl der Gaffenden und deren Gehorsam die Macht des Großfürsten erkennen. Die Untertanen wiederum sollen die Bedeutung ihres Fürsten daran ersehen, daß mächtige fremde Herrscher Botschafter zu ihm senden.«

Zu der von Herberstein beobachteten Fülle russischer Eigenheiten gehörten die Gastmähler, die drei bis vier Stunden dauerten und stets »mit Branntwein oder einem anderen starken gebrannten Wasser begannen« und während denen »sich die Russen immer sehr bemühten, ihre Gäste trunken zu machen«. Auch vermerkte Herberstein, daß die fremden Gesandten vom Großfürsten zwar reich beschenkt entlassen wurden – er selbst bekam unter anderem eine Menge kostbarer Felle – dieser aber seinen aus dem Ausland heimkehrenden Gesandten alle erhaltenen Geschenke bis zum letzten Dukaten abnahm. Hinzugefügt sei, daß jeder, den der Großfürst auf Gesandtschaftsreisen schickte, die Kosten dafür selbst tragen mußte, auch wenn er sich dabei ruinierte. Weigerte er sich, so wurde er ins Gefängnis geworfen und sein Hab und Gut eingezogen.

Die seltsamste Gesandtschaft der Weltgeschichte dürfte jene gewesen sein, die zu jemandem geschickt wurde, den es nicht gab. Kein Wunder, wenn die Abgesandten unterwegs spurlos verschollen sind. Sie zogen nach dem Osten, aber wohin, wußten sie letztlich nicht. Sie führten einen hochwichtigen Brief mit sich, von dem, wie es schien, das Schicksal der Christenheit in der Levante abhing. Absender dieser Botschaft war der Papst. Sein Gesandter, sein Leibarzt und persönlicher Freund Philippus, sollte sie dem Priesterkönig Johannes überbringen, dem triumphierenden Sieger über Heere ungläubiger Mohammedaner, irgendwo in Innerasien. Wo sein Reich wirklich lag, war unbekannt, doch hoffte man es zu finden, und hoffte vor allem, Papst Alexander III. werde mit seinem Schreiben diesen christlichen Herrscher dazu bewegen, den bedrängten Kreuzfahrten zu Hilfe zu kommen. Und zwar rasch, denn in Jerusalem standen die Dinge schlecht. Man schrieb 1177. Der König war ein aussätziger Knabe, und Sultan Saladins Macht wuchs stetig.

Die Zeiten des ersten Kreuzzuges waren längst vorbei. Die Lehensherren und Ritter, deren Vorgänger das heilige Land unter blutgetränkten Fahnen dahinstürmend befreiten, schritten dort nun in langen, gold- und perlenbestickten Seidengewändern und mit arabischer Kopfbedeckung einher. Tankred von Antiochien trug den Turban – mit einem Kreuz darauf. Man genoß die Musik, die Kunst, den Pomp und die Speisen des Orients. Mischehen waren nicht verpönt. Man räumte sich mit den Sarazenen gegenseitig Jagdrechte ein, veranstaltete sogar gemeinsame Jagden mit ihnen, – und plünderte ihre Wallfahrtskarawanen, die nach Mekka zogen. Die eroberten Gebiete waren in kleine Königreiche zersplittert, die die Ritter bereits seit langem als ihre neue Heimat empfanden. Sie nisteten in festen Burgen, ernteten auf ihren feudalen Gütern, – und schwächten sich untereinander durch ewige Streitigkeiten sowie durch ihre Rivalität mit den kirchlichen Mächten um die Führung.

Den religiösen Kampfgeist hielten bald nur mehr die Kriegermönche der christlichen Militärorden wach, wettergegerbte, struppige Männer, die Waffen und schnellen Pferden mehr Wert beimaßen als dem Firlefanz des höfischen Ritterlebens. Aber ihre Zahl verringerte sich, und außerdem hing ihr Dasein weitgehend vom Nachschub ab. Diesen besorgten – mit Millionengewinn – die mächtigen Körperschaften der italienischen Kaufleute in den Hafenstädten. Fußvolk und bürgerliche Elemente, ebenfalls längst häuslich eingerichtet, hatten die Kreuzzüge von jeher nur als ein gewinnbringendes Unternehmen betrachtet. Eines verband allerdings diese abenteuerliche Gesellschaft miteinander; sie hatten alle etwas zu verlieren.

Die Sarazenen dachten niemals daran, auf ihre einstigen Besitzerrechte zu verzichten. So uneinig und planlos sie auch waren, rannten sie doch immer wieder gegen die auf ihrem Boden errichteten Bastionen einer fremden Welt an, oder sägten mit Kleinkriegen an ihnen. Und schließlich gingen sie daran, sich zu organisieren ...

Als die Lage der Christen in der Levante bedenklich wurde, begannen sie, wie Menschen immer, wenn ihr eigenes Unvermögen am größten ist, auf ein Wunder zu hoffen. Ihre Blicke waren dabei schon seit einer Weile, besonders aber seit dem ruhmlos beendeten zweiten Kreuzzug, nach dem Osten gerichtet. Dort sollte ein mächtiger christlicher König ein unermeßliches islamisches Heer besiegt haben. Warum sollte dieser Herrscher, der ja ebenfalls die Sarazenen bekämpfte, nicht auch dem heiligen Lande Hilfe bringen?

Daß er nicht kam, weil er in der von dem Westen erträumten Gestalt nicht existierte, ahnte niemand. Um so weniger, als die sagenhafte Schlacht zwischen Christen und Mohammedanern wirklich geschlagen wurde, freilich unter ganz anderen Vorzeichen als die des Religionseifers. Damals war wieder einmal eines jener mittelasiatischen Reiche geboren, die wie Seifenblasen aufstiegen und zerplatzten. Wieder war es ein un-

bedeutender türkischer Stamm, der sich unter einer starken Führung zu gewaltigen Kriegsleistungen aufgeschwungen hatte. Der Führer – er hieß Yeliutaschi – war zufällig Christ, soweit man einen asiatischen Nomadenhäuptling des 12. Jahrhunderts als einen solchen ansehen konnte. Im Laufe seiner Eroberungen drang Yeliutaschi südlich vom Aralsee in mohammedanisches Gebiet ein und schlug 1141 den einheimischen Herrscher bei Samarkand vernichtend, über hunderttausend Moslems sollen gefallen sein. Die Kunde von dieser »größten und blutigsten Schlacht des Islam«, wie sie ein mohammedanischer Chronist bezeichnete, verbreitete sich bis nach Jerusalem und Rom. Sie hörte sich wie eine wunderbare Botschaft göttlicher Vorsehung an, zumal sich die Barbarengestalt des Siegers während des Weitererzählens in die des »Priesterkönigs Johannes« verwandelte. Mag sein, daß europäischen Ohren Yeliutaschis asiatische Titel »Khan« und »Uan-Khan«[21] wie Jean und Juan klangen, und das Wort »Kham«, Priester, mit der Bedeutung von »Khan«, Chef, verwechselt wurde.
Wie immer es sich auch zutrug, ein Phantom war geboren, und zwar ein zählebiges. Es beschäftigte die Vorstellungswelt des Abendlandes dermaßen, daß sogar Briefe unter seinem Namen geschrieben wurden. Tatsächlich erhielten Papst Alexander III., Kaiser Barbarossa und der byzantinische Kaiser Manuel I. 1165 je ein langes Schreiben vom Priesterkönig Johannes, obwohl damals sein Urbild Yeliutaschi schon seit mehr als zwanzig Jahren tot war.
»Ich, der Presbyter Johannes, der Herr der Herren, übertreffe alle unter dem Himmel Wandelnden an Tugend, Reichtum und Macht ... In drei Indien herrscht Unsere Magnifizenz ... Unser Land ist die Heimat der Elefanten, Dromedare, Panther, Löwen und weißen Bären ..., wilder Menschen, gehörnter Menschen, einäugiger Menschen, der Kentauren, Faune, Pygmäen, vierzig Ellen hoher Giganten ... und des Vogels Phoenix ... An Unserem Tische aus Smaragd auf Amethystsäulen speisen täglich dreißigtausend Menschen ... Nach der einen Seite erstreckt sich Unser Reich vier Monate hin; wie

weit sich Unsere Herrschaft nach der anderen Richtung ausdehnt, weiß niemand ...«

Wer diese Fälschung verfaßt hat, ist unbekannt. Kaiser Manuel und Kaiser Barbarossa reagierten nicht darauf. Auch Papst Alexander III. zögerte, entschloß sich aber doch zu einer Antwort, als ihm sein Leibarzt Philippus, aus Jerusalem zurückgekehrt, über die Hoffnungen berichtete, die die Christen dort auf die Hilfe des Priesterkönigs Johannes setzten. Die Bedenken des Papstes galten indessen nicht dem fabulierenden Inhalt des Briefes, der der aufgepeitschten Fantasie jener Zeit vollkommen entsprach, sondern dem selbstherrlichen Ton und der vorgeblichen Macht des Priesterkönigs. Also forderte er, obwohl er selbst der politische Bittsteller war, diesen auf, sein wahres Christentum unverzüglich durch seinen Gehorsam Rom gegenüber und durch die Anerkennung der päpstlichen Oberhoheit zu beweisen. Um dies zu bestätigen, hätte König Johannes »ehrenhafte Personen mit versiegelten Schreiben« zum Papst zu entsenden. Für seine militärische Hilfe wollte ihm Alexander III. als Gegenleistung die Benützung einer Kirche in Rom und die Überlassung von Altären in den Kirchen Jerusalems zubilligen. Mit dieser Botschaft, gezeichnet am 27. 9. 1177 in Venedig[22], machte sich die unglückselige Gesandtschaft des Doktor Philippus zu einem Phantom auf den Weg.

Keine fünfzig Jahre später warteten die neuerlich schwer bedrohten christlichen Ritter der Levante wiederum allen Ernstes auf die Hilfe des Priesterkönigs Johannes, genauer gesagt war es diesmal sein Enkel, König David, der, aus dem Osten kommend, für die bei Damiette schwer angeschlagenen Kreuzfahrerheere hätte Wunder wirken sollen. Auch hinter König Davids Phantasiegestalt stand ein leibhaftiges Urbild, aber ein noch ganz anderes als jenes des Yeliutaschi, nämlich der schreckliche Dschingis-Khan selbst. Als seine sechshunderttausend mongolischen Reiter den schon erwähnten islamischen Staat bei Samarkand 1221 endgültig in Blut ertränkten, glaubte das Abendland, der ersehnte Retter der Christenheit sei im Enkel

Johannes' wiedererstanden. Dschingis-Khan indessen beachtete die anderen mohammedanischen Länder des Ostens nicht, sondern wandte sich gegen den Westen ... Europa erstarrte. Die Konfusion war vollständig, noch die Königin von Georgien, deren Land als eines der ersten niedergerannt worden war, meinte, Christen vor sich zu haben, weil sie »ein schräges weißes Kreuz auf ihren Fahnen führten«. Was dem Kreuz ähnlich sah, war das Abbild eines fliegenden weißen Falken, Zeichen der Mongolen, unter dem sie später dann auch die christlichen Völker Osteuropas niedermachten. 1242 standen die Tataren vor Wiener Neustadt. Von dort fluteten sie, – übrigens ohne das geringste Dazutun des Abendlandes, das sich ebenso uneinig wie indolent zeigte –, plötzlich wieder nach Asien zurück.

Nachdem die Mongolengefahr am Westen vorbeigegangen war und sich ihre nächste Angriffswelle nun tatsächlich gegen den islamischen Nahost richtete, kam in Europa allmählich der Gedanke auf, mit den Mongolenherrschern Beziehungen aufzunehmen. Vielleicht hätte man sie doch noch zu Bundesgenossen gegen die Sarazenen gewinnen können, – obwohl das Heilige Land damals bis auf Akkon bereits verloren war. Jedenfalls aber hätte es durch diese Verbindung möglich werden können, die unüberwindbaren Schranken, welche die islamischen Länder für den christlichen Handel darstellten, zu umgehen. Und auch die Idee der Christianisierung brannte lichterloh im Geiste zweier großer Abendländer: Papst Innozenz IV. und der französische König Ludwig IX. der Heilige waren von der Unerläßlichkeit christlicher Glaubensbotschaften zutiefst überzeugt. Die Pioniere dieses kühnen Unternehmens kennen wir schon, wir trafen sie während ihrer qualvollen Reisen durch Asien; den Franziskanerpater Gesandten Carpini und die Gesandtenmönche Longjumeau und Rubruk. Jeder von ihnen hatte unterwegs auch nach dem Priesterkönig Johannes Ausschau zu halten ... Bald war man gewiß, in Asien befand er sich nicht.

Dennoch lebte sein Phantom weiter. Nur verlagerte sich sein

Reich nach Afrika, und zwar nach Abbessinien. Ein vages Wissen um das Christentum der Herrscher des geheimnisvollen Äthiopiens gab dieser Einbildung eine nicht ganz unberechtigte Nahrung. Sie wurde mit der Zeit so ausgeprägt, daß man während der Entdeckungsfahrten, die den Schwarzen Erdteil nach und nach enthüllten, in jedem Negerhäuptling den Priesterkönig Johannes, oder zumindest einem seiner Untertanen, zu begegnen glaubte.

Als Prinz Heinrich der Seefahrer von Portugal seine ersten Schiffe ausschickte, um die Westküste Afrikas zu erforschen, war er von dem Gedanken, diesen Kontinent deshalb umsegeln zu lassen, damit man zu den Gewürzschätzen Indiens gelange, noch weit entfernt. Die Schiffe, die er nach unbekannten Gestaden auslaufen ließ, sollten seinem wissenschaftlichen Entdeckungseifer dienen. Allerdings spielte auch ein christlich-religiöses, politisches Element ausschlaggebend mit: er hoffte, das Land des Priesterkönigs Johannes dabei zu erreichen und ihn für den Kampf gegen die Mauren[23] zu gewinnen. Mit dem Cap Verde glaubte man damals, die Südspitze Afrikas schon erreicht zu haben und war überzeugt, nicht weit davon den Zugang nach Abessinien zu finden. In der Erwartung dieses Ereignisses bestimmte Prinz Heinrich für die Expeditionen meistens auch einen Gesandten, der – falls man Glück gehabt hätte – bevollmächtigt war, sich mit »dem Herrscher« in Verbindung zu setzen.

Dem dänischen Ritter Vallarte[24] ließ Prinz Heinrich 1448 eine Karavelle ausrüsten, damit er »Cap Verde umsegle und verläßliche Kunde über den Herrscher des Landes, den er antreffen könnte, bringe«. Er sollte diesem als bevollmächtigter Gesandter »Briefe des Prinzen überbringen und in seinem Namen allerlei von kirchlichen Dingen und dem heiligen Glauben berichten. Prinz Heinrich war nämlich versichert worden, der Herrscher jener Gegend sei ein Christ. Er meine, es würde jenem, wenn er sich wirklich zu Christi Lehre bekenne, sicherlich ein Bedürfnis sein, seinen Beistand im Kampfe gegen die Mauren in Afrika zu gewähren . . .«

Noch 1482, als die Portugiesen den Kongo entdeckten, hielten sie die Neger dort für Abessinier. Man schickte Gesandte hin und überhäufte sie mit Geschenken. Scheinbar tauchten dann allmählich doch Zweifel an ihrer christlichen Gesinnung auf, denn man taufte sie. Oft wurden sie zur Bekehrung nach Portugal und wieder zurück in den Kongo gebracht, währenddessen portugiesische Geißeln ihre heile Rückkehr garantierten. Vom Negerhäuptling Ogowe, der 1491 die Taufe erhielt, heißt es, daß »der auf einer Tribüne am Boden hockende König am Haupte eine sehr hohe Mitra trug, gemäß dem Kultus der Äthiopier«. Sogar eine Breve von Papst Leo XI. bezeichnet 1518 den getauften Sohn eines Negerhäuptlings aus dem Kongo als »Sohn unseres in Christo geliebten Königs Johannes von Äthiopien«.

Priesterkönig Johannes' Andenken geistert noch in unserem 20. Jahrhundert umher. Als Abdel Nasser den großen Assuan-Damm bauen ließ, rettete eine internationale Equipe nicht nur den Ramses-Tempel in Abu-Simbel, sondern Archäologen verschiedener Nationen durchsuchten auch jene Gebiete des Niltals und der nubischen Wüste, die unter den Wassermassen des künstlichen Sees verschwinden sollten. Dabei stießen sie im Sand auf Reste mehrerer frühchristlicher Kirchen mit teils wunderbar erhaltenen Fresken, Zeugen einer kaum bekannten Kultur[25] – und schon ging durch die Weltpresse die Nachricht, daß sie dem Reiche des Priesterkönigs Johannes entstammen könnten.

Der ökumenische Gedanke – heutzutage in aller Munde – ist so alt wie die Verschiedenartigkeit der christlichen Kirchen selbst. So hatte Rom schon frühzeitig versucht, mit der Koptischen Kirche Äthiopiens in Verbindung zu treten. Die Bemühungen blieben ohne Erfolg, da Abessiniens geographische Isolation beinahe vollkommen war. Das islamische Nordafrika schloß es von der übrigen christlichen Welt wie eine Mauer ab. Die Mohammedaner wachten mit Argusaugen, daß zwischen dem Abendland und dem christlichen Abessinien in ihrem Rücken keinerlei Bindung entstehe.

Als man das Reich des Priesterkönigs Johannes endgültig in Äthiopien vermutete, begannen in Europa eine Reihe ernster Anstrengungen, um mit den Herrschern Abessiniens in Berührung zu kommen. Die Hoffnung auf eine gemeinsame Front gegen den Islam war immer noch wach. Während die Portugiesen zäh und erfolglos von der neuentdeckten westafrikanischen Küste aus zu ihnen vorzudringen suchten, gelang es Spanien und Rom, vereinzelte, aber echte Verbindungen, mit Äthiopien herzustellen. Am weitesten ging dabei Spanien, das bereit war, eine spanische Prinzessin mit dem Negus Isaac*, und eine abessinische Prinzessin mit dem spanischen Infanten zu verheiraten.

Rom wählte den ökumenischen Weg. Das Konzil von 1439 beschloß, die katholische Kirche mit der koptischen und der byzantinischen zu verschmelzen. Umgehend wurde eine päpstliche Gesandtschaft für Äthiopien bestimmt und ausgerüstet. Sie konnte jedoch nicht abgeschickt werden, weil Ägypten die Durchreise verweigerte. Dem Negus gelang es schließlich im Jahre 1441, eine feierliche Gesandtschaft – abessinische Mönche mit ihrem Abt – zum Papst zu senden. Sie erregten in Rom ungeheures Aufsehen, nicht nur, weil ihre wallenden Gewänder, ihre exotischen Kopfbedeckungen und bunten Sonnenschirme »aller Welt in die Augen stachen«, sondern weil um diese vermeintlichen ersten offiziellen Boten des seit zwei Jahrhunderten gesuchten »Priesterkönigs« eine Flut von politischen und kirchlichen Hoffnungen hochstieg. Die Antrittsrede der abessinischen Gesandten, die mit der ihnen angedichteten Beziehung zum sagenhaften König Johannes bestimmt nichts anzufangen wußten, begann recht nüchtern – und nicht ohne Bitterkeit: »Octingentos effluxisse annos, ex nullus ...«, »achthundert Jahre seien verflossen, ohne daß sich ein Papst auch nur mit einem einzigen kleinen Wort um unser Seelenheil bekümmert hätte ...«

1452 beschlossen der Papst und der Negus die kirchliche Union.

---

* 1414–1429

Ausgeführt konnte sie aber nicht mehr werden, denn 1453 nahmen die Türken Konstantinopel ein und Rom und Europa hatten näherliegende Sorgen als Abessinien.

Etwa dreißig Jahre später wünschte sich der junge äthiopische Herrscher Eskender eine besonders feierliche, von einem »europäischen Prälaten« vollzogene Krönung. Um einen solchen herbeizuholen wurde eine fürstlich ausgestattete Gesandschaft auf den Weg gebracht, der bevollmächtigte Gesandte war ein Neffe des Negus und führte Gold und Geschenke im Werte von zweihunderttausend Dukaten mit sich. Sie strebte aber nicht nach Rom – der Gesandte wußte nicht einmal, daß es einen Papst gab –, sondern nach Griechenland, wo sie einen Würdenträger der byzantinischen Kirche für die Krönung gewinnen wollten. Rom schien vergessen. Erst unterwegs, im Heiligen Land, wurde die abessinische Abordnung von Franziskanerbrüdern umgestimmt, sich nach Rom und nicht nach Griechenland zu wenden.

Die dadurch geschaffene – letzte – Chance, die katholische mit der koptischen Kirche zu vereinigen, scheiterte an der Bequemlichkeit des abessinischen Gesandten. Dieser entschloß sich, nur zwei seiner Begleiter, zwei Mönche, zum Papst zu schikken, während er sich gemächlich in Kairo niederließ, – mit den ihm anvertrauten Schätzen, wie man annehmen darf –, um dort den Ausgang der römischen Reise seiner Untergebenen abzuwarten. Dem Sultan war er bestimmt willkommen, alleine für die Durchreise der Gesandtschaft hatte er vierzigtausend Dukaten von ihm kassiert.

In Rom wurde die Abordnung zunächst mit großer Freude begrüßt, Papst Sixtus IV. plante sofort ein Unternehmen großen Umfangs und wollte mehrere Prälate und Bischöfe mit einem Erzbischof an der Spitze zur Krönung nach Abessinien entsenden, ein Vorhaben, das auch nur teilweise durchgeführt, den Anschluß der äthiopischen Kirche an die katholische endlich hätte verwirklichen können. Statt dessen aber begannen in Rom haarspaltende und etikettfreudige Kleingeister die Zuständigkeit der zwei »Unterdelegierten« in Zweifel zu stellen.

War es überhaupt standesgemäß, mit ihnen zu verhandeln? Wo blieb denn der Gesandte? Über welche Vollmachten verfügten sie? Wie sollte man sie titulieren? Welche Rechte stünden ihnen zu? Und überhaupt, würde die Abordnung der römischen Kirchenfürsten mit den ihnen gebührenden Ehren über das ägyptische Gebiet ziehen können?

Zu guter Letzt entschloß man sich in Rom, Bettelmönche nach Abessinien zu schicken. Daß diese für eine prunkvolle Krönung ungeeignet waren, leuchtete den zwei abessinischen Unterhändlern so sehr ein, daß sie mit diesem höchst unbefriedigenden Ergebnis nicht einmal mehr vor ihren Gesandten in Kairo, geschweige denn daheim vor ihren König zu treten wagten. Sie setzten sich ab und verblieben in Jerusalem. Der eine Mönch behielt die päpstlichen Briefe und Geschenke für sich und der andere wurde sogar Mohammedaner.

Die franziskanischen Bettelbrüder kamen gut in Abessinien an, wo man freilich die Enttäuschung über sie kaum verbergen konnte. Man wollte einen Kirchenpotentaten für eine Prunkkrönung haben und keine armen Missionare mit guten Ratschlägen. Der Ärger über sie verwandelte sich in Abneigung gegen Rom. Die Wege der katholischen Kirche und der koptischen Kirche Äthiopiens liefen seither getrennt und dabei ist es bis heute geblieben.

Ein kurioses Positivum gab es am Rande dieser Ereignisse dennoch. Einer der für Abessinien bestimmten Franziskanermönche, Francesco Suriano, hinterließ in seinem Reisebericht die Beschreibung eines großen Kanals zwischen dem Roten Meer und dem Mittelmeer, des Vorgängers des heutigen Suezkanals.

»Von Kairo zum Sinai-Gebirge benötigt man elf bis zwölf Reisetage mit dem Kamel«, schildert Bruder Francesco. »Am zwölften Tag erblickten wir das Rote Meer. Am Tag darauf überquerten wir einen großen Kanal, den die Könige von Ägypten, der Perserkönig Darius und König Ptolemäus graben ließen ... Hundert Fuß* breit und dreißig Fuß tief ... setzen

* fünfunddreißig Schritt.

die gewaltigen Spuren immer noch in Erstaunen, ebenso wie die Sandmassen, die durch den Wüstenwind herbeigeweht werden und ihn an manchen Stellen halb verschüttet haben.« Der Franziskaner ist der einzige Schriftsteller des Mittelalters, der Kenntnis vom Kanal hatte, und zwar eine erstaunlich genaue. Schon Ramses II. begann diesen Wasserweg, der in der Antike vom östlichen Nilarm zum Roten Meer führte, ausheben zu lassen, das Werk wurde von Pharao Necho fortgesetzt und um 500 v. Chr. vom Perserkönig Darius beendet. Ptolemäus baute ihn dann weiter aus. Vor Christi Geburt dürfte der Kanal versandet und unbrauchbar gewesen sein, denn – laut der Beschreibung Plutarchs – mußte Kleopatra auf ihrer Flucht ihre Schiffe in großer Hast und mit übermenschlichen Anstrengungen über den Isthmus von Suez auf dem Landweg ins Rote Meer hinüberschaffen lassen. Kaiser Trajan bemühte sich, den Kanal wieder schiffbar zu machen. Die ihn zu neuem Leben erweckten und ihn dann später wieder stilllegten, waren die Araber. Amr, der Feldherr des Khalifen Omar, ließ ihn wiederherstellen, weil man durch diesen Verbindungsweg das frischeroberte Ägypten von Arabien aus leichter beherrschen konnte. Dieser dritte Vorgänger des Suezkanals war über hundert Jahre in Betrieb. Dann ließ ihn Khalif al Mansur zuschütten, um einen arabischen Rebellen daran zu hindern, mit seiner Flotte in Ägypten einzufallen. Während der nächsten elf Jahrhunderte – bis zur Eröffnung des heutigen Suez-Kanals am 17. November 1869 – gab es vom Mittelmeer zum Indischen Ozean keinen direkten Wasserweg mehr.

# III. DIE GLANZZEIT

## »Diplomatie« heisst Frankreich

Kehren wir nun aber zu unserem Freund Urbotschafter Wuwu zurück, genauer gesagt zu der Reihe seiner Nachfolger, die im Laufe der Jahrhunderte an uns vorbeidefilierten. Dem nächsten, der uns etwas zu sagen hat, begegnen wir in Versailles.

> Monsieur Wully de Wuwulier trägt Kniehosen, hochhackige Schnallenschuhe, eine kunstvoll gelockte Perücke, und schreitet, links und rechts grüßend, durch die prachtvollen Räume des Schlosses. Sogleich wird er Seiner Majestät, König Ludwig XIV. über seinen letzten diplomatischen Auftrag persönlich Bericht erstatten.
> Monsieur de Wuwulier ist hoher Beamter in der Picardie, wo er auch ausgedehnte Besitzungen sein eigen nennt. Er ist stolz darauf, Beamter in der dritten Generation zu sein und jener Gesellschaftsschicht anzugehören, die in Frankreich durch eigene Kraft emporgekommen ist und sich durch ihre Tüchtigkeit oben gehalten hat. Rechtsgelehrter ist er auch und seine Feder, ebenso spritzig wie sachlich, ist weithin bekannt. Der Sonnenkönig bestimmte ihn schon mehrmals für schwierige diplomatische Missionen im Ausland, die er bisher alle glänzend zu erfüllen wußte.

Gesandter Wully de Wuwulier – wir können ihn demnach so nennen – ist Franzose. Natürlich, denn wer im reifen 17. Jahr-

hundert von Diplomaten und Diplomatie sprach, dachte dabei nur an Frankreich und die Franzosen.
Als der junge Ludwig XIV. die Regierung mit der Absicht übernahm, Frankreichs Vormachtstellung Europa aufzuzwingen, stand ihm für die zum Ausbau der Weltherrschaft nötigen politischen Schachzüge ein nahezu vollkommenes Werkzeug zur Verfügung, nämlich für diplomatische Arbeit geschulte Geister. Differenzierte und folgerichtige Diplomatie, und zwar in vollendeter Form ausgedrückt, gehörte damals schon bald seit zwei Jahrhunderten zu Frankreichs außenpolitischer Tradition.
Vor diesen zweihundert Jahren operierte der verschlagene Machiavelli-Anhänger Ludwig XI.* noch mit Täuschungen und Intrigen in kleinem Rahmen. Aber bereits Ludwig XII., sanft, philosophisch und menschenfreundlich veranlagt, gab allgemeingültigen und vernünftigen Abkommen den Vorzug. Franz I.**, der galante Damenfreund und Mäzen Leonardo da Vincis, verlieh der französischen Diplomatie sogar eine einheitliche, wenn auch noch mehrköpfige Leitung. Die Neigung dieser beiden Herrscher für Kunst und Literatur strahlte auch auf den auswärtigen Dienst aus und veredelte seine Umgangsformen. Eine humanistisch gebildete, aufgeklärte geistige Oberschicht versorgte den Hof mit Elite-Gesandten, von denen viele Gelehrte und Schriftsteller waren. Sie hatten nicht nur den literarischen Vorrang der französischen Diplomatie ein für allemal begründet, – ein guter Stil ist für Frankreichs Diplomaten heute noch eine Selbstverständlichkeit –, sondern durch sie drang auch ein neuer Geist in die Staatskunst ein, so etwas wie eine Verbindung zwischen Politik und Rechtschaffenheit, soweit Politik Rechtschaffenheit zuließ. Die Berichte der Gesandten König Heinrich IV.***, des ersten Bourbonen, sind zum Beispiel außenpolitische und schriftstellerische Leckerbissen.

* 1461–1483
** 1515–1547
*** 1589–1610

Natürlich ergab sich daraus eine völlige Umwertung des moralischen Bildes der Diplomaten. Frankreichs Abgesandte waren keine maklerartigen Vermittler mehr, die sich möglichst unauffällig betätigen und das helle Licht schon deshalb gerne mieden, um bei einem Mißerfolg rasch hinter den Kulissen verschwinden zu können, sondern sie traten als persönliche Vertreter ihrer Herrscher selbstbewußt und Achtung fordernd auf. Auf dem solcherart vorbereiteten Boden erschien während der Regierungszeit Ludwig XIII.* eine faszinierende Gestalt, die heute noch als überragendes Genie französischer Staatskunst und als Begründer der modernen Diplomatie anzusehen ist. Kardinal Richelieus Persönlichkeit hat nicht aufgehört, die Phantasie der Menschen zu beschäftigen, denn dieser eisighöfliche, schweigsame Mann, der unbeirrbar seinen Zielen zustrebte, und der im Namen der Staatsraison vor keiner Härte zurückschreckte, war eine leicht erregbare, beinahe neurasthenische Natur, die zu Wut- und Tränenausbrüchen neigte und während einsamer Spaziergänge der Melancholie verfiel. Von der Idee seiner Sendung besessen, studierte und analysierte er unermüdlich die Mächte und Kräfte seiner Epoche und stellte eine von Vernunft gelenkte Realpolitik über alles, auch über eingefleischte ideologische und gefühlsmäßige Ansichten. Er kam zur Überzeugung, daß nur die absolute Königsgewalt Frankreich zur ersten Macht der Welt erheben könne; der Staat sollte im Monarchen verkörpert sein. Trotz seines Glaubens an den Absolutismus und ganz im Gegensatz zur damaligen Mentalität nahm Richelieu auf die öffentliche Meinung Rücksicht und erklärte der Bevölkerung regelmäßig durch Flugschriften seine Politik.
Die Diplomatie bestand für Richelieu nicht mehr aus Einzelaktionen in Sonderfällen, sondern im kontinuierlichen Einsatz für das Interesse des Staates. Beharrliche, mit höchster Vorsicht geführte Verhandlungen sollten zu vorteilhaften Verträgen führen, die, einmal in Kraft gesetzt, unbedingt zu respektieren waren. Daß Richelieu das erste Außenministerium

* 1610–1643

im modernen Sinne schuf, ist nach dem Vorangegangenen beinahe selbstverständlich.
Die Früchte der Staatskunst Kardinal Richelieus, das heißt, Frankreichs Macht und seines Königs Ruhm, führten während der Regierung* Ludwig XIV. zu einer apotheoseartigen Hochperiode.
Diesem König, dessen scharfer Verstand, Arbeitseifer, Ehrgeiz, Würde, Selbstbeherrschung und Menschenkenntnis einmalig waren, wurde die uneingeschränkte Macht über das damals meistbevölkerte und wohlhabendste, mit der besten Armee ausgestattete Land Europas sozusagen in den Schoß gelegt, ein Land, das außerdem eine ideale Ausdehnung und eine vorteilhafte geographische Gliederung hatte und von natürlichen Grenzen umgeben war. Ludwig formte das reiche Staatsgebilde während seiner mehr als ein halbes Jahrhundert dauernden Herrschaft mit absolutem Willen und unermüdlichem Regierungseifer. Er prägte es für immer und gab Frankreich einen Stil, dessen Ausstrahlung bisher durch keine Umwälzung vernichtet werden konnte, und auch der Diplomatie der ganzen Welt seinen Stempel aufdrückte.
Bis zu seinem Tode ließ sich der König alle Berichte seiner Gesandten vom Anfang bis zum Ende vorlesen und gab Anweisungen für die Antworten, die er dann nochmals persönlich überprüfte. Diese »Instruktionen«, in deren Rahmen die Diplomaten weitgehende Handlungsfreiheit genossen, sind in ihrer Klarheit und Konzeption mustergültig und unglaublich modern. Nicht anders als heute, bekamen neuernannte Botschafter ausführliche schriftliche Informationen über ihren neuen Posten, eine kritische Darstellung der politischen und wirtschaftlichen Verhältnisse sowie der Charakterzüge und Laufbahn der Staatsmänner dort und der Diplomatenkollegen. Von dem selbstbewußten Willen Ludwigs XIV. geleitet, waren die französischen Abgesandten von ihres Königs Ruhm restlos durchdrungen und beanspruchten für seine »magnificence« und sein »prestige« den Vorrang in Europa.

* 1661–1715

Und sie erhielten ihn auch. Ludwig XIV. hypnotisierte die Welt. Jeder Herrscher, ob groß oder klein, ahmte den Sonnenkönig nach, und sogar der erste preußische König, der sonst ein treuer Ehemann gewesen wäre, nahm sich eine Mätresse, nur weil dies zum französischen Hofstil gehörte. Die deutschen Fürsten flochten in ihre Konversation französische Wörter ein, Französisch zog im Triumph in ganz Europa und sogar in London als Sprache der Hofgesellschaft ein, und blieb, bis zum Zweiten Weltkrieg, die offizielle Sprache der Diplomaten aller Länder. Gegen Ende des 17. Jahrhunderts wurde auch die französische Kleidung, die Kniehose, das Jacquette mit dem Spitzenjabot, Schnallenschuhe mit hohen Absätzen, eine imposante Lockenperücke und der federgeschmückte Hut – der spätere Dreispitz – für jeden kultivierten Diplomaten obligatorisch. Als die Russen im 18. Jahrhundert plötzlich endgültig auf dem diplomatischen Parkett Europas auftauchten, erschienen sie in Seidenstrümpfen und Perücke und sprachen bald ebensogut französisch wie russisch. Benjamin Franklin, Gesandter der nordamerikanischen Aufständischen, entfachte 1776 in Versailles einen Sturm der Entrüstung, weil er statt der Kniehosen lange Beinkleider trug. Die französische Kniehose räumte die diplomatische Bühne erst ab dem Jahre 1815, am Londoner Hof war sie für Briten sogar bis 1938 vorgeschrieben.

Die französischen Gesandten nützten die von Versailles ausstrahlende Faszination meisterhaft aus. Sie waren aber auch die geistreichsten, die gastfreundlichsten, und riefen stets den stärksten Eindruck hervor. Ihre Überlegenheit war um so wirkungsvoller, als das übrige Europa ihnen vorerst nichts Gleichwertiges entgegenzustellen hatte.

Wie die Diplomatie in Frankreich gepflegt und wie hoch sie bewertet wurde, beweist Francois de Callières' 1716 erschienenes Handbuch über die Diplomatie und die Eigenschaften eines perfekten Diplomaten. Bis heute ist darüber keine klarere und vollständigere, keine so unwiderlegbare Zusammenstellung verfaßt worden, die dazu nichts an Gültigkeit eingebüßt hat. Immer noch gehören zum geistigen und moralischen Rüstzeug des idealen Diplomaten, genau wie Callières es feststellte, Beobachtungsgabe, Fleiß, Aufmerksamkeit, Scharfsinn, gesunde Urteilskraft, und all diese Eigenschaften haben ohne den geringsten Ballast persönlicher Vorurteile zu wirken. Ein guter Diplomat muß unbedingt schnell und wendig reagieren können – dazu jedoch die Geduld eines Uhrmachers haben. Stets höflich und liebenswürdig, soll er sich als guter Zuhörer auszeichnen und ein besonders hohes Maß an Selbstbeherrschung, ebenso wie Mut und Würde aufweisen. Ein Gesandter darf weder dem Trunk, noch dem Spiel oder dem schönen Geschlecht verfallen sein, aber auch keinen Launen, Fantasien oder Stimmungen erliegen und niemals Reizbarkeit zeigen. Sollte er Frauen verehren, darf er dabei sein Herz nicht verlieren. Jeder, der den Diplomatenberuf ergreift, muß mehrere Sprachen sprechen, von denen einige unerläßlich sind. In der Geschichte bewandert, mit den Einrichtungen fremder Länder vertraut, in Literatur, den Künsten, in Rechts- und Naturwissenschaften beschlagen, soll dieser Wundergesandte von gutem Auftreten und gutem Geschmack auch sein Haus immer großzügig führen und die Gäste vorbildlich bewirten, denn ein guter Koch ist ein ausgezeichneter Vermittler. Und zu all dem hat sich unbedingt auch noch Humor und ein gelassenes Gemüt zu gesellen. Diese Forderungen Callières gipfelten in der Feststellung, der Schlüssel zum diplomatischen Erfolg liege in der Ehrlichkeit und in der Intelligenz der Diplomaten.

Ja, soweit war es seit Urbotschafter Wuwus Aktion mit dem Bisonschinken gekommen . . .

Freilich kann man nicht behaupten, daß die Diplomaten Ludwigs alle klug und ehrlich waren. Aber es läßt sich nicht leugnen, daß sie während der Regierungszeit des Sonnenkönigs seine im Krieg erlittenen Niederlagen am Verhandlungstisch wettzumachen verstanden. Die Gestalt des Callières'schen Diplomaten ist natürlich auch heute meist nur eine Traumfigur. Dennoch bin ich überzeugt, daß kein halbwegs erfolgreicher Diplomat auch nur eine dieser Tugenden völlig missen kann.

Interessanterweise fehlt aus Callières umfangreicher Liste die Redegewandtheit. Die Auffassung, ein Gesandter müsse ein rhetorisch glänzender Odysseus sein, war inzwischen verschwunden, und kehrte als Tugend erst im 20. Jahrhundert mit dem Aufleben demokratischer Methoden und politischer Demagogie wieder.
Nach diesem geschichtlichen Streifzug wollen wir nun schnell unserem Freund, Gesandten Wully de Wuwulier nacheilen.

Monsieur de Wuwulier durchschreitet gerade die große Spiegelgalerie. Im Vorbeigehen blickt er durch die hohen Fenster auf die geometrisch genau ausgerichteten Parkanlagen, in denen unter dem sturmgepeitschten Vorfrühlingshimmel emsig gearbeitet wird. Ehrlich gesagt, mochte er die unnatürlich zugestutzten Alleen da draußen überhaupt nicht, und dachte, sooft er sie sah, unwillkürlich an seine Bäume daheim, die wachsen durften, wie sie wollten. Dennoch konnte er sich bei ihrem Anblick, ebenso wie vor der kolossalen, souverän ausgewogenen Pracht des Schlosses, niemals der Ausstrahlung jenes erhabenen, triumphierenden Ordnungswillen Ludwigs XIV. erwehren, der jeden überwältigte.
Gestern Abend hatte er die Ehre, am Souper bei Hof teilzunehmen. Der König ließ sich anschließend die Pläne für die Blumenbeete vorlegen, die er noch vor dem Frühlingsanbau überprüfen wollte. Unglaublich, wofür der Herrscher nicht alles Zeit findet! In Wully de Wuwulier steigt eine Welle der Bewunderung für den Monarchen hoch. Sie ist jedoch bar der allgemeinen höfischen Hysterie, vielmehr der Ausdruck einer seit vielen Jahren bestehenden innigen Ergebenheit. Seltsamerweise mischt sich aber in seine Hingabe an den Souverän seit einiger Zeit eine sonderbare Malaise, ein ständig wachsendes Mißgefühl. Und da er ein selbstkritischer Mann mit klarem Verstand ist, weiß er, daß dieses bohrende Unbe-

hagen zu gewissen Entscheidungen drängt, denen er auszuweichen versucht.
Monsieur de Wuwulier ist kein Höfling. Er war sich selbst bisher immer treu geblieben. Er konnte es sich allerdings auch leisten. Jedermann wußte, daß der Herrscher gerade sein naturverbundenes Denken und seine aufrechte Art schätzte, – nicht zuletzt auch deshalb, weil er sie bisher aufs glücklichste für des Königs Ziele einzusetzen vermochte. Des Königs Ziele aber – und da lag der Grund seiner inneren Unruhe – konnte er immer seltener bejahen.
Unterdessen erreicht Herr von Wuwulier die vergoldeten Flügeltüren, die zu den Wartesalons vor dem Arbeitszimmer des Monarchen führen. Als die Lakaien sie vor ihm aufreißen, hebt ihm ein jäher Luftstoß beinahe die Perücke vom Kopf. In Versailles zieht es überall erbärmlich. »Nur in den Ofenschächten nicht«, folgerte de Wuwulier ärgerlich, während er mit kältestarren Fingern vor einem der Prunkspiegel seine in Unordnung geratenen Locken zurechtzuzupfen versucht. Nicht nur ungemütlich kalt ist es überall, auch sämtliche Kamine rauchen dermaßen, daß sich die Damen und Herren im Qualm oft nur mühsam sehen können. Gestern Abend war es nicht anders gewesen, die langen Reihen der Platten schienen, als man sie hocherhoben hereintrug, im Rauch, der auch den Speisesaal erfüllte, wie durch Nebelschwaden zu schweben. Und die Speisen waren, wie immer, völlig ausgekühlt. Allerdings weniger wegen der schlechtgeheizten Räume, sondern weil sie von den weitentfernten Küchen bis zur Tafel einen endlosen Weg, der teils sogar durchs Freie führte, zurücklegen mußten. Sechsunddreißig Edelleute, die um dieses Amt glühend beneidet wurden, geleiteten den Zug, der »das Fleisch des Königs« brachte, und die Schweizer Garden huldigten den Wildschweinköpfen, Brathühnern und gespickten Rehrücken mit Trommelwirbel und präsentiertem

Gewehr. Man versuchte dann im Schloß eine Art Dampfheizung einzubauen, sie kostete Unsummen, funktionierte aber nicht. Daß sich die Damen bei solchen Innentemperaturen – an besonders harten Wintertagen gefror der Wein in den Gläsern – unerschütterlich in kühnen Dekolletés zeigten, grenzte schon an Tapferkeit. Die Marquise de Rambouillet hatte den guten Einfall, sich in ein Bärenfell einnähen zu lassen. Sie machte aber keine Mode, weil das ungewöhnliche Dessous zu stark unter dem Kleid auftrug.

Gesandter de Wuwulier sitzt wenig später im Blauen Kabinett, unmittelbar neben dem Arbeitsraum des Königs und richtet sich aufs Warten ein, denn beim Monarchen weilt der Finanzminister und das kann dauern. Monsieur de Wuwulier denkt mißmutig an die Besprechung, die da drinnen im Gange ist, da sich zu seinen Zweifeln an des Souveräns aggressiver Expansionspolitik auch Zweifel an den Staatsfinanzen gesellen. Zur Zeit des großen, des tüchtigen Colberts war es doch anders gewesen. Gewiß, auch Colbert fand es durchaus in Ordnung, daß ein Großteil des Nationalvermögens für die ruinöse Hofhaltung dahinschmolz, vor allem Versailles war die Ursache seiner ständigen Verzweiflung. Der Bau, der sich über zwei Jahrzehnte hinzog, hatte immerhin zwanzig Millionen Golddukaten verschlungen, und Finanzminister Colbert verzehrte sich im Konflikt zwischen der Pflicht, dem Ruhm der Majestät zu entsprechen und der Furcht, zu verschwenden. Seine unwandelbare Treue zum Herrscher konnte nur von seinem verzweifelten Mut übertroffen werden, mit dem er unermüdlich nach anständigen Einnahmen für die Staatskasse suchte. Denn diese leerte sich schneller, als sie aufgefüllt werden konnte. Immerhin betrieb Colbert eine Reform- und Wohlfahrtspolitik, auch begriff er, daß die Zukunft in den Kolonien in Übersee lag und nicht in Eroberungen auf dem ausgelaugten Kontinent. Nach seinem Tode war

nicht viel von seinem Gedankengut übrig geblieben. Und die Kriege leerten die Staatskasse vollends. Wie man da noch von Ruhm reden konnte?
Gesandter de Wuwulier kommt gerade aus der Pfalz. Was er dort erlebt hat, erhöhte seinen Widerwillen gegen Ludwigs Erbfolgekriege vollends. Frankreich besaß doch wirklich alles! Wozu dieser Lorbeer, an dem jedes Blatt mit Blut und Tränen befleckt war? Die Soldateska des abscheulichen Minister Louvois – ihr Einbruch erfolgte wieder einmal ohne Kriegserklärung – hauste in der Pfalz mit einer Brutalität, die man seit den östlichen Barbareneinfällen nicht mehr gekannt hatte. Hunderte von Ortschaften, aber auch Speyer, Mannheim, Heidelberg und Worms waren niedergebrannt und die Bevölkerung, die nicht in die Wälder floh, abgeschlachtet worden. Im Dom zu Speyer riß man sogar die Gebeine der Kaiser aus der Gruft.
Monsieur de Wuwulier schämte sich gestern Abend beim Souper vor Madame, er schämte sich zutiefst. Liselotte von der Pfalz trug die Verwüstung ihrer Heimat durch ihren Schwager, den König, schweigend und mit Haltung. Sie führte an der Seite von Monsieur, dem lieblosen Herzog von Orléans, am Hof des Sonnenkönigs ein einsames Leben. Seltsam, wie heftig man sie in Versailles ablehnte. »Warum eigentlich?« grübelt Gesandter Wuwulier, der sich von der Natürlichkeit der Pfälzerin stets angezogen fühlte. Vielleicht, weil sie inmitten der aberwitzigen Geziertheiten ihr urwüchsiges Wesen behielt? Ja, man empörte sich über Madame, weil sie die Hofbräuche übertrieben und lächerlich fand. Nun, während der Messe in der Schloßkapelle zum Beispiel, verneigten sich die Höflinge bei der Wandlung nicht vor der Hostie, sondern vor dem König – damit sie diesem nicht den Rücken zukehrten. Und der Tagesablauf in Versailles bestand tatsächlich aus einer übergenauen Etiketten-Folge, aus einem eifersüchtigen Aufteilen aller

Handlangerdienste um den Souverän. Die sie verrichten durften, waren die Privilegierten. Wem es erlaubt war, dem König das Hemd zu reichen, wem den linken, wem den rechten Ärmel anzuziehen, war genau festgelegt und ebenso, wer berechtigt war, diese Vorgänge mit Verbeugungen zu begleiten, und wem nur die Anwesenheit zustand. Durch solche »Aufgaben« war der Hochadel an den Hof gefesselt – und schien davon begeistert.
Man hielt die Pfälzerin auch für anmaßend. Sie mochte nämlich nicht, daß sich die Herren gegen die schönen vergoldeten Türen ihres Salons erleichterten, wie sie es überall in den Galerien zu tun pflegten, oder zum selben Zweck in die mannshohen Kamine traten, während sie dabei noch ihre galante Konversation fortsetzten. Wohin sonst sollten sie aber gehen? Das Ärgste freilich war, daß jeder über Madames Gedankengänge Bescheid wußte, denn ihre Briefe, die sie jahraus, jahrein an ihre Freunde in Deutschland schrieb, wurden natürlich geöffnet. Und sie nahm in ihrer Korrespondenz kein Blatt vor den Mund. Die Marquise de Maintenon, die nach dem Tod der Königin dem Souverän heimlich angetraut wurde, war für Liselotte anfänglich »Ein Mausdreck im Pfeffer« und später nur »die alte Zott«. Monsieur de Wuwulier muß schmunzeln. Er konnte die ostentativ fromme, ehemalige Maitresse und Erzieherin der königlichen Bastarde nicht ausstehen.
Um auf die Pfalz zurückzukommen; der französische Überfall löste einen Aufschrei der Empörung in ganz Europa aus, und diesmal widerhallte auch England davon. Die europäischen Herrscher waren »der majestätischen Unverschämtheit des Sonnenkönigs überdrüssig«, wie man es ihm, de Wuwulier, während der jüngsten Verhandlungen in Deutschland ins Gesicht gesagt hatte. Allein, daß man so etwas vor einem Gesandten Frankreichs auszusprechen wagte! Wuwulier wertete es als ungutes Zeichen. Am Horizont lauerte das gewaltig auf-

strebende England – und seinem Gefühl nach waren die Habsburger nicht endgültig zu besiegen. Die ewigen Kriege kosteten Frankreich zu viel Blut, zu viel Kraft, zu viel Geld. Wenn es so weiterging, mußte sich das Land erschöpfen, und der Erschöpfung folgt unvermeidlich die Zerrüttung.

Gesandter de Wuwulier ist entschlossen, dem Souverän seinen Bericht in einer mehr als offenen Sprache vorzutragen. Er hatte diese Diplomatie satt, die von Kriegsgeschrei übertönt erst dann wieder zu Wort kam, wenn die Wunden zu verarzten waren. Am liebsten wollte er nach Hause, auf seine Felder, Pferde züchten und schreiben und nichts mehr mit Politik zu tun haben.

Als er sich Minuten später im Arbeitszimmer des Königs aus der tiefen Verbeugung nach dem Handkuß erhebt, geht es wie ein Ruck durch Monsieur de Wuwulier. Vor ihm, dem bis zum Boden reichenden Fenster gegenüber und vom grellen Frühlingslicht beleuchtet, steht ein erschreckend veränderter Monarch. Der Herrscher scheint furchtbar gealtert. Im Kerzenlicht gestern Abend war ihm das nicht aufgefallen, aber hier unterstreicht die erbarmungslose Helle des Märzvormittags die aufgedunsenen, welken Gesichtszüge und die vielen Falten mit grausamer Genauigkeit.

Um den kleinen Mund Ludwigs mit der etwas vorgeschobenen Unterlippe erscheint ein ironischer Zug. »Cher Wuwulier«, beginnt der König, und sagt, als ob er dessen Gedanken gelesen hätte: »Wir brauchen Sie. Sehen Sie, wir werden einmal nicht mehr sein. Aber der Staat wird immer bleiben. Frankreich braucht Ihre Dienste. Wir brauchen die Dienste von Männern wie Sie.« »Haben Sie mich verstanden?« setzt er dann mit leichter Ungeduld hinzu, denn der Gesandte steht immer noch regungslos, mit verstörtem Gesicht vor ihm. Jetzt endlich versinkt Monsieur de Wuwulier in der erwarteten Reverenz. Der König wendet sich ab: »Also berichten Sie.«

Wir wissen nicht, wie Gesandter de Wuwuliers Bericht ausfiel, auch nicht, wie er mit seinem Gewissen und seiner Königstreue ins Reine kam. Ludwig XIV. aber regierte mit unveränderten Prinzipien und von unvermindertem Ruhm umgeben noch ein Vierteljahrhundert und führte sein Land ohne besonderen inneren Zwiespalt ins neue, ins 18. Jahrhundert hinüber. Frankreich war zwar erschöpft, unzufrieden meist auch, doch es war gut verwaltet. Die Zerrüttung, die unser hellsichtiger Gesandter Wully de Wuwulier erahnte, nahte wohl, aber sie nahte vorerst noch langsam.

## Das grosse Schaugepräge

Noch erstrahlte Europa noch unvermindert in barockem Pomp und im Glanz des Rokoko, und die absolutistischen Monarchen suchten einander durch die Prachtentfaltung ihrer Höfe zu übertrumpfen.
Die Vertreter der Souveräne auf dem internationalen Parkett – und somit ihre Miniatur-Spiegelbilder – waren ihre Diplomaten. Da zu jener Zeit Prunk und Pracht als äußeres Zeichen von Größe galten, mußten Botschafter und Gesandte die Macht und den Ruhm ihrer Herrscher durch ein ständiges Schaugepräge so eindrucksvoll wie nur möglich demonstrieren. Sie gebärdeten sich dementsprechend in einer Weise, die uns späteren Beobachtern ihr Leben wie eine permanente Galavorführung einer Superoper erscheinen läßt, bei der ein Künstler im Stil eines Rubens Regie geführt haben könnte.
Verfolgen wir gleich einmal den feierlichen Einzug eines – sagen wir – polnischen Botschafters namens Graf Wuwunski auf seinen neuen Posten.

Wir sind in Rom. Da bewegt sich, von einer Kavalkade auf herrlichen Vollblutpferden umtänzelt, ein langer, überaus prächtiger Zug. Fahnen flattern, Fanfaren schmettern, vergoldete Karossen blinken durch den aufgewirbelten Staub, Lakaien in Seidenlivréen stehen mit unbewegter Mine auf den Trittbrettern der dahinrollenden Equipagen, neben denen schwitzende Herolde einherlaufen. Hutfedern wippen, Standarten blitzen, Brokatgewänder schimmern in allen Farben, die Rösser wiehern und schnauben, denn das Volk hört nicht auf zu klatschen, pfeifen und zu schreien, und nun donnern von der Engelsburg her auch noch Salutschüsse durch die Luft.
»Dort ist der Ambasciatore! Im Wagen mit den sechs Rappen davor! Seht, links von ihm reitet ein Erzbischof und rechts der Gouverneur von Rom! So wird es immer gehalten. Da! Die ganze »päpstliche Familie« begleitet ihn! Und sämtliche »Häuser der Kardinäle«! Sie geleiten ihn zu seiner Residenz. Der Dicke mit dem roten Bart und dem blauen Hut, der auf dem großen Falben dort, ist der Gesandte eines deutschen Fürsten, und der ganz in Gold, auf dem Schimmel mit den Purpurschabracken Botschafter des spanischen Königs. Dort reitet Graf Orsini! Und das ist der Herzog Colonna! Es lebe unser Herzog!
»Wieso kennst Du denn all die hohen Herrschaften?«
»Ich? Ha! Ich war zwanzig Jahre hindurch Diener in der allernächsten Nähe seiner päpstlichen Heiligkeit!«
Und der Alleswissende erklärt wichtigtuerisch dem staunenden Plebs gleich auch die Ereignisse des morgigen Tages; wie der neue Botschafter von seinem Wohnsitz wiederum feierlich eingeholt wird, diesmal zur päpstlichen Audienz, zur Überreichung seines Beglaubigungsschreibens. Wie er, von einem hohen Prälaten geleitet, vor dem Heiligen Vater auf die Knie fällt, ihm die Pantoffel und den Ring küßt, worauf ihn der Santo Padre – so ihm der Botschafter genehm ist – umarmt. Immer

noch auf den Knien, muß er dann sein Beglaubigungsschreiben übergeben, kniend warten, daß ein Sekretär es vorläse und schließlich kniend seine Antrittsrede halten ... »Und daß Ihr morgen, wenn der Ambasciatore zum Palast zieht, die Augen aufreißt! Es könnte sein, daß er seine Pferde mit silbernen Hufeisen beschlagen läßt, die nur auf zwei Nägeln hängen und bald von den Hufen fallen, damit das Volk sie aufsammle und seinen Reichtum verkünde! So hat es nämlich ein polnischer Gesandter gehalten, als er beim ungläubigen Sultan einzog – da wäre es doch nur geziemend, wenn die hohen Herren Ähnliches auch in der heiligen Stadt wiederholen würden ...«

Nicht nur der Papst, auch die Souveräne und Fürsten legten auf die Empfangszeremonien der fremden Abgesandten großen Wert, galten sie doch als gegenseitige öffentliche Huldigung. Madrid vor allem, und später Petersburg, blieben an Aufwand kaum hinter Rom zurück. In Paris hieß des neuen Botschafters Einzug bezeichnenderweise »Entrée avec le Triomphe«, obwohl König Ludwig XIV. im Bewußtsein seiner Macht selbstsicher auf einen großen Teil des üblichen Spektakels verzichtete. Das von ihm eingeführte, vereinfachte Empfangszeremoniell diente den kaiserlichen und königlichen Höfen bis zum Ersten Weltkrieg als Vorbild, die Prachtentfaltung war dabei natürlich immer noch eindrucksvoll genug.
Nur im nüchternen Berlin ging es sparsamer zu. Dort ließ man den Botschafter von einer, höchstens aber zwei mit nur ein Paar Pferden bespannten Kutschen einholen. Und lediglich zwei Kammerherren erwarteten ihn, um ihn über die Schloßtreppe zu geleiten.
Es sei bemerkt, daß damals die Herrscher ihre diplomatischen Vertreter bereits in zwei verschiedene Rangklassen reihten; in die erste gehörten die Botschafter, in die zweite, niedrigere Stufe, die Gesandten und die sogenannten Residenten. Die Botschafter, als höchstpersönliche Vertreter ihrer Souveräne,

hatten gegenüber den Gesandten und Residenten, die als Unterhändler galten, überall gewisse Vorrechte. So wurde ein Botschafter vom Herrscher stehend empfangen und nach der Begrüßung setzten sich beide. In Paris hatten die Botschafter in ihrem Audienzsaal das Recht auf einen Baldachin, konnten mit ihrer Kutsche in den innersten Hof des Louvre einfahren und durften bei offiziellen Feierlichkeiten ihre Kopfbedeckung auch in Anwesenheit des Königs aufbehalten. Ihre Frauen saßen bei Hof auf einem Taburett, ein Privileg, das sonst nur den Herzoginnen zustand.

Damals ließen sich nämlich schon manche Botschafter und Gesandte von ihren Frauen und ihrer Familie begleiten, wodurch das Leben der Diplomaten in der Fremde eine gewisse Konsolidierung erfuhr. Die öffentliche Rolle der Frau eines Botschafters war vorerst unbestimmt und das sie betreffende Protokoll so vage, daß die Etikettstreitigkeiten, die dadurch auftauchen mußten, kein Ende nahmen. Bei Ludwig XIV. waren die Frauen der Botschafter »höher geschätzt als anderswo«, weshalb sie in Versailles auch zahlreich anwesend waren. Dem Sonnenkönig gefiel es »de les gracieuser«, sie gnädig zu behandeln und ihnen immer mehr und mehr Ehren zuzugestehen. Bei feierlichen Anlässen zeichnete er sie sogar mit dem »Etikettenkuß« aus. Seither entwickelte sich allmählich eine Zeremoniell für die Frauen der Botschafter. Sehr früh schon gewährte man ihnen die Anrede »Madame l'Ambassadrice«, Frau Botschafterin. Zum ersten Mal sprach Papst Sixtus V.* die Gattin eines spanischen Botschafters mit diesem Titel an, bis heute steht ihnen diese Anrede zu.

Natürlich hatte ein Botschafter, um das Ansehen seines Herrn hochzuhalten, auch sein Alltagsleben mit einem überdimensionierten Aufwand zu bestreiten. Als der französische Botschafter Pierre de Girardin 1686 nach Konstantinopel entsendet wurde, begleiteten ihn fünfzehn Herren als Mitarbeiter, zwei Sekretäre, ein Haushofmeister, eine Kammerfrau für seine Gattin und nicht weniger als sechzig Diener, darunter zehn

* 1585–1590

Musikanten, Leibjäger, Köche, Küchenjungen, Keller- und Stallmeister, Lakaien und Kammerdiener. Zu einem Botschafterhaushalt gehörte meist auch noch ein Hauskaplan, ein Leibarzt und ein Hauslehrer für die Kinder. Und, um die Gelegenheit zu nützen, schlossen sich dem Konvoi oft noch Gelehrte und reiselustige Vornehme an. An einer Sondergesandtschaft, die 1665 von Wien nach Istanbul zog, nahmen aus purem Vergnügen Lord Arundel, der Herzog von Norfolk, Monsieur Vernavel de Châteauvieux, der Marchese Pecori aus Florenz, Durazzi aus Genua, Hay of Delgrave von Schottland sowie der Herzog von Holstein, der Fürst von Liechtenstein und Graf Dietrichstein teil.

Außer dem Personal führten die Diplomaten natürlich auch ihre Karossen und Pferde mit, einen kompletten Hausrat an Möbeln, Bildern, Wandteppichen, Geschirr und Silber, von Kleidern und Wäsche ganz zu schweigen. Alles zusammen ergab eine ansehnliche Karawane, die wie ein kleiner prunkvoller Heerbann durch die Länder zog und die Übersiedlung zu einer abenteuerlichen Expedition werden ließ. Für die Reise von Paris nach Stockholm zum Beispiel brauchte man immerhin zwei gute Monate, und nach Konstantinopel fuhr man weite Strecken auf Flottillen die Donau hinunter. Der Botschafter einer Großmacht in Warschau hatte mindestens fünfundzwanzig Pferde und eine den lokalen Gepflogenheiten angemessene Dienerschaft zu unterhalten, dabei muß man wissen, daß sich die polnischen Panis von fünf- bis sechshundert Lakaien begleiten ließen!

Die erdrückenden Repräsentationspflichten und die aufwendige Lebensweise der Diplomaten scheinen um so verwunderlicher, als die finanzielle Gegenleistung ihres Staates, wenn nicht überhaupt fraglich, so doch meistens unzureichend war.

In früheren Jahrhunderten hatten die französischen Könige die Durchführung jedes diplomatischen Auftrages nach Gutdünken belohnt und stets nur eine Anzahlung auf die Reisekosten gewährt. Auf die restliche Summe – Tagegelder, deren Höhe sich nach der Wichtigkeit der Mission und dem Rang

des Gesandten richtete – wurden diese meist endlos, mindestens aber bis zu ihrer Heimkehr vertröstet, ein System, das viele zur Verzweiflung brachte.
Während der französische Hof seine Abgesandten zwar auf ihr Geld warten ließ, sie aber doch halbwegs ordentlich entschädigte, honorierte der Kaiser seine Diplomaten äußerst selten.
Venedig zahlte zwar pünktlich, aber schlecht, nur seine Botschafter in Ungarn und Ägypten wurden etwas großzügiger behandelt. Erst um das Jahr 1500, als es der Signoria selbst mit Drohungen kaum mehr gelang, Diplomaten zu finden – niemand wollte unter den geltenden Bedingungen für Jahre ins Ausland übersiedeln – erhöhte man die Gehälter.
Mehr als sparsam war Berlin. Friedrich der Große betrachtete seine Gesandten als Briefträger und entlohnte sie dementsprechend miserabel. Die Folge davon war, daß der Preußenkönig unter der eigenen Elite nur schwer Männer fand, die bereit waren, diplomatische Dienste zu leisten, und er sich deshalb oft an Ausländer wenden mußte. Als sein Botschafter in England, ein Italiener, einsah, daß er auch nach hartnäckigsten Vorstellungen keine Gehaltserhöhung zu erhoffen hatte, bat er Friedrich um die Genehmigung, in London eine Ölhandlung eröffnen zu dürfen. Der König stimmte zu und der Botschafter erwarb sich mit seinem Geschäft ein stattliches Vermögen. Zu einem Gesandten, den er für Kopenhagen bestimmt hatte und der die Bezüge dort nicht einmal für die Kosten der Tafel und das Halten einer Equipage ausreichend fand, sagte Friedrich II: »Ein Verschwender ist Er, weiß Er doch, es ist viel gesünder, zu Fuß zu gehen, als zu fahren! Und was das Essen betrifft, so muß Er sich merken, daß es an der Tafel eines anderen immer am besten schmeckt.«
Der Sonnenkönig brachte auch in die Bezüge seiner Diplomaten Ordnung. Im Jahre 1715 war das Grundgehalt eines französischen Botschafters 36 000 livres[26] jährlich, ein Gesandter erhielt 18 000 und ein Resident 6000 bis 8000. Aber die Gehälter wurden auch den Erfordernissen des Postens angepaßt.

Am Heiligen Stuhl bekam der Vertreter Frankreichs das doppelte Gehalt, in London 48 000, in Schweden, Polen und der Türkei die Grundbezüge, in Madrid, Lissabon, Den Haag und Kopenhagen 24 000 und in Hamburg und Genf nur 6000 livres jährlich.

So eindrucksvoll diese Ziffern auch klingen, die Summen deckten die tatsächlichen Ausgaben so gut wie nie. Gesandter Feuquières schrieb aus Stockholm: »Dreißig Pferde genügen mir nicht. Mein Gefolge besteht aus achtzig Mündern. Wie kann ich mit 36 000 livres jährlich auskommen? Ich werde mit dem Ansehen meines Herrn zahlen ...« Das Schlimmste aber war, daß die Gehälter nur unregelmäßig überwiesen wurden. Gesandter d'Avaux in Schweden bekam neunzehn Monate hindurch keinen Sou; um seine Ausgaben zu decken, mußte er sein Tafelsilber teils verpfänden und teils verkaufen. Botschafter Tallard klagte aus London: »Ich hoffte, mich auf mein Gehalt verlassen zu können und suchte einen Bankier, der mir darauf Vorschüsse gab, ich schulde ihm über 30 000 écus.«[27]

Zu Ehren der französischen Diplomaten des 17. und 18. Jahrhunderts sei erwähnt, daß sie trotz der für sie meist schwierigen materiellen Verhältnisse absolut unbestechlich waren. Dies fällt um so mehr ins Gewicht, da sie selbst Riesensummen aus Staatsgeldern für Bestechungen, für sogenannte »Freundschaftsdienste« auszugeben hatten, und sogar die Herrscher und Höfe fast aller Länder dem Geld zugänglich waren.[28]

Von dem soeben erwähnten Gesandten Feuquières in Stockholm ist bekannt, daß er, obwohl er wegen seines kostspieligen Haushaltes und seiner großen Familie in eine überaus prekäre finanzielle Lage geraten war, die ihm vom schwedischen König immer wieder angebotenen 20 000 Taler hartnäckig ablehnte. Colbert de Croissy, Bruder des Finanzministers, war Botschafter in London. Er sandte an Staatssekretär Pomponne eine Aufstellung seiner Ausgaben, um seinen Wunsch, abberufen zu werden, zu begründen. In dreieinhalb Jahren hatte er zu seinem Gehalt aus eigener Tasche 60 000 écus dazugeschossen; die Mitgift seiner Frau, einer reichen Lyoner Fabrikantentoch-

ter, schmolz nur so dahin. Er wollte und konnte finanziell nicht weiter. Allein seine Residenz, der Unterhalt der Privatkapelle, die Livréen der Diener und die fünfundsechzig Pferde verschlangen sein Gehalt zur Gänze.
Colbert de Croissy hatte sich den Botschafterposten in London nur dank der Heiratsschatulle seiner Frau leisten können. Tatsächlich spielte bei den Besetzungen diplomatischer Posten das Privatvermögen eine bedeutende Rolle. Wer die Ausgaben selbst zu bestreiten bereit war, hatte kaum Rivalen. Dennoch traf Ludwig XIV. bei seinen Ernennungen so etwas wie eine Auslese, zumindest im Vergleich zu den chaotischen Zuständen, welche die Wahl der Diplomaten in den übrigen Ländern kennzeichnete. Ludwig bevorzugte für Rom, Wien und Madrid entweder »Grand seigneurs«, – Angehörige großer Familien –, oder Männer des Degens. Nach Venedig, Holland und in die Schweiz entsandte er lieber Rechtsgelehrte, nach Konstantinopel bald diese, bald jene. Was auffällt, ist die geringe Anzahl von Geistlichen im Verhältnis zu Rechtswissenschaftlern und Militärs. Ein diplomatischer Auftrag gab keinen Anspruch auf Beförderung oder eine darauffolgende weitere Verwendung als Abgesandter; ein Jurist kehrte normalerweise in die Verwaltung oder in sein Büro zurück, ein Offizier zu seinem Regiment. Wegen der unleidlichen materiellen Probleme fand man oft keinen Anwärter für einen Posten. Callières beklagt sich eindringlich, daß in Frankreich »die guten Vertreter überaus rar seien«.
Vielleicht aus dieser Sorge heraus wurde in Paris 1712 das erste Mal in der Geschichte eine Art Diplomaten-Akademie, eine »Académie Politique«, ins Leben gerufen, in der zwölf, mit einem Stipendium ausgestattete junge Leute eine Fachausbildung erhielten. Aber aus diesen »Messieurs du Cabinet« wurde keine neue Botschaftergeneration. Die Académie war ein Versager und wurde wenige Jahre später aufgelöst, die Idee scheint verfrüht gewesen zu sein. Attachés und sonstige Mitarbeiter blieben auch weiterhin Privatangestellte des Botschafters, wurden von ihm bezahlt und speisten an seiner Tafel.

In anderen Staaten hing, wie bereits gesagt, unabhängig von Herkunft und Vorbildung die Ernennung zum Abgesandten nach wie vor meistens vom Zusammentreffen verschiedener Umstände oder vom Zufall ab. Die allgemein verbreitete Vorstellung, die diplomatische Laufbahn wäre schon damals dem Adel vorbehalten gewesen, stimmt nicht, nicht einmal für Frankreich, wo, wie wir sahen, das erstemal ein bewußteres Augenmerk auf die Auswahl gerichtet wurde. Einer der rührigsten englischen Gesandten des 18. Jahrhunderts, Joseph Ewart, war Sohn eines schottischen Pastors und hatte Chirurgie studiert. Der bekannteste Vertreter Brandenburgs in London war des Kurfürsten Hofpoet. Der österreichische Gesandte Baron von Thugut stammte aus einer Schifferfamilie und brachte es sogar zum Nachfolger von Staatskanzler Kaunitz. Die Eltern des – adoptierten – Grafen Florimund Mercy-d'Argenteau waren unbekannt, Mercy-d'Argenteau war jahrelang Botschafter in Paris gewesen und von der Kaiserin Maria-Theresia zum Mentor Marie-Antoinettes bestellt worden.
In Rußland ging es zu wie im Märchen. Ein Deutscher, der Dick hieß, russifizierte seinen Namen zu Tolstoij. Als Gesandter in der Türkei gelang es ihm, den Zarewitsch, der von seinem Vater, Peter dem Großen, geflohen war, aufzuspüren und heimzuführen, er wurde dafür mit immensen Gütern und dem Grafentitel belohnt. Ein Herr Jagusinski – polnischer Abstammung – verdankte seiner Trinkfestigkeit und seiner Gewandtheit im Tanzen mehrere Gesandtschaften und wurde schließlich zum Grafen erhoben. Ein Offizier der russischen Marine, der in Konstantinopel den Bau eines Schiffes zu überwachen hatte, wurde dort zum Gesandten bestellt, weil gerade niemand anderer zur Hand war.
Sagenhaft klingt auch der Werdegang zweier russischer Außenminister, die ebenfalls durch eine Zufalls-Diplomatenlaufbahn emporgekommen waren. 1747 versuchten einige Höflinge aus politischen Gründen einen neuen Günstling in das Bett der Zarin Elisabeth zu schmuggeln. Der Auserkorene, ein bildschöner, fünfundzwanzigjähriger Kornett im Garderegiment

zu Pferd, wurde mit präzisem Auftrag im Schlafgemach der Kaiserin hinter ihrem »cabinet de toilette« versteckt. Leider schlief er dort während der Wartezeit ein. Nach dieser Blamage konnte er nicht länger am Hof bleiben, und Außenminister Bestuschew, Anstifter der Bettintrige, schickte ihn als Gesandten nach Konstantinopel. Damit begann die Karriere des Grafen Nikita Iwanowitsch Panin, des späteren Außenministers von Katharina II.

Nach Panins Tod ging das Außenministerium an Alexander Bezborodko über, der seinen schwindelerregenden Aufstieg wiederum den köstlichen, kleinen russischen Pfannkuchen, den Blini, verdankte. Während eines Déjeuners benötigte Kaiserin Katharina die Dienste eines Sekretärs und ließ den Herbeigeholten an ihrem Tisch Platz nehmen. Vor Schüchternheit und Aufregung brachte der junge Mann kein Wort hervor, er saß nur lahm und stumm, – bis man die Blini auftrug. Ihr Anblick machte ihn plötzlich lebendig, er strahlte dermaßen übers ganze Gesicht, daß die Kaiserin herzlich lachen mußte. Zunächst zu ihrem Privatsekretär bestellt, rückte Bezborodko bald zum General und zum Gesandten auf, und über die Diplomatie zum Außenminister.

Trotz aller Ungereimtheiten und den oft schwierigen Verhältnissen bildeten sich im Laufe der Zeit die ersten Fachleute für den diplomatischen Dienst heraus, und zwar in Eigenregie, durch Nepotismus. Die seltsame Faszination dieser Tätigkeit, die jeden, der einmal davon gekostet hat, nicht mehr losläßt – die Gründe dafür sind seit Urbotschafter Wuwu unverändert geblieben – weckten scheinbar den Wunsch, die eigene diplomatische Vergangenheit samt den gesammelten Kenntnissen und Erfahrungen an den Sohn oder an andere Familienangehörige weiterzugeben. So entstanden zwischen dem 16. und 17. Jahrhundert regelrechte Diplomatendynastien. Die Familie der Granvellas glänzte zur Zeit Karls V., Vater und Sohn de Brienne dienten Ludwig XIII. und Ludwig XIV., ebenso wie die großartige Sippe der Colberts. Die Raynevals hielten sich sogar von Ludwig XV. bis Napoleon III.

Noch dauerhafter und berühmter war die österreichische Diplomatendynastie Kaunitz-Metternich. Großvater Graf Kaunitz war bereits ein ausgezeichneter Diplomat unter Kaiser Leopold I. Als Gesandter in München brachte er 1686 den Kurfürsten dazu, an der Befreiung Wiens aktiv teilzunehmen, schloß 1697 mit Ludwig XIV. den Frieden von Ryswick und starb als erster Minister des Reiches. Sein Sohn war Gesandter an mehreren deutschen Höfen sowie in Rom und Madrid, – in Madrid haben sich übrigens im Laufe der Zeit nicht weniger als sieben Mitglieder der Familie Kaunitz als Diplomaten betätigt. Er war der Vater des großen Fürsten Wenzel Anton Kaunitz, der sich als Gesandter in Paris ganz besondere diplomatische Lorbeeren geholt hatte und danach zum unentbehrlichen Staatsmann Maria-Theresias wurde. Auch zwei seiner Söhne schlugen die diplomatische Laufbahn ein. Seine Enkelin Eleonore heiratete einen jungen Rheinländer, den Grafen Clemens von Metternich, und brachte diesem als Mitgift die Gesandtschaft in Dresden. Dort, als Gesandter am sächsischen Hof, begann die welthistorische Laufbahn des späteren Fürsten und österreichischen Staatskanzlers Metternich. Metternichs Sohn war Botschafter in Paris und hatte die berühmte »häßliche Schöne« Fürstin Pauline zur Frau. Da noch während des letzten Krieges an der deutschen Botschaft in Madrid ein Metternich amtierte, kann man ruhig sagen, daß diese Diplomatendynastie drei Jahrhunderte der europäischen Geschichte überbrückt hatte.

## Der Kampf um den Vorrang

Was damals all die von Prunk strotzenden Botschafter und Gesandten außer dem Ruhm und dem Glanz ihrer Souveräne noch übermittelten, war das getreue Abbild der Machtstreitigkeiten ihrer Herren untereinander. Jeder Abgesandte war für die »Position« seines Herrschers persönlich verantwortlich und so ging zwischen ihnen der Kampf um den Vorrang bis aufs Messer.

Die Problematik dieser Konkurrenz war freilich nicht neu. Frühzeitig schon bürgerte sich an allen europäischen Höfen eine Art Rangordnung der Staaten ein, das heißt, eine Rangordnung der regierenden Herren und damit der Diplomaten, die sie vertraten. Leider beruhte diese auf dem zweifelhaften Grundsatz, den Abgesandten größerer Herrscher stünde der Vortritt vor denen der kleineren Herrscher zu. Wer aber sollte und konnte bestimmen, welcher der bedeutendere war oder gar, worin seine Größe bestand? So hörten denn die Rangstreitigkeiten nie auf.

Niemand bestritt, daß der erste Platz dem Papst und seinen Abgesandten gebühre, und der zweite dem Kaiser des Heiligen Römischen Reiches. Auch wurde es zur Gepflogenheit, dem französischen König den dritten Platz und somit den Vortritt vor allen Königen und Fürsten zu gewähren. Nach der Abdankung Kaiser Karls V., als sich der Schwerpunkt des nun zweigeteilten Habsburgerreiches vorerst nach dem Madrider Königshof verlagerte, kam es zwischen Frankreich und Spanien zu regelrechten Feindseligkeiten, da nun beide Monarchen den dritten Rang, den nach dem Papst und dem Kaiser, für sich beanspruchten. Diese Protokoll-Streitigkeiten dauerten hundert Jahre, so lange, wie der Kampf um die Vorherrschaft in Europa. Die Zwistigkeiten flammten mit einer gewissen Regelmäßigkeit immer wieder vor allem in Rom auf, wo bald ein spanisch, bald ein französisch gesinnter Papst auf Petris Stuhl saß; es kam aber nie zu einer eindeutigen Entscheidung. In England hingegen, in Venedig und in der Türkei gewannen die Franzosen die Oberhand.

Die entscheidende »Schlacht« wurde schließlich in London geschlagen. Die Nachricht davon erreichte Ludwig XIV. abends, als er beim Diner saß. Der König geriet über das Vernommene in derartige Erregung, daß er die Tafel beinahe umwarf. Er ließ die diplomatischen Beziehungen mit Madrid sofort abbrechen. Ein Krieg drohte. Was hatte sich eigentlich ereignet? Dem spanischen Botschafter in London war es gelungen, seinem französischen Kollegen für einige Stunden den Vorrang abzulaufen.

Den Anlaß zu dem grotesk-tragischen Zwischenfall – es blieben Tote auf der Strecke – bot die Ankunft eines neuen schwedischen Botschafters an der Themse. Den Gepflogenheiten gemäß schickten alle in London beglaubigten Diplomaten ihre Equipagen zu seinem Empfang, damit diese, streng nach dem Rang gereiht, am Ehrengeleit des Ankommenden teilnahmen. Baron de Vateville, der spanische Gesandte, glaubte diese Gelegenheit für einen heißersehnten protokollarischen Vorstoß ausnützen zu können und ließ zu diesem Zweck seinen Wagen von einer Unzahl bewaffneter Diener und einer Horde eigens angeheuerter Burschen aus dem Volke begleiten – dieses »Ehrengefolge« soll sich auf zweitausend Personen belaufen haben. Der Franzose, Graf d'Estrades, ahnte vom Plan seines spanischen Kollegen nichts, und so waren seine Leute, als die Karossen aufeinanderprallten, völlig überrumpelt. Ein regelrechter Straßenkampf entbrannte, an dem die Londoner Bevölkerung, die im Grunde ihres Herzens die Franzosen nicht ausstehen konnte, begeistert teilnahm. Als sich die Keilerei endlich gelegt hatte, sah man die Spanier, vom Jubel der Menge begleitet, davonfahren – und im Festzug den Platz der Franzosen einnehmen. Vor Graf d'Estrades zertrümmerter Karosse verendeten indessen die Pferde blutüberströmt und mit durchschnittenen Sehnen, zwei seiner Kutscher und mehrere Lakaien waren erschlagen oder erstochen worden und, wie auf einem Schlachtfeld, lagen jammernde und röchelnde Verletzte herum.

Ludwigs Drohungen in Madrid waren so massiv, daß sich König Philipp II., der sich damals keinen Krieg leisten konnte, gezwungen sah, eine Sondergesandtschaft nach Paris zu entsenden, um sich dort zu entschuldigen und, wenn auch verklausuliert, Spaniens protokollarischen Vorrang an Frankreich abzutreten. Seit diesem demütigenden Tag erschien kein spanischer Gesandter mehr bei einer offiziellen Veranstaltung, an dem auch sein französischer Kollege teilnahm. Nur der Wiener Hof weigerte sich, Frankreichs Préséance vor Spanien anzuerkennen, worauf sich Paris ausschließlich durch Gesandte niedrigeren Ranges beim Kaiser vertreten ließen.

Gaben schon die Großmächte der Rangfolge solch eine Bedeutung, so kann man sich vorstellen, wie sich die Abgesandten kleinerer oder erst emporkommender Staaten gebärdeten, für die jeder Schritt nach »vorne« Prestige und Selbstbestätigung bedeutete.

Die Vertreter des Kurfürsten von Brandenburg und die von Venedig zum Beispiel waren im 17. Jahrhundert so verfeindet, daß man sie unmöglich im gleichen Raum empfangen konnte. Den Grund dazu hatte ein ebenfalls in London ausgetragener, diesmal glücklicherweise unblutiger Etiketten-Kampf geliefert, der jeder Vaudeville-Posse Ehre machen würde. Als König Jakob II. den Thron bestieg, wollte bei der Glückwunschaudienz der brandenburger Gesandte unbedingt vor dem venezianischen Gesandten an die Reihe kommen, weil der Kurfürst einer Republik keinen höheren Platz als seinen eigenen zuzugestehen gewillt war. Einen heftigen Streit darüber konnten Diplomatenkollegen dahingehend schlichten, daß sich der Venezianer und der Brandenburger das Wort gaben, jener würde den Vortritt haben, der sich am Gratulationstag als Erster im Vorraum des Thronsaales einfinden werde. Der Morgen graute noch kaum, als der Venezianer seinen Wagen bestieg und sich, verschlafen aber selbstzufrieden, in Richtung des Palais in Bewegung setzte; er war sich seiner Sache sicher, die Sterne standen noch am Himmel. Man stelle sich seine Bestürzung und Wut vor, als er im königlichen Vorraum, in einem Armsessel dösend, die Füße bequem vor sich hingestreckt, den Brandenburger vorfand. Dieser hatte die Nacht dort verbracht. Als dann der Thronsaal für den feierlichen Empfang geöffnet wurde, drängten sich beide Gesandte gleichzeitig durch die Türe, begannen beide auf einmal, schon von weitem und einander überschreiend, ihre Rede zu deklamieren, – bis dem Brandenburger die Geduld riß und er zur Tat überging. Ohne das Gesicht vom König abzuwenden und ohne in seiner Ansprache innezuhalten, packte er den venezianischen Gesandten behend am Hosenboden und schleuderte ihn mit solcher Wucht nach rückwärts, daß dieser kaum wieder auf die Beine kam; währenddessen beendete der Brandenburger seine Rede in bester Haltung und erhielt »wegen seiner geschickten Entschlossenheit des Königs und des ganzen Hofes Beifall«.

In Den Haag begegneten sich zwei Gesandte in ihren Equipagen in einer engen Straße. Da keiner dem anderen ausweichen wollte, ließ man am Wegrand die Zäune niederreißen, damit sie aneinander vorbeifahren konnten.

Diese Lösung war auf der Moldau-Brücke in Prag freilich nicht anzuwenden. Dort trafen sich zur Zeit Kaiser Rudolf II. zufällig zwei Gesandte rivalisierender italienischer Städte, und da keiner dem anderen Platz machte, blieben sie den ganzen Tag einander gegenüber stehen.

Die menschliche Eitelkeit kennt keine Grenzen, auch keine geographischen. Gesandter McCartney war 1799 nach China geschickt worden, um dem chinesischen Kaiser zu seinem achtzigsten Geburtstag die Glückwünsche des englischen Königs zu überbringen. Diese Gratulationstour war natürlich nur ein Vorwand, in Wirklichkeit sollte der Gesandte Handelsbeziehungen mit China anknüpfen. Sie kamen nicht zustande, weil sich der englische Gesandte weigerte, bei der Audienz, wie es von ihm verlangt wurde, vor dem Himmelssohn am Boden zu liegen und ihm die Hand zu küssen. Nach langen Verhandlungen gelang dem Engländer ein protokollarischer Kompromiß: gleichzeitig mit seinem Kotau vor dem Kaiser sollte ein ihm gleich hoch gestellter chinesischer Beamter einen Kotau vor einem Bild Seiner englischen Majestät machen. Doch der britische Stolz ließ McCartney noch immer nicht ruhen und schließlich erreichte er es, weder den Kotau noch den Handkuß leisten zu müssen. Damit aber hatte er ausgespielt. Von Handelsbeziehungen war keine Rede mehr, und nachdem man die wertvollen Geschenke des englischen Königs als Tributzahlung anzunehmen geruht hatte, entließ man den Gesandten mit eisiger Miene. Seine Mission war beendet. Dabei war Chinas Haltung völlig normal; nach wie vor betrachtete sich das Reich der Mitte als die Mitte der Welt und alle anderen Völker als barbarische Untertanen. Es ist interessant zu wissen, daß die Engländer, als sie mit den Chinesen die ersten Handelsbeziehungen aufnahmen, sich zu deren tributpflichtigen Vasallen erklären mußten, denn China war nur gegenüber unterstellten Ländern zu Gegenleistungen bereit. Ihm gleichberechtigte Staaten gab es nach seiner Auffassung nicht.

An die Etikette-Schwierigkeiten, die Gesandter Herberstein in dem damals finsteren Rußland zu meistern hatte, erinnern wir uns noch. Als dann die Russen als aktive Teilnehmer in der abendländischen Diplomatengesellschaft erschienen, ergaben sich dadurch sofort neue und ernstliche Zwistigkeiten. Peter der Große beanspruchte nämlich, sich auf die westliche Übersetzung des slawischen Wortes »Tzar« mit »Kaiser« berufend, den Kaisertitel, und die Auseinandersetzungen um seine Rangfolge wurden oft mit dem Degen ausgetragen. Im Jahre 1768 kletterte der französische Gesandte bei einem Hofball in London, als er merkte, daß sich der russische Gesandte auf einen der vorderen Sitze direkt neben den Vertreter Maria-Theresias setzte, über die Bänke und die dort Sitzenden und zwängte sich zwischen den Österreicher und den Russen. Die Folge davon war ein Duell, bei dem der Russe schwer verletzt wurde.

Die Rangstreitigkeiten komplizierten auch die Unterzeichnung internationaler Verträge, da keiner der Gesandten seinen Namen unter oder hinter die seiner Partner setzen wollte. Man verfiel auf den Ausweg, die Verträge in Kreisform zu unterschreiben, oder aber so viele Vertragsexemplare auszufertigen, daß jeder einmal als Erster signieren konnte.

Erstaunlich spät, erst 1815 beim Wiener Kongreß, kamen die europäischen Staatsmänner auf eine für alle Staaten annehmbare, in den Grundzügen bis heute gültige Lösung des Vorrangproblems. Sie beruht auf der »Anciennität«; die am längsten im Empfangsstaat beglaubigten Missionschefs haben Vorrang vor den spätergekommenen. Entscheidend ist das Datum und der Zeitpunkt der Überreichung des Beglaubigungsschreibens.[29] Diese Rangordnung wird so genau befolgt, daß ein Botschafter, der dem Staatsoberhaupt des Gastlandes sein Beglaubigungsschreiben auch nur eine halbe Stunde vor dem Botschafter eines anderen Staates überreicht hat, bei allen offiziellen Anlässen vor diesem den Vortritt hat und bei Tisch einen höheren Platz einnimmt. Diese gerechte und einfache Regelung war das Ei des Columbus, sie schließt die Konkurrenz der Großmächte untereinander ebenso aus, wie die Benachteiligung kleiner Staaten.

## »Was dem Menschen die Sprache, sind den Staaten die Gesandtschaften«

Die für unsere Begriffe sinnlose Schaustellung von Macht und Prestige, mit der das 17. und 18. Jahrhundert die Staatsgeschäfte umgab, läßt uns nach der tatsächlich geleisteten Arbeit der Diplomaten fragen. Was vollbrachten diese Männer wirklich, die sich auf der internationalen Bühne wie pompöse Akteure bewegten?
Nun, Vieles und Wichtiges. Es ist bestimmt nicht übertrieben zu behaupten, daß geniale Diplomaten vor allem dieser Zeit und auch noch des 19. Jahrhunderts das europäische Bild weitgehend mitbestimmten. Kaunitz wurde mit Recht »der Kutscher Europas« genannt, und die Bedeutung eines Metternich, Talleyrand oder Bismarck zu erörtern, erübrigt sich. Im allgemeinen kann man die eben ausgesprochene Frage mit einem einzigen Satz beantworten, der gleichzeitig die Arbeit auch aller jener Diplomaten kennzeichnet, die nicht wie die ganz großen in die Geschichte eingegangen sind. Der Ausspruch

stammt von Paschalius, einem Franzosen aus dem Jahre 1600 und besitzt für die Diplomatenarbeit aller Zeiten Gültigkeit: »Was dem Menschen die Sprache ist, sind den Staaten die Gesandtschaften.«

Dieselben Probleme, welche die Menschen in ihrem Alltagsleben untereinander zu regeln haben, sind, in anderen Größenverhältnissen, auch die Probleme der Staaten. In deren Relationen heißen sie dann aber nicht Familie, Lebensunterhalt, Bildung, sondern Politik, Wirtschaft und Kultur – und Streit und Versöhnung werden zum Krieg oder Frieden. Das Erkunden und Abwägen, Vermitteln und Unterhandeln all dieser Gebiete auf internationaler Ebene war – und ist – die Aufgabe der Diplomaten. Dieses heikle und verantwortungsvolle Werk ging seit eh und je hinter einem Vorhang von Äußerlichkeiten vor sich. Der Vorhang, einmal zerfetzt, ein andermal golden, hier aus Papier und dort aus Eisen, wechselte mit den Zeiten. Die Arbeit in ihren Grundzügen kaum, sie wurde in dem Maße, in dem in der Moderne die Probleme komplizierter wurden, höchstens vielfältiger und auch anders gelagert als einst.

Da wir aber nicht über die Entwicklung der Diplomatie sprechen, sondern eher etwas über die Nachfolger Urbotschafter Wuwus erfahren wollen, kehren wir lieber zu einem ihrer Stars zurück, zu Kaunitz, dem »Kutscher Europas«.

Nachdem der junge Kaunitz die diplomatische Bühne Europas betrat, brach er in kurzer Zeit die Vorherrschaft der französischen Diplomatie. Dieses Meisterwerk, das er als Gesandter Kaiserin Maria-Theresias in Paris still und umsichtig vorbereitete, war ein vollkommenes »renversement des Alliances«, eine Umschichtung der Großmachtbündnisse Europas; es war nicht mehr und nicht weniger als ein Bündnis der Bourbonen mit dem Ur- und Erzfeind, mit dem Hause Habsburg. Frankreich wurde zu Österreichs Verbündetem gegen Preußen und übernahm einen großen Teil der Ausgaben des siebenjährigen Krieges. Bei der Vorarbeit dieses totalen politischen Umschwunges bediente sich Kaunitz der Marquise de Pompadour, die das

Bett mit Ludwig XV. nur zwei Jahre hindurch, die Regierungsgeschäfte aber ihr Leben lang mit ihm teilte. Die Krönung der Diplomatie Kaunitz' war die Heirat Marie-Antoinettes mit König Ludwig XVI.

Wenn ein Genie auch noch eine gekonnt extravagante Persönlichkeit zur Schau trägt, ist ihm die Aufmerksamkeit und Bewunderung der Umwelt sicher. Kaunitz, ein wirkliches Genie und eine der bedeutendsten Persönlichkeiten seiner Zeit, erlangte durch seine teils echten, teils wohlberechneten Skurilitäten einen geradezu mystischen Ruf. Er bemühte sich niemals um jemanden und trug allen, auch Fürsten gegenüber, die größte Gleichmut zur Schau. Sogar Kaiser Joseph II. mußte ihn manchmal persönlich aufsuchen, mehr noch, als 1782 Papst Pius VI. zum Kaiser nach Wien kam, erschien Kaunitz nur zur Begrüßung. Danach blieb er allen päpstlichen Festivitäten fern, so daß der Heilige Vater – der Kaunitz' schrankenlose Macht kannte und ihn brauchte –, um den Kanzler überhaupt zu treffen, diesem schließlich einen Besuch abstattete. In den seltenen Fällen, in denen sich Kaunitz in der Öffentlichkeit zeigte, schockierte er die Gemüter. Nicht nur, weil er gewöhnlich überall, sogar zum Hochamt, zu spät kam, sondern weil er sich im Gehaben und auch in der Kleidung über alle Konventionen hinwegsetzte. In »grande parure« mit Degen erschien er nicht einmal bei Hof und trug mit Vorliebe schwarz. In seinem schwarzen Jaquette, den schwarzen Kniehosen, schwarzen Strümpfen und schwarzen Schuhen mit goldenen Schnallen und mit seinen überaus gepflegten Locken sah er wie ein sehr distinguierter, etwas düsterer Schauspieler aus. Alles Französische liebte er. Die Kleidung war ihm während seines ganzen Lebens von besonderer Wichtigkeit, nicht selten wechselte er seine Toilette zwanzig- bis dreißigmal am Tag. Um seine Perücke besonders gleichmäßig zu bepudern, schritt er durch eine Reihe von Dienern auf und ab, die ihm Puderwolken zufächerten. Vor der frischen Luft hatte er ebenso große Angst wie vor den Pocken. Mußte er einige Schritte im Freien tun, hielt er sich, um eine Ansteckung zu vermeiden, ein parfümiertes Taschentuch vor den Mund. Betrat er die Räume der Hofburg, beeilte sich alles, sogar Maria Theresia, Fenster und Türen zu schließen. Seine Vorleser und Sekretäre erhielten von ihm die schriftliche Anweisung, in seiner Gegenwart nie den Tod oder die schwarzen Blattern zu erwähnen. Dieser Befehl wurde so respektiert, daß niemand wagte, ihm die Nachricht vom Ableben Maria Theresias zu überbringen. Da er den Anblick eines kranken Menschen nicht ertragen konnte, besuchte er den dahinsiechenden Kaiser Joseph II. während der drei letzten Jahre bis zu dessen Tode kein einziges Mal. Die beiden Männer, die das Kaiserreich regierten, verkehrten während dieser politisch sogar sehr kritischen Zeit nur schriftlich miteinander. Als Gesandter in Brüssel und Paris lebte er mit Kurtisanen und Sängerinnen und kümmerte sich nicht um die Meinung der anderen. Er setzte dieses Leben trotz der sittenstrengen Kaiserin auch in Wien seelenruhig fort, als er im Alter von 42 Jahren zum Ersten Minister Maria Theresias – mit beinahe uneingeschränkten Machtbefugnissen – ernannt wurde. Kaunitz nahm, wenn er in die Hofburg fuhr, seine Mätressen bis zum Burgtor mit und ließ sie dort im Wagen auf sich warten. Dieser Lebenswandel gefiel der frommen Landesmutter gar nicht. Als sie ihm darüber einmal Vorhaltungen machte, erwiderte Kaunitz kühl: »Madame, je suis venu ici, pour parler des affaires de votre Majesté et non des miennes.«* Und die Kaiserin schwieg. Sie zitterte, daß Kaunitz von seinem Amt zurücktreten könnte. Damit drohte er des öfteren, besonders wenn seine Eitelkeit verletzt war, um sich dann freilich wieder zum Einlenken bewegen zu lassen. Maria Theresia hing an ihrem Kanzler, vertraute ihm und bewunderte ihn, sie hielt Kaunitz für den größten Staatsmann und war ihm für seinen unerschütterlichen Beistand aufrichtig dankbar. »Für alles Große in meinem Reich und alles Gute in meiner Familie habe ich Ihnen zu danken«, sagte sie einmal zu ihm.

Die schmale, schwarzgekleidete Gestalt mit den kaltblickenden

---

* »Madame, ich bin hierhergekommen, um über die Angelegenheiten Eurer Majestät zu sprechen, und nicht über die meinen.«

blauen Augen und der undurchdringlichen Miene stand Jahrzehnte hindurch wie ein eherner Pfeiler neben dem Throne der Habsburger. Mit kühlem und berechnendem Verstand widmete er sein ganzes Leben der Aufgabe, das »Erhabene Haus Österreich«, wie er es nannte, groß zu machen, und vertrat – wie Richelieu, dem er überhaupt in manchem ähnelte – das Prinzip der absoluten Monarchie. Unter Kaunitz' Führung war Österreich mächtiger und angesehener als je zuvor, und wenn Metternich, der nächste geniale Diplomat danach Europa vier Jahrzehnte hindurch zu beherrschen vermochte, so nur, weil er die Früchte von Kaunitz' Arbeit ernten konnte.

Was haben diese Staatsmänner in der Reihe unserer Diplomaten und der Diplomatie zu tun? Alles. Sie begannen ihre Laufbahn als Abgesandte, brachten als solche umwälzende außenpolitische Änderungen zustande – das Ergebnis der dreijährigen Tätigkeit des jungen Kaunitz als Gesandter in Paris bezeichnen die Geschichtsschreiber als »die diplomatische Revolution« – und betrachteten sich stets der Außenpolitik verschrieben. Vor allem aber waren und blieben sie ihrem Wesen, ihrem Intellekt und den von ihnen angewandten Methoden nach ihr Leben lang Diplomaten, und zwar vollkommene.

Die meisten der Kaunitz'schen Extravaganzen sind nur als jener Pfeffer anzusehen, den hervorragende Persönlichkeiten gerne gebrauchen, um sich von der Masse der Allgemeinheit noch mehr zu unterscheiden, weil sie wissen, daß es ihnen »gut steht« – und weil sie es sich leisten können. Hinter den Exzentrizitäten wirkte indessen ein Mann von unerhörtem Scharfsinn und logischem Denken, gelassene Überlegenheit paarte sich bei Kaunitz mit Fingerspitzengefühl, mit Sinn für Maß, einem großartigen psychologischen Einfühlungsvermögen und ernster, fleißiger Arbeit. Er begann am späten Vormittag im Bett sitzend seine Tätigkeit, ließ sich alles vorlesen, diktierte und signierte methodisch, präzise und klar zahllose Schriftstücke bis in den Abend hinein. Nicht einmal wenn er erregt war, beschleunigte er seine bedächtige Sprache. Alles um ihn muß in pedantischer Ordnung ausgerichtet liegen.

Das Überraschendste und vielleicht Bemerkenswerteste an Kaunitz' Persönlichkeit aber war, daß er sich, obwohl sein Glaube an den Absolutismus unerschütterlich feststand, als ein Mann seiner Zeit bewies, der die Aufklärung voll begriff und sie weitgehend begrüßte. Schon während der Regierung der Kaiserin dürfte der allmählich alternde Kanzler mit dem Herzen auf der Seite des unglaublich fortschrittlichen Mitregenten gestanden sein, und als Joseph II. die Herrschaft übernahm, unterstützte der damals bereits Einundsiebzigjährige die stürmische Politik und die Reformen des Kaisers mit bremsender, überaus kluger Mäßigkeit. Auch Joseph vertraute Kaunitz völlig, während seiner Reisen übergab er ihm sogar die Regentschaft des Reiches. Kein Zweifel, daß die vielfach verhaßten Neuerungen dieser beiden liberalen Freigeister, obwohl sie eine beträchtliche Beunruhigung auslösten, letztlich die Habsburger davor bewahrt haben, das Schicksal der Bourbonen zu erleiden. Denn wenig später fielen in Paris die Köpfe Ludwigs XVI. und Marie-Antoinettes unter der Guillotine.
An der Schwelle dieser Zeit stehen, wie Bilder aus einem Programmstück der Aufklärung, die ungewöhnlichen Szenen, die sich Kanzler Fürst Kaunitz während des Papstbesuches in Wien leistete.
Am 22. März 1782 zog Pius VI. von einer riesigen, jubelnden Menschenmenge begrüßt, feierlich in Wien ein. Er kam, um den antiklerikalen Kaiser, der drastische Kirchenreformen und die Glaubensfreiheit aller Religionen verfügt hatte, von seinem Irrweg abzubringen. Kaiser Joseph II. ärgerte sich sehr, daß seine Untertanen zu Tausenden zum Empfang »dieses fremden Potentaten« geströmt waren und ihn wie im Delirium willkommen hießen. Als der Kardinal-Erzbischof ihn fragte, ob man die Kirchenglocken zur Begrüßung läuten dürfe, antwortete er trocken: »Warum nicht? Die Glocken sind doch Ihre Artillerie!« Der päpstliche Zug erreichte um drei Uhr nachmittags die Hofburg. Der Kaiser half dem Heiligen Vater aus dem Wagen und geleitete ihn in den großen Empfangssaal, der für diese Gelegenheit eigens in Violett und Silber ausgeschla-

gen war. Unter einem Baldachin wartete ein prächtiger Thron. Der ganze Hof trug Gala, an seiner Spitze stand, mit undurchdringlichem Gesichtsausdruck, der alte Kaunitz. Die Flügeltüren öffneten sich und der Papst erschien, eine große, besonders gut aussehende, imposante Gestalt, schneeweiß gekleidet, mit einem roten Samtmantel um die Schultern. Der Pontifex breitete segnend die Arme aus. Alle Anwesenden fielen auf die Knie, alle – außer Kaunitz. Der Kaiser stellte seinen Kanzler, der keine Miene verzog, Pius vor, worauf ihm der Papst die Hand zum Kusse bot. Ungerührt, ohne ein Lächeln, ergriff Kaunitz die ausgestreckte Hand, schüttelte sie fest und rief, als stünde irgendein Bekannter vor ihm: »Ich begrüße Sie von ganzem Herzen, von ganzem Herzen!«

Papst Pius VI. bekam wenig Gelegenheit, mit dem Kaiser über Politik zu sprechen. Der enorme persönliche Triumph, den er bei der Bevölkerung davontrug, besaß keinen politischen Wert. Als der Papst sah, daß er mit seinem Besuch bei Kaiser Joseph nichts erreichen würde, entschloß er sich, den einzigen Mann aufzusuchen, der Macht genug besaß, um ihm helfen zu können, nämlich Kaunitz. So kam die berühmte Visite des Heiligen Vaters beim alten Kanzler in dessen Mariahilfer Palais zustande. Sie fiel verheerend aus. Anstatt ihn bei der Wagentüre zu empfangen, wie es sogar der Kaiser tat, sandte ihm der Fürst seine Söhne entgegen. Er selbst erwartete im blauen Staatsfrack den Pontifex in seinem Arbeitszimmer und ging, als der hohe Gast eintrat, diesem mit keinem einzigen Schritt entgegen, auch die Knie beugte er nicht. Der betroffene Papst stand eine Weile zögernd da, schließlich nickte er und nahm seinen Hut ab. Kaunitz tat das gleiche. Als daraufhin Seine Heiligkeit das Haupt wieder bedeckte, setzte auch Kaunitz seinen Hut auf. Das war eine furchtbare Beleidigung, zumal ein protestantischer Gast des Kanzlers, der holländische Graf Wassenaer, Zeuge der Szene war.

Der Kanzler warf Pius VI. einen Blitz aus seinen stahlblauen Augen zu und murmelte, er wäre gezwungen, den Hut aufzubehalten, weil er am Kopfe empfindlich sei. Das eines Voltaire würdige Bonmot erfaßte der entgeisterte Papst gar nicht, sondern begann sofort mit seiner Moralpredigt. Kaunitz unterbrach ihn kühl und fragte, ob sich der Heilige Vater für Kunst interessierte, dann nahm er, ohne die Antwort abzuwarten, den fassungslosen Pius VI. beim Arm und schob ihn in seine Bildergalerie, wo er ihm weitschweifig die Prachtexemplare seiner Sammlung erklärte.

## Der Schwanengesang der hohen Staatskunst

Die Französische Revolution fegte den Absolutismus weg, erschütterte alles Bestehende in seinen Fundamenten und machte auch der Diplomatie den Garaus. Denn der aus dem Schatten der Guillotine hervortretende Napoleon löste die Gewalt des Volkes durch die Gewalt des Diktats ab. Beiden waren Verhandlungen, waren Kompromisse wesensfremd, sie kannten nur den eigenen Willen. Verträge verwandelten sich im Handumdrehen zu einem Fetzen Papier. Die Diplomatie war für ein Vierteljahrhundert tot.

Als der Korse gestürzt war und sein Reich in Trümmern lag, stellte sich die unvermeidliche Reaktion auf die Zeiten der Willkür ein, die Sehnsucht nach Ordnung verlangte eine Neuorganisation Europas. Man ging unverzüglich diese Arbeit an und brachte sie fast ausschließlich auf diplomatischer Ebene zustande. Die klassische Diplomatie war auf einmal und strahlender denn je, wie ein Phoenix aus der Asche wiedererstanden. Glänzende diplomatische Unterhändler mit seither unvergeßlichen Namen entfalteten eine angespannte Aktivität, die ihren Höhepunkt im Jahre 1814–15 auf dem Wiener Kongreß erreichte.

Auf diesem – als »tanzender Kongreß«[30] verschrienen – europäischen diplomatischen Gipfeltreffen, während dem allerdings auch die Festivitäten und Amouren, die Tätigkeit von Spionen aus aller Welt und der Wiener Geheimpolizei auf Hochtouren liefen, wurde hart gearbeitet und trotz der machtpolitischen Gegensätze der verhandelnden Großmächte Ungeheueres geleistet. Nichts Geringeres als ein neugeordnetes Europa wurde dabei geboren.

Fürst Clemens Metternich, Österreichs Außenminister, großartiger Diplomat und würdiger Nachfolger Kaunitz', Frauenheld und Charmeur, führte den Vorsitz so genial, daß er nachher im europäischen Konzert noch dreiunddreißig Jahre lang den Ton angab.

Die zweite außerordentliche Diplomatengestalt des Kongresses war der »hinkende Teufel« Talleyrand, Fürst von Benevent, der Vertreter Frankreichs. Ebenfalls genial, doch schlau, zynisch und charakterlich unergründlich schillernd, hatte sich dieser vielleicht letzte Vertreter der hohen Diplomatie des »Ancien Régime« immer zur rechten Zeit den damals ständig wechselnden Regierungsformen seines Landes angepaßt. Dazu war er, ganz im Gegensatz zu Frankreichs Diplomaten-Tradition, dem Geld in einer geradezu unwahrscheinlichen Weise zugänglich. Seine erfolgreichen Dienste für völlig verschiedene politische Gesinnungsrichtungen und seine sagenhafte Bestechlichkeit trugen ihm freilich nicht nur Mißtrauen, sondern auch den Ruf eines gewissenlosen Opportunisten ein.

Das nimmt uns gar nicht wunder. Im Jahre 1780 treffen wir Talleyrand als Generalagent des Klerus an. 1788 wird er sogar zum Bischof von Autun gewählt – um 1789 als Mitglied der Generalstände den Einzug der Kirchengüter zu beantragen und den Eid auf die Zivilkonstitution des Klerus zu leisten. Daraufhin wird er mit dem Kirchenbann belegt. Zwischendurch pflegt er Verbindungen mit dem entthronten König. Er wird deshalb des Landes verwiesen, – und nach seiner Rückkehr, als Freund des allmächtigen Revolutionärs Barras, zum Außenminister bestellt. Diese Position hindert ihn nicht daran, Napoleons Staatsstreich zu unterstützen, – dem Empereur aber während dessen Eroberungskriegen aktiv zu opponieren.

Nach dem Sturz Napoleons fördert er die Rückkehr der Bourbonen. 1830 wiederum steht er der Thronbesteigung Louis-Philippes, des Bürgerkönigs, hilfreich bei und mischt noch 1830–34, als französischer Botschafter in London, fleißig die Karten der europäischen Politik mit. Kurz vor seinem Tode söhnt er sich auch noch mit der Kirche aus.
Talleyrand leistete allen seinen Herren unersetzliche Dienste. Eine seiner Stärken bestand darin, jederzeit über jede Lage stichhaltig informieren zu können. Bonaparte verachtete ihn wegen seiner Korruptheit – und ließ sich von ihm beraten. Als er von Talleyrands Umtrieben, die gegen ihn gerichtet waren, erfuhr, schrie er ihn tobend an: »Savez-vous ce que vous êtes? Vous êtes de la m . . . dans un bas de soie!«* Talleyrand schwieg. Der Kaiser brauchte ihn.
Trotz des seltsamen Zwielichtes, das seine Gestalt umgab, vertrat Talleyrand während seines ganzen Lebens und Wirkens zwei Grundsätze, an denen er unerschütterlich festhielt. Immer und unter allen Umständen war er auf das Erhalten und den Ausbau der französischen Großmachtstellung bedacht. Seine Gesinnungswechsel scheinen im Grunde genommen ein geniales Erfassen der jeweiligen Staatsnotwendigkeit gewesen zu sein. Jedenfalls haben sie Frankreich mehr genützt, als wenn er bei *einem* seiner Herren auf Biegen und Brechen ausgeharrt hätte. Und das oberste Ziel seiner Politik war immer und zu allen Zeiten, den Frieden zu bewahren. Obwohl Talleyrand seine Stellung fortwährend dazu benützte, um sein Vermögen durch allerlei wenig wählerische Mittel zu vergrößern,[31] hatte er sich doch niemals, auch nicht durch die verlockendsten Gewinnaussichten, dazu verleiten lassen, Pläne zu fördern, die ihm für den Frieden Europas abträglich schienen, oder die Frankreich hätten schaden können.
Dieser verrufene, hinkende Fürst verfügte über eine beinahe übernatürliche Kunst der Menschenbehandlung, dazu besaß er eine derart vollendete Sicherheit im Auftreten und ein so unwiderlegbares Feuerwerk von Repliken und Argumenten, daß

* »Wissen Sie, was Sie sind? Sie sind Sch . . . in Seidenstrümpfen!«

er sich meistens in kürzester Zeit zum Herrn jeder Situation aufschwang. Beim Wiener Kongreß brachte er es fertig, sein geschlagenes Land, Ursache allen Übels in Europa, zu einem fast gleichberechtigten Partner der verhandelnden Großmächte zu erheben.

Träger weiterer großer Namen, wie Fürst Hardenberg und Freiherr von Humboldt, die Preußen vertraten, Lord Castlereagh und der Herzog von Wellington aus Großbritannien, Rußlands Fürst Rasumofsky und die besten diplomatischen Vertreter der meisten übrigen europäischen Länder sowie die Anwesenheit sechs gekrönter Herrscher sorgten dafür, daß der Wiener Kongreß zum Höhepunkt der klassischen politischen Diplomatie Europas wurde.

Rückblickend gesehen, war es aber auch ihr Schwanengesang. Gewiß, Metternichs am Wiener Kongreß etabliertes »System«[32] erhielt noch hundert Jahre hindurch das Gleichgewicht in Europa. Die gekrönten Häupter ragten wieder, und für lange, aus der Ebbe und Flut der Tagespolitik, – die sich indessen zunehmend komplizierte. Die neue Idee der Volkssouveränität war eben nicht mehr aus der Welt zu schaffen. Den Absolutismus lösten die konstitutionellen Monarchien ab.

Das Bild Europas, ja der ganzen Welt, veränderte sich unaufhaltsam und mit Riesenschritten. Dampfschiff und Lokomotive, Photographie und Telegraph kündeten eine neue Zeit an, in der Handel und Industrie ungeahnte Ausmaße annahmen. Immer mehr Fabrikschornsteine wuchsen empor und vermehrten eine neue soziale Schicht, das Arbeiterproletariat. Marx und Engels wirkten. Die Gier nach kolonialer Ausdehnung wuchs. Amerika rückte immer näher. Auf dem Kontinent waren die nationalistischen Töne vieler Länder und Völker nicht mehr zu überhören.

Wie fanden sich in dieser verwickelten, materialistischen und rationalisierten Welt Urbotschafter Wuwus Nachkommen zurecht?

Eigentlich müßte man die Frage ganz anders stellen: wie kamen die Staaten und Regierungen, die nun untereinander immer

komplexere, immer schwierigere Aufgaben zu lösen hatten, mit jener bunten Schar Diplomatengestalten zurecht, deren Wirken in der Vergangenheit eher wie improvisiert erschien? Es war augenscheinlich geworden, daß in der gegebenen Lage jedes Land dringend eine ständige Garnitur patriotisch fühlender, zum staatsmännischen Denken erzogener, intelligenter und verläßlicher Diplomaten benötigte.
Die Lösung des Problems fand, wie schon manch anderes dieser Karriere, wieder einmal Frankreich. Talleyrand kam auf die bahnbrechende Idee, die Diplomaten zu Staatsbeamten zu machen. Einerseits konnte damit ihre Qualität durch eine gewisse Auswahl gesichert werden, andererseits bot der Staat seinen Diplomaten anstatt der bisher geübten Willkür durch ein ehrlich und konsequent durchgeführtes System von Beförderungen endlich eine gesicherte und dauerhafte Laufbahn. Nur von Beamten, die keine Ungerechtigkeiten zu fürchten hatten, konnte ein selbstloser Dienst am Vaterland erwartet werden, erklärte Talleyrand. Er führte Grade im diplomatischen Dienst ein, die in den Jahren 1800–1806 in die französische Staatspraxis eingingen. Man begann als »Aspirant«, stieg über den »secretaire expédiant« und »secretaire redacteur« zum Legationssekretär II. Klasse und Legationssekretär I. Klasse auf, um seine Laufbahn als bevollmächtigter Minister (Gesandter) und schließlich als Botschafter zu krönen. Damit schuf Frankreich, wenn auch mit leicht abweichenden Benennungen, die in der Diplomatie heute noch international gebräuchlichen Dienstgrade. Niemand durfte eine Stufe überspringen, und das sukzessive Erlernen und Hineinwachsen in die Aufgaben verbürgten bereits einen Teil des Erfolges. Jedenfalls war mit Talleyrands Reform das Zeitalter der Unbeständigkeit und des Dilettantismus im Diplomatendasein abgeschlossen und die Ära der Berufsdiplomaten, die sich in einem gesetzlich gesicherten Rahmen betätigten, war angebrochen.
Talleyrand hatte von den Qualitäten eines guten Diplomaten sehr subtile und anspruchsvolle Vorstellungen[33] und hätte, um

eine Auslese zu sichern, nur zu gerne eine strenge Aufnahmeprüfung eingeführt. Bei den chaotischen Zuständen aber, in denen sich die französische Gesellschaft nach der Revolution befand, war daran gar nicht zu denken. So holte sich das Außenministerium aus dem damals lebensfähigsten Reservoir der Nation, aus dem Staatsrat, eine Anzahl junger Adeliger in den diplomatischen Dienst. Das Ergebnis war die ausgezeichnete Diplomatie der Restauration.

Die übrigen europäischen Staaten ließen sich mit einer der französischen Reform ähnlichen, gesetzlich verankerten Neuorganisation ihres diplomatischen Dienstes meist noch bis in die zweite Hälfte des 19. Jahrhunderts Zeit. Einmal eingeführt, hielt man dann allerdings eisern an dem gesetzlichen Rahmen fest. Als Layard, der Entdecker von Ninive, ohne dem diplomatischen Dienst anzugehören, 1870 zu Großbritanniens Gesandten in Madrid ernannt wurde, hatte sich die öffentliche Meinung Englands darüber empört.

Die dann zur Bedingung gewordenen staatlichen Aufnahmeprüfungen scheinen anfänglich nirgends übermäßig schwer gewesen zu sein, die Zulassung, die »Nomination« zur Prüfung aber, hing vom Ermessen und der Gnade der obersten Behörden, meist des Außenministers ab. Die bei dieser »Nomination« angelegten Maßstäbe wiesen bis nach dem Ersten Weltkrieg in allen Staaten eine derartige Ähnlichkeit auf, daß die erstaunliche Homogenität und das international gültige Niveau aller Diplomaten des alten Europa sofort verständlich wird.

Bei der Zulassung eines jungen Diplomaten – der im allgemeinen unter Dreißig und noch ledig sein mußte sowie ein abgeschlossenes Jusstudium nachzuweisen hatte – zählte vor allem der Stand, der Ruf der Familie, die Dienste, die diese dem Staat geleistet hatte, das Vermögen, und – sehr wichtig – die Charaktereigenschaften des Kandidaten. Ruf und Wesensart waren mindestens so ausschlaggebend wie Bildung und Kenntnisse.

Bei den Prüfungen legte man überall, außer auf perfekte Französischkenntnisse, vor allem auf einen gesunden Menschenverstand Wert und auf eine erstklassige Kinderstube. War das Examen bestanden, wurde der Anwärter zum »Attaché« ernannt – und diente zwei bis acht Jahre lang ohne Entgelt. Als Legationssekretär reichte sein Gehalt etwa für die Miete einer möblierten Zweizimmer-Wohnung, als Botschaftsrat konnte er, wenn er unverheiratet war, bescheiden leben. Erst als Missionschef – als Gesandter oder Botschafter – bezog er ein Gehalt mit einer Zulage, das den größeren Teil seiner Ausgaben deckte. Wohlgemerkt, den größeren Teil, doch keinesfalls alles. Deshalb forderten viele Staaten schon für die »Nomination« den Nachweis eines gesicherten Privateinkommens. In England mußte ein Diplomat über 400 Pfund Jahresrente verfügen, ein Italiener über 8000 Lire und die österreichisch-ungarische Monarchie verlangte den dauernden Privatbezug von 12 000 Goldkronen im Jahr. Die Staaten wollten durch selbstlose Diener im Ausland vertreten sein.

Trotzdem meldeten sich jedes Jahr zahlreiche gebildete und wohlhabende junge Leute aus besten Familien, denn die diplomatische Karriere trug einen Strahlenkranz. Sie verlieh Prestige und später ein ehrenvolles Alter. Ein Gesandter, selbst eines kleinen Hofes, war hochangesehen, und ein Botschafter war beinahe ein halber König. Wie sie empfangen wurden, wissen wir schon. Auf ihrem Posten rangierten sie stets unter den Ersten des Empfangsstaates. Nahmen sie Abschied, wurden sie in Berlin vom Herrenhaus, in Rom vom Senat, in London vom House of Lords und in Paris vom höchsten Verwaltungsrat empfangen und mit Ehrungen bedacht. Und ihr Lebensabend war reich an Erinnerungen.

Wegen der materiellen Bedingungen galt die diplomatische Laufbahn als eine Tätigkeit für Bemittelte. Dabei war es durchwegs der Adel – mit einigen wenigen, die dem Großbürgertum entstammten –, welcher die Diplomaten stellte. Denn, auch vom Finanziellen abgesehen, war man damals der Auffassung, daß nur die höchste Gesellschaftsschicht, das heißt der Adel, würdig und berufen war, die Krone zu vertreten. Im Jahrbuch des k. u. k. Auswärtigen Dienstes von 1916 findet man, nach den Empfangsstaaten geordnet und chronologisch gereiht, eine Liste sämtlicher seit 1710 von den österreichischen Herrschern beglaubigter Missionschefs. Unter diesen rund 750 Namen waren kaum fünfundzwanzig nichtadelig, von denen die Mehrzahl noch dazu im weniger wählerischen 18. Jahrhundert und einige wiederum schon im 20. Jahrhundert dienten. Im 19. Jahrhundert taucht im k. u. k. Dienst ein einziger Missionschef ohne Adelsprädikat auf, Johann Baptist Thomas Provost, der 1816–19 den Gesandtenposten in Madrid bekleidete.

Die Diplomaten des 19. Jahrhunderts sind in ihre vielfach neuen Aufgaben mit Interesse und Schwung hineingewachsen und haben hervorragende Dienste geleistet. Kennzeichnend für diesen neuen Typus von Diplomaten und ihre Diplomatie waren zwar immer noch die dynastische Treue, zu der sich aber auch Vaterlandsliebe und so etwas wie ein europäischer Geist gesellten. Fürst Felix von Schwarzenberg – für Österreich – und der spätere »eiserne Kanzler« Bismarck, der seine staatsmännische Laufbahn in Preußens Diplomatie begann, sind ihre profiliertesten Vertreter. Die Methoden beider bestanden aus einem Gemisch von Zurückhaltung und stürmischer Tatkraft, psychologischer Einfühlung, rascher und durchschlagender Realisierung gewonnener Erkenntnisse sowie einem tiefen, unerschütterlichen Willen, den Frieden zu erhalten. Dazu gesellten sich bei ihnen auch Charakterzüge wie Großzügigkeit und Ausdauer, Askese und Charme, Zorn und Humor, Geschmeidigkeit und Härte.

Zur Wesensart der damaligen Diplomaten gehörten im allgemeinen, wohl durch das Zeitalter der Romantik angeregt, ein Zug von Schöngeisterei und intellektuelle Neigungen. So waren zum Beispiel Niebuhr, Bahnbrecher der römischen Geschichtsschreibung und der Italiener Nigra, ein Philologe von Weltformat, hauptberuflich Diplomaten, noch dazu erfolgreiche. Ebenso wie Chateaubriand und Lamartine. Diese geistige Tendenz ist erhalten geblieben. Alexis Léger (Saint John Perse, der Literaturnobelpreisträger) und Paul Claudel, aber auch drei weitere Nobelpreisträger der Literatur: Ivo Andrić, Giorgos Seferis und Pablo Neruda waren – oder sind – ebenfalls Diplomaten.

# IV. DIE NÜCHTERNE GEGENWART

## Plädoyer für einen verkannten Beruf

Botschafter Wuwumüller steht in seinem Büro vor dem Schreibtisch. Er trägt einen diskret gestreiften dunkelblauen Anzug, mit einer silbergrauen, kleingemusterten Krawatte und durchfliegt ein zweieinhalb Seiten langes Fernschreiben, das soeben vom Außenministerium seiner Heimat durchgegeben wurde. Das Telegramm beinhaltet Weisungen für eine Besprechung, die er morgen nachmittag mit dem Außenminister hier haben wird, mit dem Außenminister jenes westeuropäischen Staates, in dem er nun seit drei Jahren als Botschafter seines Vaterlandes auf Posten weilt.

Während seine Augen noch über die Zeilen gleiten, verarbeitet sein Gehirn schon die Folgerungen. Mit seiner Vorsprache beim Minister wird er morgen nur schwer etwas Positives erreichen können, er hatte wegen des Problems schon vorgefühlt. Es ging darum, die Stimme seines Empfangsstaates für ein Anliegen seiner Regierung bei den Vereinten Nationen zu gewinnen. Oder wenigstens um die Zusage, nicht dagegenzustimmen. Könnte er eine Stimmenthaltung erreichen, wäre damit schon viel getan. Den Blick immer noch auf das Fernschreiben geheftet, entschließt sich Botschafter Wuwumüller, zumindest diesen Stimmenthalt »einzuhandeln«. Sein Kontakt zum Außenminister ist ausgezeichnet, auch glaubt er ihn richtig einzuschätzen. Handfesten politischen Vorteilen gegenüber ist der Minister stets zugänglich.

»Herr Botschafter, wenn Sie jetzt nicht losfahren, kommen Sie überallhin zu spät. Es ist halb eins.« Seine Sekretärin steht in der Tür. Pünktlich – wie immer, verläßlich – wie immer, und mürrisch – wie immer. Der Botschafter wünscht sich plötzlich heftig, ein freundlicheres Gesicht um sich zu haben. Nun, sie ist eine Perle. Dafür muß man eben leiden. Er lächelt sie an.

»Ich gehe schon. Rufen Sie mir aber noch schnell den Herrn Botschaftsrat herauf.«

»Gib bitte sofort ein chiffriertes Telegramm durch«, wendet er sich an seinen eintretenden Mitarbeiter, »ob unser Außenminister einverstanden wäre, die hiesige wohlwollende Haltung zu unserem Anliegen bei der UNO mit einem Gegenversprechen zu erreichen. Nächstes Jahr kandidiert einer der ihren als Vorsitzender des Obersten Sonderausschusses. Man möchte umgehend antworten, ob ich zusagen kann, daß unser Delegierter für seine Wahl stimmen wird, falls sie uns jetzt unterstützen. Und dann erinnere bitte unseren Handelsattaché daran, daß ich morgen die Unterlagen für das Höhenrinder-Exportproblem brauche. Außerdem benötige ich das Kommuniqué der neutralen Staaten zur Space-Peace Konferenz. Der zweite Botschaftssekretär möchte sich darum kümmern. Gehst Du heute Abend in meiner Vertretung zum Vortrag des Justizministers? – Sehr gut. Er spricht über »Die Menschenrechte und die Minderheiten in den sogenannten unterentwickelten Ländern«. Mache mir bitte einen Kurzauszug davon. Ja, noch etwas. Wer war bei unseren zwei, wegen des Autounfalls inhaftierten Landsleuten, die sich über die Behandlung durch die Polizei beschwert haben? Um fünfzehn Uhr erwarte ich einen Bericht darüber. So, jetzt muß ich aber weg. Bis nachher!«

Der Botschafter verstaut noch einige Schriftstücke in seine

Aktentasche, die er während der Fahrt im Auto durchschauen möchte. Sie betreffen die hier vor kurzem eingeführten Sondersteuern und ihre Auswirkung auf das Preisgefüge. Er will darüber einen Bericht nach Hause schicken, seiner Heimat stehen dieselben Maßnahmen noch bevor. Dann läutet er der Sekretärin.

»Fräulein Hofer, ich gehe jetzt. Könnten Sie, bitte, meine Frau anrufen und ihr ausrichten, daß ich später zum Mittagessen komme, und auch, daß wir heute Abend zehn Personen zu Tisch haben, unsere Ärztedelegation, die zum Chirurgenkongreß nach Boston unterwegs ist. Sie fliegen morgen früh weiter. Von den beiden politischen Berichten, die ich Ihnen vorhin diktiert habe, sollte der über mein Gespräch mit dem Obersten Befehlshaber wegen einer Truppenreduzierung bis vier Uhr nachmittag in Reinschrift vorliegen. Der zweite, der den Besuch des japanischen Außenministers hier betrifft, hat Zeit bis morgen früh. Wohin muß ich jetzt gehen?«

»Zuerst ins Palais, wo Sie sich in das Gratulationsregister zum 70. Geburtstag des Staatsoberhauptes eintragen müssen. Dann zu zwei Mittagsempfängen, beide aus Anlaß von Nationalfeiertagen; in die französische Botschaft und zu den Irakern. Achtung, der irakische Botschafter gibt seine Einladung nicht in seiner Residenz, sondern in den Salons des Hiltons. Der Chauffeur ist unterrichtet.

»Danke. Bitte, bestellen Sie mir den Kultur- und den Presseattaché für fünfzehn Uhr fünfzehn, ich möchte von ihnen über das bevorstehende Gastspiel unserer Philharmoniker hören, vor allem, was für die Massenmedien vorbereitet wurde.«

Der Botschafter geht die Stiegen hinab, nur, um sich etwas Bewegung zu gönnen. Während der letzten zwei Wochenenden kam er zu nichts, er saß über der Redaktion eines Vortrages, den er im Rahmen der hier üblichen Diplomaten-Konferenzen im »Club der Nationen« hal-

ten soll, – über die Sonderstellung seiner Heimat im gesamteuropäischen Kulturraum.
Unten angelangt, steht seine Sekretärin vor ihm, sie hat ihn mit dem Aufzug überholt und hält ihm mit vorwurfsvoller Miene seine Augengläser entgegen.
»Sie haben Ihre Lesebrillen vergessen«, sagt sie ärgerlich, und schluckt das »Wie gewöhnlich« hinunter.

Ja, Herr Wuwumüller ist ein Botschafter von heute. Die geschilderte Episode umfaßt zehn Minuten seines Routine-Alltages. Zehn Minuten eines sehr ruhigen Tages, möchte ich, auf Grund meiner langjährigen Erfahrung als Frau eines Botschafters, hinzufügen.
Botschafter Wuwumüller unterscheidet sich von seinen splendiden Kollegen vergangener Jahrhunderte erheblich.
Man erwartet von ihm zwar immer noch, daß er über die bestechenden Eigenschaften eines Weltmannes verfügt, ganz im Callières'schen Sinne von einst. Gutes Auftreten, tadellose Manieren, Intelligenz, Geist, natürliche Liebenswürdigkeit werden bei ihm als selbstverständlich vorausgesetzt. Ebenso die Fertigkeit, sich in mehreren Fremdsprachen mühelos auszudrücken und die Gabe, die Menschen für sich – und über diesen Umweg für sein Land – einzunehmen.
Noch nie in der Geschichte wurde indessen von einem Diplomaten verlangt, daß er auch ein Fachmann auf hunderterlei speziellen Gebieten sowie ein geeichter Bürokrat und ein Nonstop-Arbeiter in jeder Hinsicht, vor allem aber im Ausbau menschlicher Verbindungen sei. Und so kommt es, daß der zwar leicht verblaßte, doch immer noch attraktive Glanz einstiger Diplomatenherrlichkeit jetzt geplagte Beamtenhäupter umspielt. Während der vielen Dienstjahre meines Mannes habe ich keinen seiner Kollegen gesehen, der nicht überarbeitet war, falls er seinen Beruf ernst genommen hat. Niemand soll sich von der goldbestickten Diplomatenuniform, von Frack und Abendkleid täuschen lassen, sie sind Arbeitsanzüge. Niemand soll den Diplomaten die vielen Bankette und Partys neiden,

der Salon ist immer noch eine Ergänzung ihrer Werkstatt, in der – nach Büroschluß übrigens – gearbeitet wird, denn sie müssen mit den wichtigsten Persönlichkeiten ihres Gastlandes von Berufs wegen stetig Umgang pflegen. Ein Großteil, erfahrungsgemäß der erfolgreiche Teil dieser Kontaktnahmen, spielt sich eben bei – und durch – die gesellschaftliche Veranstaltungen ab.

Nach wie vor besteht die Grundaufgabe des Botschafters im Beobachten und Beeinflussen; in der Berichterstattung über das Gastland sowie einer wirkungsvollen Vertretung der Interessen und Politik seiner Heimat dort.

Die Ausbauarbeit der dafür nötigen Verbindungen und Sympathien erfordert aber vom modernen Diplomaten eine Vielseitigkeit und ein so differenziertes Einfühlungsvermögen, wie es von seinen Vorgängern niemals verlangt wurde. Der Botschafter von einst frequentierte nämlich eine verhältnismäßig leicht erfaßbare Gruppe von Menschen, die noch dazu ähnliche Interessen hatten und ihm sozial nahestanden. Inzwischen haben sich die Gesellschaftsordnung und ihre Struktur völlig verändert und der Kreis, um den sich ein Diplomat heute bemühen muß, hat sich ins Uferlose erweitert. Genügte es in der Vergangenheit, nur mit dem Herrscher, seinem Kabinett und den sie umgebenden Einflußreichen zu verkehren, bleibt es heute nicht einmal mehr bei den Regierungsmitgliedern, den hohen Beamten ihrer Ministerien und dem Parlament. Er hat sich mit *allen* wichtigen Gruppen zu befassen, die die Staatspolitik mitbestimmen, mit Vertretern der politischen Parteien, die Opposition inbegriffen, mit maßgeblichen Persönlichkeiten der Wirtschaft, des Handels, der Industrie und des Bankwesens. Auch die Repräsentanten der Gewerkschaften sind wichtige Gesprächspartner geworden, ebenso wie die Meinungsformer der Massen, die Journalisten und Fernsehleute. Selbstredend ist auch eine Verbindung mit Prominenten der Wissenschaft, mit Künstlern und anderen Intellektuellen zu erhalten. Um dieser riesig gewordenen Aufgabe gerecht zu werden, wird der Missionschef auch seine Mitarbeiter zur Kontaktpflege einsetzen, zumal diese es nicht früh genug lernen können, daß Diplomatie nicht nur eine Arbeit auf dem Papier, sondern, wie Bismarck sich ausdrückte, ebenfalls »eine Arbeit in Menschenfleisch« ist, die nach getanem Tagewerk keinesfalls aufhört, sondern erst richtig beginnt.

Völlig neue Perspektiven aber eröffnen sich im diplomatischen Dienst der modernen Zeit dadurch, daß ein Botschafter von heute ohne ein zumindest mitsprachefähiges Wissen über die wichtigsten Fragen der Gegenwart unvorstellbar ist. Das klingt einfach, verlangt aber in der Wirklichkeit Ungeheures von ihm. Durch die zunehmende Verflechtung nationaler und internationaler Interessen gehören ungezählte der aktuellen Probleme, vor allem der Politik, Wirtschaft und Kultur, zu seinem unmittelbaren Arbeitsgebiet. Er hat sie zu verstehen, vom richtigen Blickwinkel aus zu beurteilen, sie mit entsprechenden Kommentaren samt Lösungsvorschlägen sowie Gegenargumenten weiterzuleiten, über sie zu verhandeln und das Projekt mit einem Vertragsentwurf abzusichern, der »sitzt«. Die Themenkreise reichen von der Butter- und Käsewirtschaft und der Stahlerzeugung durch das LD-Verfahren über die Grenzgängerrechte von Nomadenvölkern oder einer Ausstellung mittelalterlicher Plastiken, bis zu Fragen der friedlichen Nutzung des Alls. Dazu vermehren sich die Sachgebiete fortwährend und werden immer vielschichtiger.

Während sich diese – selbst zu erarbeitende – Vielfalt der Kenntnisse schon der Grenze des noch Möglichen nähert, und die Kontaktpflichten des Diplomaten, »die Arbeit in Menschenfleisch«, immens angewachsen sind, schwoll auch die sie begleitende bürokratische Arbeit, »die Arbeit auf Papier«, zu einer Sintflut an. Und so sind die Flügelschläge der Diplomatie, die höchst subtil sein sollten, von Vorschriften, Erlässen und Bestimmungen, von Aktenpaketen, die wie Blei wiegen, gehemmt, die ihnen die peinlich genaue, schreckliche, aber unumgängliche Bürokratie ihrer Zentrale, das Außenministerium der Heimat, aufzwingt. Auch damit muß Botschafter Wuwumüller fertig werden.

Alles zusammen aber unterliegt dem Phänomen unserer Zeit, der allgemeinen Vermassung, die durch das Verhängnis der stetig wachsenden Zahl hervorgerufen wird.
Allein die Anzahl der Staaten, die das Gesandtschaftsrecht ausüben, spricht für sich. Im Jahre 1914 waren es zweiundfünfzig, im Jahre 1938 achtundsechzig und 1960 unterhielten neunzig Länder diplomatische Vertretungen. Heute sind es über hundertdreißig, und sie nehmen durch die Unabhängigkeitserklärungen einstiger Kolonialvölker und nationaler Völkergruppen weiter zu. Ein europäischer Staat mit handelspolitischen Interessen ist geradezu gezwungen, laufend neue Vertretungen zu errichten. Dörfer im Dschungel sind Botschaftersitze geworden oder beherbergen zumindest Konsulate. Die Deutsche Bundesrepublik hatte 1960 hundertsiebzig Auslandsvertretungen. Als Vergleich dazu mag dienen, daß König Ludwig XIV. auf dem Höhepunkt seiner Macht zwanzig Vertreter im Ausland unterhielt.
Aber nicht nur die Zahl der Staaten, die Abgesandte beglaubigen, nimmt zu, mit dem sich ständig erweiternden Kreis der Interessenbereiche der Regierungen schwillt auch das Personal der Außenministerien und ihrer diplomatischen Vertretungsbehörden im Ausland gigantisch an. Ein Dokument aus der Zeit von Ludwig XIV. berichtet über das Amt für die Außenpolitik Frankreichs, dessen sämtliche Herren eines Tages zu einer Beratung zum Herrscher nach Vincennes befohlen worden waren. Ihr Chef, Vater de Brienne, machte sich in einer Sänfte auf den Weg, Sohn de Brienne mit den zwei rangälteren Schreibern in einer Karosse, während die zwei jüngeren Schreiber, die Tinte und Papier mitführten, ritten. Demnach bestand das französische Außenamt während der ersten Regierungsjahre des Sonnenkönigs aus ganzen sechs Mann. Heute besoldet der Quai d'Orsay etwa dreitausend Beamte. Im Jahre 1914, als England die erste See- und Handelsmacht der Welt war, arbeiteten im Foreign Office in London 176 Personen, Putzfrauen und Amtsdiener inbegriffen. Heute sind über 10 000 Menschen im Dienste dieser Behörde. Das kleine Bel-

gien, das 1905 zweiundsiebzig Personen in seinem Außenministerium beschäftigt hatte, weist jetzt einen Stand von über tausend auf.
Dieses Verhängnis der sich immer weiter vermehrenden Zahl wirkt sich, wie gesagt, auch auf die diplomatischen Stäbe der einzelnen Staaten im Ausland aus. War zum Beispiel die USA in London im Jahre 1914 mit fünf und 1935 mit zehn Personen vertreten, so ist sie es heute mit über zweihundert. In den bedeutendsten Hauptstädten unterhalten vor allem die Vereinigten Staaten und die Sowjetunion jeweils den größten Stab diplomatischer Funktionäre. Die Volksrepublik China ist dabei, es ihnen nachzumachen, wenn nicht sie zu übertreffen. Als China 1971 von Österreich anerkannt wurde und man die diplomatischen Beziehungen aufnahm, bekundete es die Absicht, ihre Botschaft in Wien schon zu Beginn mit zweihundert Personen zu besetzen.
Bestürzt über die zunehmende Anzahl ausländischer Diplomaten und deren naturgemäß unübersehbares Wirken in ihren Ländern, haben die kleinen Staaten auf dem internationalen Diplomatenkongreß in Wien im Jahr 1961 im Artikel II der »Wiener Konvention« das Recht verankert, ein ungesundes Anwachsen des Personals der diplomatischen Vertretungen eindämmen zu dürfen. Sie scheinen davon kaum Gebrauch zu machen und so wimmelt es in den großen Diplomaten-Ghettos von immer mehr Gestalten, die, durch eine diplomatische Funktion getarnt, recht wenig mit der echten Staatskunst zu tun haben. Übrigens sagte ich »Diplomaten-Ghettos«, weil die historischen Palais der Botschaften rationellen Gebäudekomplexen gewichen sind, in denen oft eine erzwungene, vielfach aber auch eine ungewollte Isolation herrscht.
Mit den aufgezählten Wirkungsbereichen und deren Ausmaßen ist noch lange nicht die ganze Arbeit, die einem Botschafter und seinem Stab zufällt, geschildert worden. Weitere Aufgaben, wie zum Beispiel die Konsularagenden, zu denen die Betreuung der eigenen Landsleute im Gastland gehört, können ganze Abteilungen einer Botschaft auslasten.

Seltsamerweise – und wohl, weil man sich letztlich nichts Genaues darunter vorstellt – trifft man in der Öffentlichkeit immer wieder die Meinung an, Diplomaten wären nur verstaubte Requisiten aus vergangenen Zeiten, nicht viel mehr als hauptberufliche Besucher von Cocktail-Parties, die sich in protokollarischem und gesellschaftlichem Mummenschanz wichtig tun.

Weitere Nahrung für diese Ansicht gibt wahrscheinlich auch das Überhandnehmen der Konferenzdiplomatie, die häufige persönliche Begegnung der Außenminister, die Gipfeltreffen von Regierungschefs, und vor allem die blitzschnellen Kommunikationsmittel. Wozu da noch Diplomaten? Sie haben doch ihre einstige Bedeutung verloren, sie »machen« keine Politik mehr.

Die Entscheidungsbefugnis eines Botschafters von heute hat im Vergleich zu der seiner Kollegen vor dem ersten Weltkrieg tatsächlich abgenommen. Dies liegt in der Entwicklung der Dinge, sowohl im Wesen der Demokratie als auch in dem der totalitären Regime; dazu die gerade aufgezählten Erscheinungen: die international zusammenarbeitende Außenpolitik und die Möglichkeit einer augenblicklichen Kommunikation.

Dieser Verlust ist aber durch die enorme Ausweitung seines Wirkungskreises und seiner Aufgaben mehr als ausgeglichen.

In diesem Zusammenhang muß noch etwas erwähnt werden. In der heutigen, nach einem zukunftsreicheren Gefüge suchenden Welt, ist dem Diplomaten, neben seinen bisher erwähnten Kompetenzen, auch noch eine ganz neue Rolle zugefallen, die Rolle des internationalen Beamten.

In verschiedenen internationalen Organisationen, wie etwa der UNO, der EWG, der NATO, existiert neben der sogenannten bilateralen Diplomatie – der klassischen Arbeit der Diplomaten im Dienste der Beziehungen von Staat zu Staat – auch die weite Ebene einer multilateralen Diplomatie, das heißt, eine diplomatische Arbeit der Mitgliedstaaten *innerhalb* der internationalen Gemeinschaft, *und* die diplomatische Arbeit dieser Organisation *als solche*. Also vertreten Gruppen von nationa-

len Diplomaten-Experten der einzelnen Mitgliedstaaten die Interessen ihrer eigenen Länder bei der internationalen Gemeinschaft einerseits, andererseits benötigen diese miteinander arbeitenden nationalen Repräsentanten eine gemeinsame Institution mit einem eigenen Stab, die wiederum die Organisation als Einheit der Außenwelt gegenüber vertritt.
Die wichtigeren Posten bei internationalen Organisationen werden vorwiegend mit Diplomaten der Mitgliedstaaten besetzt, die dafür von ihrem eigenen Außenministerium für einige Jahre der Organisation »hergeliehen« werden. Sie verwandeln sich für diese Zeit in internationale Beamte, die keine nationalen Belange mehr – wie während ihrer normalen Karriere – vertreten, sondern die Interessen einer multilateralen Organisation wahrzunehmen haben, – ein Rollenwechsel, der psychologisch gar nicht leicht zu bewältigen ist.
Die Funktionen der heutigen Diplomaten haben sich, verglichen mit denen früherer Zeiten, tatsächlich vielfach geändert, jedoch eindeutig im Sinne einer ständig zunehmenden Bedeutung. Wegen der immer stärker werdenden gegenseitigen Abhängigkeit der Staaten untereinander und der immer aktiveren internationalen Zusammenarbeit ist dies auch gar nicht anders möglich. Wer könnte dazu eine bessere Grundarbeit leisten als der Diplomat, der, jeweils an Ort und Stelle, die Verhältnisse kennt? Seine persönlichen Kontakte sind nach wie vor unentbehrlich. Keine Maschine, kein Computer wird jemals das Gespräch von Mensch zu Mensch ersetzen. Niemals wird man Nuancen im Ausdruck, von denen vielleicht Erfolg oder Mißerfolg abhängen, per Telegramm oder am Telefon widergeben können. Ein »non« oder »njet« kann auf Papier nur als »nein« transponiert werden, *wie* es aber gesagt wurde, zögernd etwa, oder endgültig abweisend, kann nur jener, der es hört und sieht, richtig deuten.
Ein großer europäischer Staatsmann erklärte einmal, beeindruckt von der Leistung einer Botschafter-Equipe, ohne deren Beitrag eine entscheidende Phase der gesamteuropäischen Politik nie zustandegekommen wäre: »Gäbe es keine Diplomaten,

müßte man sie erfinden.« Erst wenn die Außenpolitik aller Staaten zu einer Weltinnenpolitik geworden ist, werden die Diplomaten überflüssig werden. Und diese Entwicklung steht wahrhaftig nicht vor der Tür.

## Der Diplomat von heute

Der Typ des Botschafters Wuwumüller, des Diplomaten von heute, formte sich nach dem Zusammenbruch der alten Welt nur allmählich und erhielt ungefähr zwischen den beiden Weltkriegen sein gegenwärtiges Profil.

Seine Gestalt wird – außer von den schon besprochenen neuen Erfordernissen seines Berufs – noch von einem weiteren Faktor unseres Zeitalters bestimmt, von der sozialen Umwälzung. Heute kann jedermann Diplomat werden, unabhängig von seiner Geburt und seiner finanziellen Lage. Voraussetzung sind nur bestimmte Hochschuldiplome und die bestandene Diplomatenprüfung. Bei dieser werden allerdings in den meisten Staaten sehr hohe Ansprüche gestellt, vor allem, was die politischen und wirtschaftspolitischen Wissenschaften betrifft. Auch auf Geschichtskenntnisse und eine fundierte Allgemeinbildung wird größter Wert gelegt. Die meisten Gegenstände werden schriftlich und mündlich in mindestens zwei Weltsprachen abgenommen.

Nach dem sozialen Umbruch legte man auf eine Überprüfung der charakterlichen Eigenschaften und der Erziehung wenig Wert. Nur die Engländer ließen ihre Kandidaten stets einem »test of personal qualities« unterziehen. Die Anwärter haben, in kleine Gruppen eingeteilt und unter der Aufsicht dreier »examinators«, von denen einer Psychologe ist, einige Tage gemeinsam zu leben. Während improvisierter Diskussionen, Besprechungen und Vorträgen beobachtet man ihren Intellekt, ihre Reaktionen, ihre Art, sich zu geben und ihre Manieren. In den übrigen Ländern der westlichen Hemisphäre nahm man scheinbar eine halbwegs normale Kinderstube immer noch als eine Selbstverständlichkeit an, obwohl dies bei vielen der jungen angehenden Diplomaten absolut nicht der Fall war. In der anderen Welthälfte gab es noch nach dem Zweiten Weltkrieg Länder, deren Vertreter glaubten, die neue Sozialstruktur durch Krawattenlosigkeit und rüden Ton beweisen zu müssen. Da sich aber in einer Gemeinschaft kein Mensch auf die Dauer ohne Verbindlichkeit und erträgliche Umgangsformen behaupten kann, sind die guten, alten, zivilisierten Anstandsregeln in der Diplomatie seit einer Weile wieder gültig geworden. Auch die eisige Humorlosigkeit, die sonderbarerweise in manchen Gegenden zum demonstrativen Beweis der Revolution zu gehören schien, weicht normalen Reaktionen. Vor etlichen Jahren traf der Bevollmächtigte einer alliierten Nation den Vertreter einer dieser Staaten nach den Sommerferien wieder und begrüßte ihn mit: »Ich freue mich, Sie wiederzusehen.« Der Angesprochene blickte ihn kalt an und erwiderte: »Warum freuen Sie sich, mich wiederzusehen?« Heute würde die Antwort wahrscheinlich lauten: »Danke, ich auch.«

Botschafter Wuwumüller ist also kein »Hochgeborener« mehr und hat auch kein Vermögen. Der moderne Staat muß seine Diplomaten erhalten, ebenso wie jeden anderen, der in seinem Dienst steht. Während es aber seinen Beamten im Inland freisteht, ihr »standing« und ihr Privatleben zu gestalten wie es ihnen behagt, also ihr Gehalt nach eigenem Gutdünken zu verwenden, haben die Bezüge der Diplomaten, die im Ausland dienen, in erster Linie für den Beruf selbst herzuhalten. Vater Staat bezahlt seine Diplomaten standesgemäß, nämlich gemäß dem Ansehen des Staates, denn jeder Diplomat im Außendienst steht gewissermaßen für sein Land, in ganz besonderem Maße aber der Missionschef, da ein Botschafter sein Staatsoberhaupt und seine Regierung durch die eigene Person darstellt. So besoldet die Heimat den Diplomaten seiner Aufgabe entsprechend – verlangt ihm aber dafür gleichzeitig den allergrößten Teil des Gehaltes wieder ab. Vorschriften – und Kontrollen – verpflichten jeden Diplomaten, seine Lebensweise, sein Haus, sein und seiner Familie Auftreten auf einem Niveau zu halten, das der Würde seines Vaterlandes entspricht. Weitere Bestimmungen – und Kontrollen – verpflichten ihn, eine gewisse Summe für die »Repräsentation« auszugeben, das heißt, Geselligkeit zu pflegen und ein Leben zu führen, das seinen Kontakt- und Umgangspflichten genüge tut *und* dem Prestige seines Landes entspricht. Damit geht der größte Teil seiner Besoldung für seinen Haushalt, für seine und seiner Familie Garderobe, für die verschiedenen Repräsentationen, vor allem aber für die Bewirtung seiner Gäste auf. Was davon übrig bleibt, worüber er also frei verfügen kann, das steht in keinem Vergleich zur geleisteten Arbeit. Kein Intellektueller in einem freien Beruf, kein Geschäftsmann würde sich damit zufrieden geben.

Als Trostpflaster wird die Tatsache herausgestellt, daß der Diplomat, sozusagen auf Staatskosten, ein Leben in einem Rahmen und auf einer Ebene führt, das heutzutage als außergewöhnlich, ja als Luxus gelten kann. Das stimmt. Doch der äußere Glanz täuscht auch hier. Das Pflaster bedeckt nicht die ganze Wunde. Der »Luxus« ist bitter hart verdient. Die Arbeit, die Leistung, vor allem aber der unentwegte Einsatz, das fortwährende und unter allen Umständen abverlangte »Da-Sein« für die Sache und für letztlich Fremde, für Menschen, die man meist nur für den Beruf »braucht«, ist zermürbend. Man ist *niemals* Privatperson. Man hat keine Berechtigung, zwischendurch »auszulassen«. Man hat nicht einmal das Recht, sich nach einem Todesfall von der Geselligkeit zurückzuziehen oder in der Öffentlichkeit Trauer zu tragen. Von den zwei negativsten Seiten dieses Berufs ganz zu schweigen. Zuerst einmal, daß man am Ende der Karriere zwar auf der ganzen Welt Freunde hat, aber nirgends mehr richtig zu Hause ist, schon gar nicht in seiner Heimat. Und dann die Kinder, die die wirklichen Opfer des Diplomatenlebens sind. Bei jeder Versetzung der Eltern werden sie »samt Wurzeln« aus ihrem Boden gerissen und kurzerhand in eine völlig fremde Umgebung verpflanzt. Während der Erwachsene den Schwierigkeiten, die zu Beginn auf jedem neuen Posten auftreten, mit dem Verstand oder der Routine begegnen kann, stürzt für das Kind die ganze Welt ein. Für immer muß es seine liebgewonnenen Kameraden verlassen, seine Schule, die Lehrer, sein Heim, seinen Garten. Und bis es sich in seiner neuen Umgebung richtig eingelebt, sich Freunde erworben und die Sprache erlernt hat, da packen die Eltern schon wieder. Und abermals wird ihm der Boden unter den Füßen weggezogen. Von den Söhnen muß man sich, wenn sie ins Gymnasialalter kommen, meistens trennen und sie in der Heimat in ein Internat geben. Sie nur in den Ferien und, wenn man vielleicht sehr weit weg ist, sogar nur einmal im Jahr zu sehen, ist sehr hart. Wie soll man aber sonst handeln, um ihnen den heimischen Lehrplan und eine daran anschließende gültige Ausbildung zu ermöglichen? Sie müssen ja einmal in ihrem Vaterland einen Beruf ausüben. Die Töchter wiederum verbleiben durch Eheschließungen häufig in der Fremde, oft heiraten sie Diplomaten, ausländische oder eigene, und ziehen dann mit ihrer Familie ebenso in der Welt herum wie die Eltern.

Überhaupt das Herumziehen in der Fremde! Erfahrungsgemäß ist dies eine der am meisten beneideten Perspektiven des Diplomatendaseins. Verständlicherweise, wie es scheinen mag, denn was gibt es Schöneres, als in der bunten, weiten Welt herumzureisen? Ein Außenstehender kalkuliert aber nie ein, daß Diplomaten keine Touristen sind. Sie werden nicht zu ihrem Vergnügen von einem Land ins andere geschickt, sondern um dort zu arbeiten. Ein Tourist kann jederzeit fort. Der Diplomat nicht. Er hat unter allen Umständen – auch im Kriegsfall oder während einer Epidemie – bis zur Abberufung auf seinem Posten auszuharren. Niemand fragt, ob ihm das Land gefällt oder nicht. Ebensowenig, ob ihm etwa die nördlichen, frostklirrenden Wintertage in Helsinki nach den Jahren feuchter Hitze, die er in Kinshasa oder New Delhi zu ertragen hatte, bekommen. Gleichgültig, ob er die Landessprache beherrscht und ob die Kinder Schulanschluß finden. Und eben auch ungeachtet aller Gefahren, denen er ausgesetzt sein kann.

Gefahren sind gar nicht selten, ja sie häufen sich mehr und mehr. Nicht zuletzt, weil die Lebensbasis der Diplomaten in der Fremde, der Status ihrer Unverletzbarkeit, immer weniger respektiert wird, ja eigentlich noch nie so wenig wie heute geachtet wurde.

Die vielen Revolutionen zum Beispiel, von denen manche Länder wie von periodischen Naturereignissen heimgesucht werden, stellen für die dort akkreditierten Diplomaten einen ständigen Unsicherheitsfaktor dar. Nicht nur wegen der Bomben, den Schießereien und dem entfesselten Mob, sondern ebenfalls wegen der von einem ins andere Extrem pendelnden innenpolitischen Veränderungen. Ein klassischer Fall dafür war der Boxer-Aufstand im Jahre 1900 in Peking, während dem die Diplomaten sich in ihrem Wohnviertel verbarrikadieren und regelrecht verteidigen mußten. Aber auch außenpolitische Spannungen beeinträchtigen ihre Lage. Als China die sowjetischen Diplomaten 1967 aus Peking auswies, wurden diese bei ihrer Abreise am Flugplatz so mißhandelt, daß sich die europäischen Diplomaten zu einer Solidaritätsaktion zusammentaten. Sie nahmen die russischen Frauen und Kinder in ihre Mitte und versuchten, sie unbehelligt durch die in die Tausende gehende Menge der wütenden Rotgardisten zu den Flugzeugen durchzuschleusen. Dabei kam es zu einem wüsten Handgemenge, bei dem mehrere Diplomaten verletzt und der französische Botschafter niedergeschlagen wurde.

Die neuesten Gefahren aber sind die Entführungen. Diplomaten wurden in den letzten Jahren zu begehrten Erpressungsobjekten. Man entführt sie und tauscht ihr Leben gegen die Freilassung politischer Häftlinge, für die Durchsetzung politischer Ziele revolutionärer Gruppen oder für Geldsummen ein. Dieser Banditismus mit Diplomatenleben ist verbreiteter als es allgemein bekannt ist, da in die Öffentlichkeit nur die Nachrichten von tatsächlich erfolgten Entführungen gelangen.

Androhungen, mißlungene Versuche, Attentate und von der Polizei rechtzeitig aufgedeckte Aggressionspläne sind viel zahlreicher als man annimmt. Jedes Land bemüht sich heute, seine Diplomaten zu schützen, je nach der Notwendigkeit und den Möglichkeiten, mit kugelsicheren Wagen, bewaffneter Leibgarde und anderen obligatorischen Sicherheitsmaßnahmen. Und manche Staaten sehen eine Entschädigungssumme für die Witwe vor. Ein solches Schadengeld wurde erst kürzlich ausgezahlt, als ein europäischer Botschafter während des Geburtstagsempfanges eines orientalischen Herrschers, von den Kugeln der Putschisten getroffen, starb. Er hinterließ sieben Kinder.

Man fragt sich, ob diese Abwertung und Mißachtung der Diplomaten-Immunität, abgesehen von der überall zunehmenden Brutalität, nicht auch durch die vielen Spionageskandale beeinflußt wird, in die immer wieder »Diplomaten« verwickelt sind. Als Folge davon glaubt man nicht mehr an ihre ehrliche Arbeit, zumal im Bewußtsein der Allgemeinheit die Vorstellung, Diplomaten seien eine Art besserer Spione, nach wie vor herumgeistert.

Dieser seit der Epoche Machiavellis wirkende Ruf war damals, im ersten Jahrhundert der ständigen Diplomatie, tatsächlich begründet. Zu jenen Zeiten war es wirklich die Hauptaufgabe der Abgesandten, die Geheimnisse des Empfangsstaates aufzuspüren, und zwar mit allen Mitteln. Die Agenten, Späher und Kundschafter, die zu solchen Diensten gedungen wurden, waren die Ahnen der späteren Berufsspione. Die reine Spionage wurde aber sehr bald von der Diplomatie getrennt, und im 17. und 18. Jahrhundert richteten die Staaten, einer nach dem anderen, ihre Geheimdienste ein. Diese hatten mit ihren Gesandtschaften und Botschaften gar keine – oder nur am Rande – Berührungspunkte. Die diplomatischen Vertretungen wurden dann im 19. Jahrhundert von den staatlichen Geheimdiensten scharf abgegrenzt.

Inzwischen wurde das Erkunden von Wirtschafts- und Industriegeheimnissen der politischen und militärischen Spionage gleichgestellt. Dies verführt manche Länder heute dazu, die diplomatische Immunität zu mißbrauchen und den Schutzmantel der Unverletzbarkeit für unlautere Ziele auszunützen. Und so gehört es zu den traurigen Errungenschaften des 20. Jahrhunderts, daß geschulte Berufsspione mit fingierten Diplomatenfunktionen, vom Botschaftsgebäude aus, durch die Unverletzbarkeit und durch den Missionschef gedeckt, regelrecht Spionage, noch dazu im großen Ausmaß, betreiben. Gerade in der letzten Zeit flogen eine Reihe solcher Fälle in Paris, London und Brüssel auf. In London beschäftigten sich gleich hundertundfünf Mitglieder einer Botschaft mit Spionage. Kein Wunder, wenn das Ansehen der Diplomaten und der Respekt vor ihrer Unverletzbarkeit abbröckelt.

## Die Frau als Botschafter

Zu den Neuerungen des 20. Jahrhunderts gehört die Frau als Botschafter.

Es gab im Laufe der Geschichte weibliche Diplomaten, und sie erfüllten ihre Aufgaben gut.

So haben die Frauen bei den Kelten an den Beratungen über Krieg und Frieden teilgenommen, und die Vestalinnen sind in Bürgerkriegen und größten Notzeiten der römischen Republik als Gesandtinnen ausgewählt worden. Im Mittelalter finden wir Bertha, Mutter Karls des Großen, die mehrere diplomatische Aufgaben übernahm, ebenso Irmingard von Burgund, die als Gesandtin ihrer Mutter, der Kaiserin, am Hofe Arnulfs weilte. Unter den Ottonen wirkte die Kaiserin Adelheid als Statthalterin in Italien und bewies in dieser, einer Gesandtschaft nahestehenden Funktion viel Geschick. Während der Renaissance nahmen Lukrezia de' Medici und Isabella d'Este diplomatische Missionen wahr. Als Königin Eleonore von Frankreich und Königin Maria von Ungarn 1534 zusammen-

trafen, um über einen dreijährigen Waffenstillstand zu verhandeln, vertraten sie König Franz I. und Kaiser Karl V. Margarete von Österreich schloß und unterschrieb das Bündnis von Cambrai im Namen ihres Neffen Karl des V. Sie unterzeichnete auch den berühmten »Damenvertrag« von 1529 mit Luise von Savoyen, der Mutter König Franz I. Die Schwester dieses französischen Königs wiederum verhandelte in Spanien. All diese Frauen waren allerdings Ausnahmen. Es vergingen Jahrhunderte, bis die *Ehefrau* des Abgesandten als seine Gefährtin anerkannt und auf der internationalen Bühne der Diplomaten neben ihrem Mann stehen durfte. Erst gegen Ende des 17. Jahrhunderts begannen die Diplomatenfrauen ihre Männer ins Ausland zu begleiten. Vorher gab es wegen der langen Trennung so manche Dramen. Noch 1713 versuchte Fürst Cardito, als er von Neapel nach Wien entsandt wurde und alleine abreisen sollte, seine schöne Frau ins Kloster zu stecken. Die Fürstin floh daraufhin mit ihrem Schmuck in eine Kirche und dann zu einem Verwandten. Der Ehegemahl wandte sich an den Vizekönig, der den Verwandten verhaften und die Fürstin ihrem Gatten zurückstellen ließ. Daraufhin setzte der Fürst seine Frau in seinem Palast hinter Schloß und Riegel, stellte Wachen vor den Toren auf und ließ sicherheitshalber auch alle Fenster auf der Straßenseite zumauern. Dann reiste er beruhigt nach Wien ab.
Nun aber zu dem Botschafter weiblichen Geschlechts von heute. Die erste »Madame l'Ambassadeur« unserer Zeit kam aus Rußland. Frau Kollontaj war die Tochter eines zaristischen Generals. Sie hatte eine Apologie der freien Liebe verfaßt, heiratete aber trotzdem, und zwar einen feschen Matrosen, der dann Kriegsminister wurde. Sie selbst wurde zum Minister der öffentlichen Wohlfahrt ernannt. In dieser Funktion trennte sie die orthodoxe Kirche vom Staat und verteilte die Klosterbesitzungen unter den Bauern. Stalin dürfte sie sehr geschätzt haben, weil er sie mehrfach als Diplomat verwendete. Zuerst wurde sie nach Norwegen geschickt, dann nach Mexiko und schließlich nach Schweden, wo sie von 1930 bis 1945 ver-

weilte. Die Revolutionärin und ehemalige Priesterin der freien Liebe verschaffte sich indessen am schwedischen Hof allgemeine Hochachtung, ihr klares Urteil, ihre vornehmen Manieren und ihr Mut beeindruckten sowohl die Schweden wie auch ihre Diplomatenkollegen.

Der zweite Botschafter weiblichen Geschlechtes kam aus den Vereinigten Staaten nach Dänemark. Sie war die Tochter des sehr bekannten Demagogen William Bryan, der das Amt des Secretary of State niedergelegt hatte, weil er Wilson nicht in den Krieg folgen wollte. Ruth Bryan hatte einen Mr. Owen geheiratet, aber in Kopenhagen erlag sie dem Charme eines Edelmannes und schied von ihrem Mann – und der Diplomatie.

Während sich in Sowjetrußland die Ernennung von Frauen auf Einzelfälle beschränkte, entsandten die USA mehrere Frauen als Botschafter. Dazu sei erwähnt, daß in den Vereinigten Staaten die Botschafterposten vielfach nicht mit Karrierediplomaten besetzt, sondern auch als Belohnung für eine erfolgreiche politische Betätigung – wie etwa Finanzierung der Präsidentschaftswahlcampagne – vergeben werden. So kam Mrs. Borden Harriman nach Oslo und in der Truman-Ära Mrs. Pearl Mesta nach Luxemburg. Am Broadway lief lange Zeit hindurch das Musical »Call me ›Madame‹«, zu dessen »Madame« die Gestalt Mrs. Mestas Pate gestanden hat. Die Lachsalven im Theater werden dem Ansehen weiblicher Diplomaten nicht eben bekömmlich gewesen sein. In Rom machte in den Fünfzigerjahren Mrs. Clare Boothe-Luce Schlagzeilen. Als sie ihr Beglaubigungsschreiben überreichte, brachte die Zeitschrift »Candido« auf dem Titelblatt eine eigenhändige Zeichnung des unvergeßlichen Guareschi; an der Fassade der amerikanischen Botschaft wehte das Sternenbanner mit Spitzen eingefaßt. Mrs. Luce's Ehemann, einer der größten Pressemagnaten der USA, begleitete seine Frau, den Botschafter, und stürzte damit das italienische Protokoll und die Diplomatenkollegen in größte Verlegenheit. Wohin mit ihm bei offiziellen Veranstaltungen? Auf welchen Platz sollte man ihn setzen oder stellen? Er hatte keinen Rang. Sollte man ihn als Mann seiner Frau in die Liste der Frauen der Botschafter einreihen? Man erinnerte sich eines spanischen Prinzgemahls, der im Eskorial zwischen den Königinnen begraben wurde, während seine Frau als Herrscherin unter den Königen ruht. Herrn Luce's Einfluß in der Presse war freilich nicht zu übersehen. Und so verlieh ihm das *italienische* Außenministerium den Rang eines Botschaftsrates, damit er unter den Männern rangierte. Heute ist die Rolle des Ehemannes einer Frau Missionschef dahingehend geregelt, daß er in der Rangliste nach dem Vertreter des Missionschefs erscheint.

Die Anzahl der weiblichen Diplomaten nimmt ständig zu. Sie gelten zwar immer noch als Rarität, doch eine Reihe von Staaten entsenden sie nicht nur als Botschafter, sondern auch als Mitarbeiter des Missionschefs, als »Zugeteilte«. Diese jungen Nachwuchsdiplomatinnen sind beinahe ausnahmslos richtige Berufsdiplomaten, mit entsprechender Vorbildung und bestandener Aufnahmeprüfung. Sie müssen viel arbeiten und »ihren Mann stellen«, wenn sie sich durchsetzen wollen.

Noch einen Augenblick muß ich bei der Frau im Zusammenhang mit der Diplomatie verweilen, diesmal aber bei ihrer Rolle als Ehefrau des Diplomaten.

Es gibt keinen zweiten Beruf, in dem die Frau in einem so vollständigen und nach außen hin so sichtbaren Einsatz neben ihrem Mann steht wie in dieser Karriere. Und ihrem Mann – und ihrem Land – dementsprechend viel helfen oder schaden kann. Die Führung des Hauses, die Atmosphäre, die Gastlichkeit, die anzieht und bindet – oder gleichgültig läßt, wenn nicht abschreckt – liegt in ihren Händen. Sie begleitet ihren Mann zu offiziellen Veranstaltungen und so werfen auch ihre Erscheinung und Art, ihre Bildung und ihre Sprachkenntnisse ein Licht – oder Schatten – auf den Staat, den ihr Mann vertritt. Sie darf nie Privatperson sein, nie kann sie sich gehen lassen. Sie muß die praktische Seite der Umstellung von einem Land zum anderen bewältigen, wobei größte Elastizität und Anpassungsfähigkeit von ihr verlangt werden. Ebenso wie die Kraft, überall sofort einen ruhenden Pol für ihre Familie zu schaffen und Fremden unverzüglich die vorteilhafteste Atmosphäre der eigenen Heimat zu vermitteln. Diese Aufgaben gehören, wenn vorerst im geringeren Ausmaß, bereits zu den Pflichten der Frau des jüngsten Diplomaten und lasten schließlich wie ein Berg auf den Schultern der Frau des Botschafters.

Viele Länder haben es längst begriffen, wieviel von den Frauen ihrer Diplomaten im Ausland abhängt und daher vorbereitende Kurse für sie eingerichtet. Man ermöglicht ihnen damit, neben Ratschlägen für eine perfekte Diplomaten-Hausfrau und für Protokollfragen, sich mit der Sprache, den Sitten und Gebräuchen des Landes bekannt zu machen, in das ihr Mann entsendet wird und das also auch ihre neue Wirkungsstätte darstellt. Sie können sich dabei in ihrer eigenen Heimatkunde, vor allem was die kulturellen, politischen und sozialen Einrichtungen betrifft, ebenfalls vervollkommnen, damit sie über ihr Land genau Bescheid geben können.

Kurz und gut, neben dem Botschafter unseres Zeitalters steht als ideale Hilfe in seinem Beruf seine Frau. Sie wächst mit ihm während vieler Jahre Tätigkeit in verschiedenen Ländern »in die Karriere hinein«, sekundiert ihm und trägt für ihn den Alltag sowie die Aufgaben der häuslichen Repräsentation und Gastlichkeit.

Da sie überall mit der handfesten Wirklichkeit in Tuchfühlung ist, weiß sie über die Kehrseite des sogenannten Traumberufes wie niemand anderer Bescheid. Und so wollen wir, um diese kleine Darstellung der Diplomaten aller Zeiten abgerundet zu beenden, mit ihr noch einen Blick hinter die Kulissen eines heutigen Diplomatendaseins werfen.

## »Zwei Übersiedlungen kommen einem Hausbrand gleich«

*(Französisches Sprichwort)*

Das Klavier schwebte hoch in der Luft und pendelte, sich langsam um die Achse drehend, bedächtig hin und her. Dann riß das Tragseil und der Flügel stürzte, wie ein lebensmüder Elefant, in das schmutzige Wasser des New Yorker Hafens. Als sich die Wellen an der Unglücksstelle geglättet hatten, sah meine Freundin, – ebenfalls die Frau eines Diplomaten, die beim Übersiedeln war –, ihr Herzensstück mitten unter faulem Unrat und öliger Gischt dahinschaukeln ...

An diese Schilderung mußte ich denken, als ich, während meiner ersten Übersiedlung über das Meer unser Auto beobachtete, das gerade am Schiffskran hing. Man lud an einem neuen Auslandsposten unsere Habe aus. Nein, das Seil riß nicht, doch waren die Kotflügel und Scheinwerfer eingedrückt. Schmerzlich genug, wenn man dies an seinem neugekauften Auto feststellen muß, ein kleiner Schaden hingegen, wenn man die zwölf großen, nagelneuen Lastautos betrachtete, die auf dem offenen Vorderdeck unseres Linienschiffes als Frachtgut vertaut gewesen waren. Sie kamen, als man im Zielhafen die Planen abnahm, nur mehr als ein Trümmerhaufen aus zerquetschtem Blech und Glasscherben zum Vorschein, sie wurden während eines Unwetters von den Wellen, die über Bord gerollt waren, demoliert. Wir hatten nämlich, wie uns der Kapitän nachher versicherte, die ärgste Überfahrt hinter uns, die er während zwanzig Jahren erlebte. Es gab einen Herzschlag-Toten an Bord, die Besatzung stand in ständiger Alarmbereitschaft, und wir kamen wegen der orkanzerwühlten See mit zwei vollen Tagen Verspätung an.

Auch die Anzüge meines Mannes mußten an dieses Unwetter glauben. Eines nachts machte sich der Schrankkoffer mit seiner Garderobe, der wegen seines Ausmaßes nicht in der Kabine selbst, sondern vor unserer Türe untergebracht werden mußte, selbständig, und schlitterte auf seinen kleinen Eisenrädern,

dem wilden Rollen des Schiffes folgend, dröhnend den Korridor auf und ab. Dabei prallte er immer wieder wie ein Rammbock gegen die Kajütenwände. Wir waren seekrank und somit außerstande, uns des rasenden Gepäckstückes anzunehmen, auch dann nicht, als es später still um ihn wurde. Am nächsten Morgen fanden wir den Reiseschrank in einer Ecke des Seitendecks festgemacht, das Seewasser rann aus allen seinen Fugen. Der Inhalt war zum Wegwerfen.
Der Lift-Van mit unserem persönlichen Übersiedlungsgut, der sich ebenfalls auf dem Schiff befand, langte zu unserer Überraschung wohlbehalten an. Zumindest dem äußeren Anschein nach, auspacken konnten wir ihn nämlich erst acht Monate später. Solange dauerte es, bis wir an diesem neuen Posten ein entsprechendes Haus gefunden, gemietet und hergerichtet hatten. Als wir ihn, endlich unter eigenem Dach, aus dem Hafendepot holen und öffnen ließen, fanden wir darin sämtliche Wollsachen von Motten zerfressen und die Wäsche voller Schimmel vor, sogar das Silber war von der salzigen, feuchtheißen, subtropischen Meeresluft arg mitgenommen.
Dieser Posten hatte es überhaupt in sich. Vor unserer Ankunft unterhielt unser Vaterland dort keine diplomatische Vertretung, mein Mann wurde mit dem Auftrag entsendet, eine Botschaft zu eröffnen und aufzubauen. Mir wiederum fiel es zu, Wohnstätte und Büroräume von Grund auf einzurichten. Beides stellte, abgesehen von den üblichen Anfangsschwierigkeiten, von denen Diplomaten bei jedem Dienstortwechsel heimgesucht werden, eine riesige Belastung dar. Normalerweise übernimmt ein neuankommender Missionschef von seinem Vorgänger ein eingespieltes Mitarbeiterteam, einwandfreie Amtsräume und eine von seinem Staat eingerichtete Residenz, die dem jeweiligen Botschafter zur Verfügung steht. Nichts dergleichen war vorhanden, wir mußten alles selber schaffen.
Unser Land pflegt seine Auslandsvertretungen meist mit staatseigenen, echten, alten Stilmöbeln auszustatten und aus solchen bestand auch das für diese zu eröffnende Botschaft vorgesehene Mobiliar; lauter Prachtstücke, die daheim frisch hergerichtet

und wunderschön überzogen worden waren. Sie kamen im August an. Das Schicksal wollte es, daß während dem Ausladen im Hafen ein diluvialischer Regen niederging, ein Naturereignis und besonderer Ausnahmefall, denn in jenen Breiten regnet es im Sommer nicht. Die Lift-Vans waren aus Holz. Die Polstermöbel, die darinnen zu oberst verstaut gewesen waren, saugten sich derart mit Wasser voll, daß es, wenn man auf die Stoffflächen drückte, glucksend hochstieg. Wie vernichtet betrachtete ich die Verheerung. Unser Leben bestand seit Monaten aus Improvisationen, nun sah ich unsere heißersehnte, auch beruflich schon dringend nötige Häuslichkeit wiederum in die Ferne rücken. Der Staat hätte die finanziellen Mittel, um den Schaden beheben zu können, auf unser Ansuchen hin bestimmt nicht sofort zur Verfügung gestellt, und selbstredend hätte man darum zuerst ersuchen müssen.
Die Budgetgebarung jedes Außenministeriums, wie die Regierungskonten der meisten Länder, geht von dem Grundsatz aus, daß man einem Botschafter zwar die Interessenvertretung einer ganzen Nation anvertrauen und ihm die Signatur milliardenschwerer Verträge zumuten kann, nicht aber die freie Verfügung über eine Briefmarke, geschweige denn über einige Meter Möbelbrokat. Also entschloß ich mich zu einer Rettungsaktion. Ich ließ die Zentralheizung anlaufen, – es war, wie gesagt, im August in den Subtropen –, alle vorhandenen Elektroöfen eingeschaltet um die nassen Garnituren stellen und nahm die seidenen Oberflächen außerdem noch mit einem Haartrockner-Föhn in Behandlung. Gegen drei Uhr früh standen die Möbel beinahe trocken, jedenfalls aber ohne Wasserflecken da, ich freilich war, völlig aufgelöst, am Rande eines Kollapses.
Das bezaubernde Land, in dem sich dies ereignete, und wo wir dann sechs glückliche Jahre verlebten, hatte eine Eigentümlichkeit. Man mußte dort zweimal jährlich übersiedeln. Aus klimatischen Gründen zog zu Beginn des feuchtheißen Sommers alles von der Hauptstadt an der Küste in die nahen Berge, und am Anfang des Herbstes wieder hinunter. Da wir auch wäh-

rend dieser Sommeraufenthalte einen tadellosen Haushalt zu führen und also alles Dazugehörige mit uns hinaufzuschleppen hatten, füllten sich jedesmal mehrere Lastautos. Das bedeutete auf diesem Posten, zusätzlich zum Ankunfts- und Abreisetransport, immerhin zwölf weitere Übersiedlungen.
Während der bisherigen Karriere meines Mannes brachten wir es auf dreiundzwanzig Übersiedlungen. Jeder meint, ich hätte es nun schon im kleinen Finger. Nein, man gewöhnt sich nicht daran. Ich bekomme sofort Magendrücken, wenn leere Koffer angefüllt werden sollen und in fiebrigen Alpträumen muß ich, stets von Zeitnot getrieben, packen.
Der Schrecken unserer Übersiedlungen liegt nicht in dem bevorstehenden, großen Wechsel mit allen Perspektiven des Unbekannten, diese erfüllten mich eher mit Neugier. Das Arge daran ist die jedesmal zu bewältigende Arbeit und die Organisation der hunderterlei Erledigungen und Aufgaben, die in den letzten Wochen vor dem Aufbruch zu einer Sturzflut anwachsen.
Verläßt man die eigene Heimat, um sich auf einen Posten im Ausland zu begeben, heißt es, sein Haus oder seine Wohnung so zu hinterlassen und die Sachen, die zurückbleiben danach zu bestimmen, daß man sie wahrscheinlich mehrere Jahre lang nicht wiedersieht. Zieht man von einem Auslandsposten an einen anderen, so muß man wiederum für den Nachfolger die Residenz, samt abgeschlossenem Inventar untadelig übergeben, und die eigenen Einrichtungsgegenstände, die man, um auch etwas Persönliches um sich zu haben, immer mit sich führt, für das Speditionsunternehmen bereitstellen. Während man versucht, die Packer, die in einem Urchaos wirken, mit Bier und Zigaretten bei guter Laune zu halten, läuft man noch zum Zahnarzt, zu Anproben bei der Schneiderin, erledigt massenhaft Besorgungen und viele Abschiedsbesuche. Man versucht, den Hausangestellten gute Plätze zu verschaffen, organisiert und durchsteht den eigenen Abschiedsempfang, den man für einige hundert Personen zu geben hat und macht die täglichen Parties und Diners, die liebenswürdige Freunde und Kollegen

zum Adieu veranstalten, todmüde und nicht selten von Fieber geschüttelt mit. Denn in diesen Tagen sind auch noch die letzten Schutzimpfungen gegen Pocken, Cholera, Typhus oder Gelbfieber fällig, die für erstaunlich viele Länder vorgeschrieben sind.

Die unglaublichsten Dinge hat man während dieser hektischen Zeit zu überlegen. So gibt es zum Beispiel einen fernen Posten, an dem es überhaupt keine Schuhe, Kleider oder Wäsche zum Kaufen gibt, die unserer Vorstellung entsprechen, und man zweitausend Kilometer fliegen muß, um zu einem annehmbaren Zahnarzt zu kommen. Anderswo wiederum fehlt es an Zwirn oder Kerzen, an Rasierklingen, Putzmittel oder Kaffee, von Arzneien und Toilettenartikeln ganz zu schweigen. Und man stelle sich die Garderobesorgen vor, wenn jemand von Rio de Janeiro nach Moskau versetzt wird oder umgekehrt.

Von den Abschiedseinladungen spät nachts heimgekehrt, machte ich mich meist über das Packen jener Koffer und Gepäckstücke, die wir selbst mitnahmen und deren Inhalt für die erste Zeit in der Fremde ausreichen mußte, dabei hatte ich oft für Monate vorauszudenken. So eine nächtliche Packstunde in der durch die Übersiedlungsarbeiten verwüsteten Wohnung, umgeben von manch geliebten Gegenständen, die nun verpackt auf den Abtransport, und genau wie wir, auf ihr neues Leben in einem unbekannten Land warteten, wirkte immer irgendwie gespenstisch.

War endlich alles verladen und die Lift-Vans vom Zollbeamten versiegelt, versuchte mich noch meistens die Vorstellung, ob und in welchem Zustand wir unseren Besitz wiedersehen werden. Nicht unberechtigterweise, wie wir schon sahen. Einem österreichischen Kollegen angelten zum Beispiel wohlinformierte Diebe nur seine antiken Orientteppiche aus dem Güterwaggon, sie zogen die Teppichrollen durch ein erbrochenes Loch. Das Mißgeschick eines deutschen Botschafters war viel größer. Er verlor bei seiner Übersiedlung aus dem Fernen Osten in die Heimat all seine Sachen, der Frachter ging mit seinem gesamten Hab und Gut in einem Sturm unter. Auch die

Politik vermag höhere Gewalt zu spielen. Der ganze Übersiedlungstransport eines italienischen Kollegen liegt seit dem israelischen Blitzkrieg auf einem der im Suezkanal blockierten Schiffe. Als Griechenland eines Tages mit einem der skandinavischen Länder in politische Meinungsverschiedenheiten geriet, beorderte es seinen Botschafter von dort zurück, die Beziehungen wurden aber nicht »abgebrochen«, sondern nur »provisorisch unterbrochen«. Um das Vorübergehende der Maßnahme zu unterstreichen, wurde dem Botschafter von seiner Regierung verboten, sein Eigentum mitzunehmen, dieses sollte im Norden für eine mögliche Rückkehr zeugen. Der Botschafter wartete dann in Athen während dreieinhalb Jahre auf diese Rückkehr.

Und an noch etwas dachte ich jedesmal, daß nämlich all die Kisten, Kartons und Möbel auch wieder ausgepackt werden müssen. Weniger als hundert Kollis waren es nie.

Auf keinem einzigen Posten ging unser Einstand reibungslos vor sich. Auch an einem anderen Bestimmungsort waren wir gezwungen, am Anfang Monate hindurch im Hotel zu wohnen, währenddessen ich die bisherige Residenz, die abgebrochen wurde, zu räumen, den Inhalt unterzustellen und dann damit wiederum in das neue Haus zu übersiedeln hatte. Außerdem wurde die Villa, die wir auch diesmal nur mit größten Schwierigkeiten fanden, umgebaut. Man arbeitete daran so viel länger, als vorgesehen war, daß wir schließlich aus finanziellen Gründen noch während des Baues eingezogen sind. Neben dem Schmutz, Lärm und Ärger mit den Handwerkern, – ihr Aufseher pflegte die Werkstunden in einem Liegestuhl im Garten, im Schatten einer großen Pinie zu verbringen; um ja nicht gestört zu werden, breitete er sich eine Zeitung übers Gesicht –, war dieser Beginn auch deshalb bemerkenswert, weil ich kein Wort der Landessprache verstand und mir durch einen Insektenstich eine Blutvergiftung zugezogen hatte. So humpelte ich mit einem bandagierten Bein und fortwährend gestikulierend wie eine wirre Schauspielerin durch das Haus, von der Baustelle in die Küche etwa, oder von der Köchin zum

Tapezierer, der im Salon Maß für die Vorhänge nahm und ich versuchte, durch Zeichensprache meine Vorstellungen durchzusetzen. Auch das Geringste konnte ich nur mit Mienenspiel und Gesten erreichen. Es war eine harte Zeit.

Das Schlimmste bei diesen Anfangsmiseren ist aber, daß ungeachtet aller Hindernisse und den ungeheuren Mühen, die jede Neuinstallierung begleiten, sofort nach der Überreichung des Beglaubigungsschreibens das offizielle Diplomatenleben beginnt.

Also kam es – wieder in einem anderen Land – vor, daß, während mein Mann mit dem Hofmarschall zum üblichen Abschluß der soeben stattgefundenen feierlichen Überreichung im Salon bei einem Glas Champagner saß, in dem Raum daneben noch die Anstreicher pinselten. Auch auf diesem Posten mußte das Haus vollkommen neu hergerichtet werden. Es war noch nicht fertig, als wir bereits einen Empfang für dreihundertfünfzig Personen aus Anlaß unseres gastierenden Nationaltheaters geben mußten, zu dem sich auch das Fernsehen angesagt hatte. Erst die Nacht zuvor konnten wir die Bilder aufhängen und die Teppiche auflegen. Kein Mensch fragt in solchen Fällen, ob man bereits das entsprechende Personal zum Führen des meist großen Haushaltes hat – und man hat es anfangs so gut wie niemals. Während aus den halbausgepackten Kisten noch lange die Holzwolle quillt, müssen die Mahlzeiten schon am ersten Tag pünktlich auf dem Tisch stehen und hat eine einwandfreie Garderobe griffbereit im Schrank zu hängen, da die Arbeit des Botschafters sofort beginnt, wie sie an seinem vorherigen Dienstort auch erst bei der Abreise aufhört, ob es nun Schusterbuben regnet oder nicht.

Zu Beginn regnet es immer Schusterbuben. Während sich der nach vielen Schwierigkeiten gefundene Koch als unfähig und das übrige Personal als schmutzig oder unehrlich entpuppt, stehen schon die ersten Gäste vor der Tür. Man sollte die günstigen Einkaufsquellen und die Preise bereits kennen, noch bevor man sich um sie kümmern konnte. Die Kinder kommen heulend oder verstört aus der neuen Schule, die Mutter aber

kann sie nur flüchtig trösten, geschweige denn, sich mit ihnen zu den Aufgaben setzen, weil sie sich sobald als nur möglich und trotz der vielen Schwierigkeiten, die sie bedrängen, in die Flut der vorgeschriebenen Antrittsbesuche zu stürzen hat.
Diese Einstandsvisiten belasten die ersten Monate jedes neuen Postens außerordentlich, nicht etwa, daß sie unnötig oder uninteressant wären, sondern weil sie so viel Zeit kosten. Jeder neu angekommene Missionschef hat allen seinen ausländischen Botschafterkollegen, dem Regierungschef, dem Außenminister und einer Reihe der wichtigsten Persönlichkeiten des Gastlandes einen Antrittsbesuch zu machen, während seine Frau deren Gattinnen eine Visite abzustatten hat. Im Durchschnitt sind, je nach dem Dienstort, sechzig bis hundert und mehr Besuche fällig. Die für sie aufgewandte Zeit verdoppelt sich aber, weil man sie in den meisten Ländern auch zu erwidern pflegt. Freilich brauchte man ohne diese dreißig Minuten unter vier Augen nicht Monate, sondern Jahre, um mit diesen Menschen Kontakte aufzunehmen und all die Verbindungen anzuknüpfen, von denen die erfolgreiche Arbeit eines Diplomaten abhängt.
Aufschlußreich sind diese Besuche immer. Nicht nur, weil die Wohnung, die Atmosphäre, das Gesprächsthema und die Art des Gegenüber Bände aussagen, sondern auch, weil sie oft überraschende Einblicke gewähren.

## »Andere Leute, andere Sitten«

*(Sprichwort)*

Da sitze ich zum Beispiel während eines Antrittsbesuches einer jungen, schwarzhäutigen Kollegin gegenüber, ihr Mann ist Botschafter eines Zentralafrikanischen Staates. Der Raum, in dem sie mich empfängt, ist überheizt, hat aber gerade die richtige Temperatur für das leichte, farbenfrohe Gewand, das sie

voller Anmut trägt und das im seltsamen Gegensatz zu dem feucht-kalten westeuropäischen Novembertag steht, der sich vor dem Fenster in grauen Nebelfetzen verliert. Mir wird es bald zu heiß. Sie merkt es, hilft mir aus der Jacke und fügt in ihrem einwandfreien Französisch entschuldigend hinzu:
»Wir sind das erste Mal auf Posten in Europa. Ich kann mich an die schweren Wollkleider nur mit Mühe gewöhnen.«
Das Gespräch kommt auf die Kinder. Sie hat vier Buben. Nein, Schulsorgen hat sie keine, – ich spüre aber, daß sie plötzlich vage und bedrückt wird. Und als sie nach einer Weile mein echtes Interesse fühlt, bricht es verzweifelt aus ihr hervor:
»Sie sind alle gefährlich blutarm, sie sind hier alle anämisch geworden. Wir wissen nicht mehr ein und aus, es wird immer ärger.«
Meinen aufmunternden Einwänden begegnet sie mit traurigem Kopfschütteln.
»Wir haben alles versucht, es hilft nichts. Sehen Sie«, und sie streckt ihre nackten, dunklen Arme vor, »unsere Haut ist so beschaffen, daß sie auch die stärkste Sonnenbestrahlung abhält und nur das Notwendige davon dem Organismus zuführt. Was in unserem Klima ein lebenswichtiger Schutz ist, wirkt sich hier verheerend aus, die seltene und ungleich schwächere Sonne dringt durch unser Pigment so gut wie gar nicht durch. Die Erwachsenen scheinen mit diesem Mangel fertig zu werden, die Kinder aber nicht. Wenn es so weitergeht, wird mein Mann die diplomatische Laufbahn aufgeben, und wir werden heimkehren müssen. Er hängt sehr an seinem Beruf, aber wir können ihn doch nicht mit der Gesundheit unserer Kinder bezahlen.«
Genau das Gegenteil stieß indischen Kollegen zu. Ihre beiden Kinder, die in einem kühlen europäischen Land geboren waren und dort Jahre verbrachten, vertrugen, als die Eltern zurück nach Indien versetzt wurden, das Klima ihrer Heimat überhaupt nicht.
Eine andere afrikanische Botschafterfrau verbrachte, ebenfalls wegen des Gesundheitszustandes ihrer Kinder, jedes Jahr meh-

rere Monate mit ihnen in ihrer Heimat. Diese Ferien sind ihr aber zur Qual geworden.

»Warum?« wollte ich wissen.

»In unserem Stamm«, erzählte sie, »erkundigt man sich bei der Begrüßung nicht zuerst nach dem Wohlergehen des Gegenübers, sondern nach dem Befinden seiner Nachbarn. Wir leben in einer engen Gemeinschaft, baut einer ein Haus, helfen alle mit. Natürlich ohne Entgelt. Und man singt dabei und macht Späße«, setzte sie mit spürbarem Heimweh hinzu. »Ist jemand nicht in der Lage, sich zu verpflegen, bringen ihm die anderen zu essen. Bei diesem Zusammenhalt fällt die wichtigste Rolle den Nachbarn zu. Deshalb kann, wenn sich zwei treffen, die Frage ›Wie geht es Deinen Nachbarn?‹ nicht ausbleiben. Wenn es mir zum Beispiel an Fett oder Eiern mangelt, so hole ich mir das Fehlende von der Nachbarin.«

»Und geben es ihr dann gelegentlich zurück«, ergänzte ich.

Sie schaute mich an. »Zurückgeben? Nein. Das ist nicht nötig. Braucht meine Nachbarin etwas, dann nimmt sie sich es eben von mir.«

»Nützt diese Hilfsbereitschaft niemand ungebührlich aus?«

»Warum sollte man dies tun?« Meine Folgerung schien ihr sinnlos. »Sehen Sie nun, wie alleine ich hier bin? Ich kenne meine Nachbarn gar nicht. Sooft man mich daheim fragt, wie es ihnen gehe, weiß ich darauf nichts zu erwidern. Zu Hause kann man es sich nicht vorstellen, daß hier so ganz andere Sitten herrschen, und man glaubt, ich sei eine böse Frau geworden, weil sich meine Nachbarn nicht um mich kümmern.« Sie seufzte. »Man kann hier nicht einmal im Garten schlafen. Bei uns stellt man im Sommer die Betten ins Freie.«

Nein, dachte ich betroffen, das kann man in dieser Vielmillionenstadt, in diesem Land hier, in dem es beinahe immer kühl und regnerisch ist, wahrhaftig nicht tun. Ebensowenig, wie man sich die Butter von der Nachbarin holen kann und sie ihr nicht zurückzugeben braucht. Mir kam unsere Moral plötzlich recht schal vor.

Wer ist nun schlechter dran, der weißhäutige Diplomat auf

Posten in den Backofentemperaturen des Südens, oder unsere Kollegen aus den Tropen, die durch denselben Beruf die endlosen Winter nördlicher Länder zu ertragen verurteilt sind? Was ist schwieriger, mit unverdorbener Ursprünglichkeit der westlichen Lebensart zu begegnen, oder unseren abendländischen Geist jahrelang mit einer ganz andersartigen Mentalität zu konfrontieren?
Da wie dort ist es Diplomatenschicksal. Um jeden von ihnen ändert sich alle paar Jahre das Klima und das Weltbild, und sehr oft von Grund auf. Die wenigsten werden das Ungewohnte auf die Dauer ohne Gesundheitsschäden ertragen. Aber auch vom Intellekt und von der Seele wird eine außerordentliche Elastizität abverlangt. Die Schwierigkeit, in einem völlig fremden Kulturkreis leben und arbeiten zu müssen, wird sonderbarerweise immer unterschätzt. Nicht, daß man sich daran unentwegt aufreibt, doch jedesmal, wenn man glaubt, sich eingewöhnt zu haben, oder das Fremdartige endlich zu verstehen, kommt von irgendeiner Seite her ein unerwarteter Tiefschlag, der einen fassungslos nach Luft schnappen läßt.
Als Illustration dafür will ich einige wahre Geschichten erzählen.

Wir kamen vom Wasserschifahren. Das mehr als bescheidene und von der Stadt züchtig entfernt gelegene Strandleben war in dem südlichen, extrem islamischen Staat zwar ungern gesehen, doch unter der Ägide des Fortschritts stillschweigend geduldet. Der durch eine Klimaanlage wohltemperierte Cadillac unseres einheimischen Freundes rollte mit uns gerade durch die hypermoderne Hauptstraße, als mir ein uniformierter Ausrufer auffiel, der sichtlich etwas Amtliches verkündete. Auf meine Frage hin öffnete unser Gastgeber das Wagenfenster, lauschte kurz und sagte dann gleichgültig: »Man bringt der Bevölkerung zur Kenntnis, daß in Kürze am Platz vor dem Bazaareingang eine Enthauptung vollzogen wird. Die Exekutionen finden dort, falls es Delinquenten gibt, jeden Freitag statt«, fügte er noch erklärend hinzu. Als er unseren Gesichtsausdruck sah, meinte er beschwichtigend: »Es muß ein Schwerverbrecher sein. Den Dieben und Gaunern schlägt man nur die Hand ab.«

Ferner Osten. Ein europäischer Diplomat ist im Prachtpalast eines hohen Funktionärs zu Tisch geladen. Für den noch jungen Mann eine große Auszeichnung, zumal sich der Hausherr mit betonter Aufmerksamkeit um seinen Gast bemüht. So kündigt er ihm einige nur selten zu erhaschende Leckerbissen an, das Lieblingsgericht seiner ersten Konkubine übrigens, das er für seinen jungen Freund eigens reservieren ließ. Da brachte man es auch schon. In der erlesenen Porzellanschüssel waren rosafarbene Gnocchis, an jedem war ein kleiner rosa Faden befestigt. An diesem Schnürchen haltend, tauchte man sie einzeln in warmen Honig und verzehrte sie dann samt und sonders. Der junge Diplomat wußte die Auszeichnung zu würdigen, dankte immer wieder, und erkundigte sich schließlich höflich nach der Beschaffenheit der Delikatesse. »Ich bin wirklich glücklich, außerordentlich glücklich«, der Gastgeber verbeugte sich tief, »daß es mir der Zufall erlaubte, Ihnen diese rare Speise frisch vorsetzen zu können. Es sind weiße Mäuschen, die erst vor einer Stunde zur Welt gekommen sind. Sie leben noch.«

In einem heißen Land. Während der Sommermonate war es dort üblich, in der Nacht die Schlafzimmerfenster weit offen zu lassen. Da aber so nicht nur kühlere Luft, sondern gelegentlich auch Diebe eindrangen, hatte der Botschafter, von dem hier die Rede ist, immer eine Schußwaffe unter seinem Kopfpolster liegen. Eines nachts erwachte er mit dem Gefühl, ein Fremder befinde sich im Zimmer. Und tatsächlich, als er sich, den Revolver in der Hand, im Bett aufsetzte, sprang eine Gestalt behende durch das Fenster hinaus und verschwand in der Dunkelheit. Der Botschafter alarmierte sein Haus, es wurde Licht gemacht und alles durchsucht, es war aber nichts abhanden gekommen. Scheinbar hatte er den Einbrecher noch rechtzeitig an seinem Vorhaben gehindert.

Tags darauf meldete ihm seine Sekretärin einen Herrn, der dringend um eine Unterredung bat, der aber seinen Namen nicht nennen wollte, da es sich, wie er angab, um eine rein private, höchstpersönliche Angelegenheit handle.

Der Mann, der etwas später beim Botschafter eintrat, trug einen distinguierten dunkelblauen Anzug. Er war mittleren Alters und von ausgesuchter Höflichkeit. Sein Anliegen begann er mit sichtlichem Unbehagen vorzutragen.

»Entschuldigen Sie, Exzellenz, daß ich Sie störe.« Er stotterte. »Ich glaube ..., ich meine ..., ich glaube, Sie kennen mich. Das heißt, eigentlich kennen Sie mich nicht. Ich will sagen, Sie kennen mich nur vom Rücken. Ich, – ich bin nämlich der Dieb von der vergangenen Nacht.«

Und mit dem Geständnis einmal herausgerückt, ersuchte er den perplexen Botschafter um eine Bestätigung, daß er bei ihm nichts gestohlen habe.

Der empörten Abweisung begegnete er mit eindringlichen Beschwörungen. »Sie müssen es tun, Herr Botschafter. Sie dürfen es mir nicht abschlagen! Fehlt in Ihrem Haus etwas?«

»Nein«, sagte der Botschafter, »aber nur weil ...«

»Ja, ja, aber es fehlt nichts! Sie können es mir doch bezeugen, daß ich bei Ihnen nichts entwendet habe!« Der Dieb rang die Hände. »Exzellenz, ich flehe Sie an! Es ist für mich lebenswichtig! Die Polizei will es mir nämlich nicht glauben, daß ich bei Ihnen nichts erbeutet habe. Sie fordert ihren Anteil.«

Als in einer weit südöstlich gelegenen Hauptstadt die Trinkwasserzufuhr für mehrere Stunden unterbrochen wurde, sprach sich die Ursache alsbald herum. Man hatte in einem der Reservoirs eine ertrunkene Frau gefunden.

Am Abend des selben Tages saß ich während einem offiziellen

Diner neben einem der einheimischen Landesväter. Er gehörte einer Konfession an, deren orthodoxe Auffassung der Frau nur die Bedeutung eines Objektes zubilligt, das, jedenfalls minderwertig, gewissermaßen auch als unsauber gilt. Mein aufgeklärter Tischnachbar freilich hatte an der Sorbonne studiert und seine bildhübsche, elegante Frau – sie saß uns gegenüber – begleitete ihn auch in der Öffentlichkeit.
Die Sprache kam auf den grauenhaften Fund und alles erschauerte auch bei dem Gedanken an das verseuchte Wasser.
»Wirklich schrecklich!« meinte mein Nebenan. »Wenn es wenigstens ein Mann gewesen wäre!«
Nun staunte ich nicht mehr, daß in derselben Gegend die Goldsovereigns mit dem Bildnis der Königin Victoria unter ihrem Wert gehandelt wurden, – weil eine Frau darauf abgebildet ist.

Ein Staat auf der südlichen Hemisphäre. Nach einem angeblichen Putschversuch säuberte der Präsident auch die Regierung. Der Zufall wollte es, daß einer der zum Tode verurteilten Minister einst mit einem zur Zeit im Lande beglaubigten europäischen Botschafter dieselbe Universitätsbank gedrückt hatte. Der Botschafter versuchte, rein privat, über eine Vertrauensperson des Präsidenten, mit der er gut stand, sich für den Verurteilten zu verwenden.
Mit Erfolg, wie es schien, als ihn am nächsten Morgen der Vermittler zum Telefon bitten ließ.
»Der Präsident schätzt Sie sehr, Herr Botschafter. Er will Ihnen entgegenkommen. Sie dürfen für den Minister die Hinrichtungsart auswählen.«

Nun aber genug davon. Gewiß, man wird solchen Situationen nicht täglich gegenübergestellt. Sie lauern jedoch stets unter der Oberfläche. Wird man mit ihnen konfrontiert, so kostet es immer wieder Überwindung, keine Vergleiche mit der eigenen

Weltanschauung zu ziehen, sondern zu versuchen, die Verschiedenartigkeit einer anders gewachsenen Mentalität objektiv zu sehen. Wahrhaftig, nationale Vorurteile müssen im diplomatischen Dienst daheimgelassen werden, und das ist gar nicht so leicht. Natürlich heißt das nicht, daß man – symbolisch gesprochen – seinen Zylinder mit einem Turban vertauschen soll, oder den Frack mit einem Lendenschurz. Man hat, sogar bewußt, das Eigene zu tragen, aber man sollte zubilligen können, daß ein Lendenschurz oder ein Turban nicht etwas Schlechteres darstellen als die Attribute des eigenen Landes. Auch das ist nicht einfach.

Weniger schwierig hingegen schien es mir, sich an die fremden Gebräuche und Gewohnheiten des Alltags anzupassen. Nicht, daß es dabei keine Hindernisse gab. Vollends aus der Fassung brachte mich zum Beispiel der von dem unsrigen so verschiedene Zeitbegriff der Südländer, – und erst der Orientalen! Wir verbrachten zehn Jahre in Gegenden, wo die Worte mañana, avrio und bukra das Pflaster für jede Wunde darstellten, umfaßten sie doch die zauberkräftige Zeitspanne von morgen bis zur Ewigkeit. Wie sollte man dagegen bei einem Rohrbruch oder einer dringenden Autoreparatur nicht anrennen? Ich sehe noch meinen Mann, erst seit kurzem im saumseligen Süden auf Posten, wie einen Löwen im Käfig in seinem Büro auf und ab gehen. Der europäischen Hast, der pünktlich funktionierenden Verläßlichkeit des heimischen Außenministeriums noch nicht entwachsen, war er außer sich, auf eine äußerst dringende Anfrage von einer Behörde des Gastlandes nach einer Woche noch immer keine Antwort erhalten zu haben. Man lief Sturm, doch »bukra« siegte immer. Einige Jahre später rief er in einem ähnlichen Fall erfreut aus: »Was sagt Ihr dazu, ich habe schon in einem Monat eine Stellungnahme bekommen!« Tatsächlich, wir akklimatisierten uns, das Lehrgeld war hoch genug, aber wir empfanden die Anpassung als eine ausgesprochene Bereicherung. Leider hat uns seither die westliche Welt längst wieder zum Laufschritt gezwungen.

In diesen südlichen und südöstlichen Ländern gab es eine Reihe von Gebräuchen, die, aufschlußreich und pittoresk, voller Tradition, Folklore, Glauben und Aberglauben, einen so integrierenden Bestandteil des Alltagslebens bildeten, wie das Salz im Brot. Sie zu respektieren schien selbstverständlich. Sie sich aber anzueignen und anzuwenden machte Freude, weil einem dadurch die Sympathien wie gezähmte Vögel zuflogen und man beinahe innig in die fremde Gemeinschaft seiner beruflich zugewiesenen »Heimat« aufgenommen wurde.

Natürlich brauchte es eine Weile, bis man an diesen kleinen Sonderheiten teilzunehmen verstand, oder sie auch nur begriff. Wie sollte zum Beispiel ein nach Griechenland verpflanzter Fremder wissen, daß man an einem Dienstag nichts Entscheidendes beginnen darf? Am Dienstag übersiedeln? Gott bewahre! Alles am Dienstag Begonnene bringt Unheil. Ich aber setzte trotz der Proteste der einheimischen Hausangestellten den Einzug in unser neues Heim für einen Dienstag fest. Während der ganzen Übersiedlung sah ich nur finstere Gesichter um mich, und als die Arbeit fertig war, verschwand unser Personal, sie waren einfach fortgegangen. Bestürzt grübelte ich, was ich da angestellt hatte, bis sie nach einer guten Stunde wieder daherkamen, – mit geweihten Kerzen. Sie waren in der Kirche gewesen, um zu beten, das Unglück möge von unserem Haus, in das wir an einem Dienstag einzogen, abgewendet bleiben. Sie wurden erhört, denn wir erlebten vier gute Jahre in Athen. Später habe ich es herausbekommen, wieso gerade dieser Tag zum Unglücksbringer verdammt wurde: Konstantinopel fiel an einem Dienstag – im Jahre 1453.

Steht man in den arabischen Ländern als Gast vom Tisch auf, hat man »Deimi« zu sagen, »es soll immer so reich sein«. Drückt man seine Bewunderung oder Freude über jemandes Gesundheit, Qualitäten oder Wohlstand aus, so würde man diesem Glück schrecklichen Abbruch tun, wenn man nicht »Maschallah!« hinzufügte, nämlich daß Gott die Gaben gespendet habe, wodurch man den neidischen bösen Geistern die Lust auf diese nimmt. Und wehe dem, der ein Lebewesen lobt und seine anerkennenden Worte nicht mit »Smallah!« schließt

Wer lobt, ohne gleichzeitig auch Allahs Namen anzurufen, der gibt den »bösen Blick«. Das ist nicht zum Lachen, die halbe Welt glaubt an die unheilbringende Kraft des »bösen Blickes«, und zwar unerschütterlich. Dagegen schützt die blaue Farbe; Kinder, Esel, Kamele, Autos und schöne Frauen sind deshalb mit zumindest einer blauen Perle geschmückt. Aber auch die Abbildung eines menschlichen Auges, die alles Böse abweisende Hand der Fatima[34], und die »Figa«, der zwischen den Zeige- und Mittelfinger genommene Daumen, oder zwei, wie ein Spieß vorgestreckte Finger sind dagegen wirksam. Nicht zu glauben, wie oft mir, während unserer Jahre im Süden, dieser Aberglaube – und noch andere – den Weg verstellten. Und ich tat wohl daran, mich davor zu hüten, als Fremde in den Verruf einer Unheilbringerin zu kommen. In Kreta bin ich von einem Taxichauffeur beleidigt worden, weil ich ihm meine Handfläche mit den offenen fünf Fingern entgegenhielt, ich wollte ihm beim Zahlen die Ziffer Fünf andeuten, ohne zu ahnen, daß ich mit dieser Geste sein Augenlicht verwünschte.
Der Orientale schließt jeden im Futurum abgefaßten Satz mit »Inschallah«, »so es Gott will«. Der fatalistische Aspekt dieser Gewohnheit wurzelt im Islam, aber es gibt im ganzen Orient keinen Menschen, gleich welcher Religion oder Gesellschaftsschicht er angehört, der nicht sogar im Traume daran festhalten würde, und zwar nicht nur aus Aberglauben, sondern auch aus Demut vor der schicksalsbestimmenden Allmacht. Von europäischem Selbstbewußtsein strotzend fiel mir das zuerst gar nicht auf, und ich machte meine Pläne ohne Allah. Es war ein Frevel, und ich wurde von all meinen Gesprächspartnern, vom Ministerpräsidenten bis zum Milchmann, konsequent umerzogen. Sie fügten meinen Worten, wenn diese auch nur das Geringste betrafen, das in der Zukunft geschehen sollte, jedesmal sanft »Inschallah« hinzu. Dabei bekam ich mehr als einmal die klassische Parabel von dem Mann erzählt, der, ohne mit Allahs Willen zu rechnen, über den nächsten Tag bestimmen wollte. Dieser Mann sagte eines abends zu seiner Frau: »Wenn morgen schönes Wetter ist, führe ich die Kamele auf die Weide.«

»Inschallah«, antwortete darauf seine Frau.
»Nun, sollte es regnen, so bleibe ich eben im Zelt und bessere das Zaumzeug aus.«
»Inschallah«, meinte die Frau.
»Warum sagst Du ›Inschallah‹?« fragte der Mann ärgerlich. »Ich sagte doch, wird es schön, treibe ich die Kamele hinaus, regnet es aber, so bleibe ich hier und richte die Sättel.«
»Inschallah«, schloß die Frau.
Da wurde der Mann böse, beschimpfte sie wegen ihrer Dummheit und beachtete sie nicht.
In der Nacht aber kamen Räuber, banden den Mann an die Zeltstange, raubten sein Vieh und seine Habe, legten Feuer an den Rest und entführten seine Frau. Sie konnte sich befreien und kam zu ihrer verwüsteten Heimstätte zurück. Dort fand sie ihren Mann noch lebend, doch völlig erschöpft in seinen Fesseln vor.
»Ich werde Deine Fesseln lösen«, begann sie voller Mitleid.
»Inschallah«, flüsterte der Mann.

## »Der Freundschaft Wohlgeruch ist das Zeremoniell«

*(Altchinesisches Sprichwort)*

Im Leben der Diplomaten ist das Zeremoniell leider nur der »Duft« ihrer Repräsentationspflichten. Sie haben deren so viele, daß für die Pflege echter Freundschaften kaum Zeit übrigbleibt. Für jene Menschen da zu sein, vor allem mit denen intensiv zu verkehren, die man besonders mag oder schätzt, die interessieren oder bereichern, kann man in diesem Beruf ruhig als Luxus werten, – und dies ist bestimmt eine der besonders dunklen Seiten der Karriere.
Die Repräsentationsverpflichtungen der Diplomaten bestehen nicht, wie man es gerne glaubt, aus einem freiwilligen, fröh-

lich-unbeschwerten Reigen gesellschaftlicher Veranstaltungen, während denen man, selbstverständlich elegant gekleidet und womöglich mit einem Glas Whisky in der Hand, gemütlich plaudert oder sich an erlesenen Menus üppiger Bankette gütlich tut. Sie bestehen aus einem ständigen, aufreibenden Einsatz für letztlich fremde Leute.

Dazu sei gleich festgestellt, daß man diese gesellschaftliche Schwerarbeit – das ist sie nämlich – nicht freiwillig auf sich nimmt, sondern als Pflicht, weil sie eben einen unentbehrlichen Bestandteil der Tätigkeit eines Diplomaten darstellt, und man von ihnen diesen Einsatz verlangt. Es besteht kein Zweifel, daß die für den Beruf nötigen Kontakte am besten auf gesellschaftlichem Boden reifen, und nicht in einem unpersönlichen Büroraum. Auch löst ein sich Abseitshalten vom gesellschaftlichen Leben sehr bald Mißfallen im Gastland aus, es wird als Kränkung empfunden und fällt letztlich auf den Staat zurück, den der Diplomat vertritt. Leider sind aber, wie schon gesagt, diese für die diplomatische Arbeit erforderlichen menschlichen Verbindungen sowohl ihrer Anzahl, wie auch ihrer Vielschichtigkeit nach, zu einem kaum mehr zu bewältigenden Berg angewachsen, und mit ihnen natürlich auch die gesellschaftlichen Pflichten.

Seit vielen Jahren führe ich Aufzeichnungen, aus denen hervorgeht, wer und wann jemand bei uns zu Gast gewesen war, und was er vorgesetzt erhielt. Ich machte nämlich die Erfahrung, daß die meisten sich erstaunlich gut daran erinnern, was sie bei uns aufgetischt bekamen; ich will es natürlich vermeiden, denselben Gästen öfters die gleichen Speisen zu servieren. Diese Listen umfassen, nach der mehr als fünfundzwanzigjährigen Laufbahn meines Mannes, Tausende von Namen. An jedem Posten taucht die Mehrheit der Eingeladenen regelmäßig immer wieder auf, sie ergeben einen Querschnitt durch die politische, wirtschaftliche und geistige Elite des Gastlandes. Wird man versetzt, werden sie von den gleichwertigen Persönlichkeiten am nächsten Bestimmungsort abgelöst, die im übernächsten Land wieder durch eine frische Garnitur vertreten

wird. Einmal weggezogen, sieht man sich kaum je wieder. Die Namen rarer Freunde, die einem treu bleiben, leuchten wie Sterne über die Hekatomben einstiger Gäste.
Einen kleinen Lichtblick in diesem ewigen Wechsel bringen auch jene ausländische Diplomatenkollegen, mit denen man irgendwo gemeinsam gedient hat und die man an einem anderen Ort zufällig wiederfindet. Sonst bestreiten auch die Kollegen einen ebenso großen, wie unbeständigen Teil im Gästebuch, man sieht sich sehr viel und dann sind sie, wie die Zugvögel, eines Tages fort.
Zu den einheimischen Gästen und den Diplomatenkollegen kommt auf jedem Auslandsposten noch eine Anzahl eigener Staatsbürger hinzu, die im Gastland leben und die man gleichfalls öfters zu sich bittet. Ebenso ein- bis zweimal im Jahr ein Empfang für die ganze – oder den Großteil – der Kolonie. Diese Einladungen für unsere Landsleute, denen ein wenig heimatliche Atmosphäre stets Freude macht, veranstalten wir besonders gerne.
Dagegen gibt es eine Sorte durchreisender Kompatrioten – und alle unsere ausländischen Diplomatenkollegen haben unter dieser Art von Landsleuten zu leiden –, die den offiziellen Vertreter ihres Staates als ihren eigenen ansehen, es als selbstverständlich erachten, daß man sich ihrer wie ein Reisebüro annimmt und die erwarten, mit großen Ehren überschüttet und womöglich auch zum Wohnen eingeladen zu werden. Die Annahme, ein Botschafter hat in seiner Residenz einen unentgeltlichen Hotel-Pensions-Betrieb für seine Staatsangehörigen zu unterhalten, ist weit verbreitet. Mein Mann bekam zum Beispiel eines Tages von einer angesehenen Persönlichkeit unserer Heimat einen Brief, in dem jener ankündigte, seine Frau werde mit einem Gratis-Eröffnungsflug für eine Woche in unser Gastland kommen. Sie möchte in der Botschaft absteigen und eine Reihe von – sorgfältig aufgezählten – Sehenswürdigkeiten besuchen. Wir kannten weder ihn noch sie. Genau für denselben Termin war der Besuch eines eigenen Kollegen, der von Bangkok kommend mit seiner Frau und zwei Kindern bei

uns Station machen wollte, vorgesehen, und so antwortete mein Mann, daß wir seine Gattin nicht aufnehmen können, da die Gästezimmer von diesen unseren Freunden gerade besetzt sein werden. Zu unserer Verblüffung schrieb daraufhin dieser Herr prompt zurück: er habe sich durch eine Rückfrage im Außenministerium* davon überzeugen können, daß unser Freund und seine Familie zur Zeit des Aufenthaltes seiner Frau an unserem Dienstort tatsächlich bei uns logieren werden – man möge also seiner Gattin ein bescheidenes Hotelzimmer bestellen, sie aber sonst betreuen.

Den Vogel hat aber jener bei uns einquartierte Gast abgeschossen, der zum Morgenkaffee Leute in unser Haus eingeladen hatte, ohne uns davon ein Wort zu sagen. Als ich, noch verschlafen, beim Frühstück erschien, fand ich eine Runde von meinem Mann und mir unbekannten Herren um den Tisch sitzen.

Um der Wahrheit nicht Abbruch zu tun, sei vermerkt, daß es unter den vielen Menschen, die bei uns jahraus, jahrein verkehren, ungezählte liebe, gescheite und hochinteressante Persönlichkeiten gibt, für die man sich gerne bemüht und deren Bekanntschaft man gerne eingehender pflegen würde. Aber wann? Und so bleiben auch diese letztlich meist nur flüchtige Begegnungen.

Zur Illustration meiner Ausführungen nahm ich mir soeben unsere Gästelisten vor und zählte all diejenigen zusammen, die im vergangenen Monat bei uns empfangen und in irgendeiner Form bewirtet worden sind. In drei Wochen waren es neunhundertsechsundzwanzig. Während der vierten Woche waren wir abwesend. Wohl fielen zwei größere Empfänge aus Anlaß unseres Nationlfeiertages in diese Zeitspanne. Doch auch sonst gibt es fortwährend irgendeinen Grund zu »Großeinsätzen« außer der Reihe: heimische Orchester, Chöre, Tanzgruppen, prominente Sportler oder Konferenzmitglieder und so fort,

* Ein Missionschef darf das Land, in dem er beglaubigt ist und wo er residiert, nicht ohne die Erlaubnis des Außenministeriums seiner Heimat verlassen.

sorgen stetig für den entsprechenden Sonderzulauf von Gästen.
Man muß sich auch die Arbeit und den Kraftaufwand vor Augen führen, die mit den gesellschaftlichen Verpflichtungen verbunden sind, zumal bei uns alles daheim selbst zubereitet wird. Fertiges von außerhalb zu bestellen, können wir uns aus finanziellen Gründen unmöglich leisten.
Da möchte ich gleich auch noch mit zwei weiteren, vielbeneideten Vorstellungen aufräumen, mit der Idee vom Luxus der Toiletten und teuren Festkleidung der Diplomaten – und mit ihren Schlemmergenüssen. Die Nachmittags- und Abendtoiletten sind tatsächlich kostspielig genug. Da sie aber in diesem Beruf während der Gesellschaftspflichten getragen werden und man sich als Frau des Repräsentanten eines Landes nur schwer in hausgemachten Fähnchen zeigen kann, muß man über einige entsprechende Stücke verfügen und die Mehrausgaben dafür eben anderswo einsparen. Jedenfalls habe ich mir ungezählte Male gewünscht, zusätzliche Pullover oder neuere Wäsche statt der Abendkleider zu besitzen. Übrigens trägt man seine Toiletten buchstäblich zu Tode. Da man mindestens fünfmal in der Woche zwangsweise festlich gekleidet sein muß, fällt es einem nicht im Traum ein, sie wegen modischer Kaprizen wegzugeben. Im Gegenteil, man freut sich, wenn man ein Stück in das nächste Jahr hinüberrettet, normalerweise kündigen sie nämlich nach einer Saison aus Altersschwäche selbst ihre Dienste. Nicht anders steht es mit dem Smoking- und Frackverschleiß und den irrsinnig teuren Diplomatenuniformen der Herren.
Was nun den Champagner und Hummer, die auserlesenen Weine und Fasanbraten betrifft; man bekommt sie wirklich vorgesetzt. Ganz einfach, weil die Veranstaltungen und Bankette, an denen man teilnimmt, einen betont feierlichen Charakter haben. Dabei werden freilich weder die Kalorien, noch der Cholesteringehalt der Speisen berechnet. Würden die Diplomaten jedesmal herzhaft zugreifen, müßten sie alle an Leberzirrhose zugrunde gehen. Und so greifen sie eben erst gar

nicht zu. Als Hausfrau kann ich es bestätigen, nie wird so wenig gegessen und getrunken, als wenn man viele Diplomaten unter seinen Gästen hat. Im übrigen ist es weder lustig noch leicht, den Köstlichkeiten täglich Widerstand leisten zu müssen.

Bisher habe ich die Art der gesellschaftlichen Verpflichtungen, zu denen man selbst gebeten ist, noch gar nicht erwähnt. Es gibt praktisch keinen Tag, an dem man nicht irgendwohin ausgehen müßte. Dabei spielen sich gut achtzig Prozent aller Einladungen in den frühen und späteren, ja sehr späten Abendstunden ab. Das heißt, man hat sie nach des Tages Last und der getanen Arbeit auf Kosten der Gesundheit, des Familienlebens, der Ruhe, der Hobbys und der Besinnlichkeit zu absolvieren, ohne die geringste Rücksichtnahme auf die körperliche oder seelische Verfassung und die Sorgen als Privatmensch.

Dennoch belasten nicht die Abendeinladungen am meisten, sondern diejenigen, die während des Tages stattfinden. Sie unterbrechen den Lauf der Arbeit und verringern die sowieso kurzen, kostbaren Stunden, die dafür zur Verfügung stehen. Man hat doch tausend Dinge im Haushalt zu tun, Verrechnungen, Korrespondenz und Telefonate warten, das Personal will gelenkt und beachtet werden, Einkäufe und Besorgungen drängen und man möchte für die Kinder und die Familie Zeit haben. Da muß man mitten im Schwung aufhören, sich umziehen, um am hellichten Vormittag zu einer Damen-Coffee-Party zu eilen, wo während zwei Stunden eine große Schar von Frauen wie in einem überdimensionierten Vogelkäfig lärmen. Niemals hatte ich verstanden, wozu man diese gute und nützliche Zeit mit Geplapper vergeuden und sich vor dem Mittagessen mit Kuchen und Milchkaffee anfüllen soll. Zweifelsohne ist dies eine besonders sinnlose Art von Geselligkeit, die meist von gesellschaftlich leicht frustrierten und daher überehrgeizigen Damen gepflogen wird, die einem tödlich beleidigt sofort den kalten Krieg erklären, wenn man sich vor ihren Parties zu drücken versucht.

Eine ähnliche Schilderung gebührt auch den Damentees, die

unseligerweise wiederum in die frühen Nachmittagsstunden fallen, während denen man – kommt man doch täglich erst spät nachts zur Ruhe – teils mit der Siesta-Schwere kämpft, teils mit der Nervosität wegen der neuerlich versäumten Arbeitszeit.

Nicht viel mehr halte ich von den Damen-Mittagessen. Immerhin darf man dabei zumindest sitzen, und es kann sich gegebenenfalls auch eine interessante Unterhaltung entwickeln.

Parallel zu diesen Veranstaltungen für Damen gibt es auch einige nur für Herren, etwa Mittagsempfänge aus Anlaß der Nationalfeiertage der im Gastland vertretenen Staaten, oder sogenannte Herren-Arbeitsessen. Mein Mann haßt sie, da die üppigen Speisen und Weine, mag man sie noch so vorsichtig konsumieren, lähmend wirken und nachher noch ein langer Tag zu bewältigen ist. Doch können sich dabei, vor allem während der Lunchs, gute Kontakte und fruchtbare Gespräche ergeben.

Während des Tages veranstaltet man auch noch feierliche Eröffnungen, Militärparaden, Kranzniederlegungen, Te Deums und Requiems, zu denen sich die Herren meist im Jackett und Zylinder, wenn nicht gar in Diplomatenuniform oder im Frack mit Dekorationen zu begeben haben, in einer Kleidung, die sich in der prallen Sonne etwa, recht wunderlich ausnimmt. Glücklicherweise sind diese Art von Veranstaltungen nicht allzu häufig.

Gegen Abend beginnt für die Diplomaten der gesellschaftliche Großeinsatz. »Nach getaner Arbeit ist gut ruhn«, sagt die allgemeingültige Weisheit des Sprichwortes und beleuchtet damit schlagartig, wie weit man in diesem Beruf außerhalb der Norm steht. Erstens wird ein hochrangiger Diplomat sein Tagespensum an Arbeit trotz intensivem Tempo bis zum Anbruch seiner abendlichen Geselligkeitspflichten nur selten völlig erledigt haben und zweitens kann nach des Tages Mühe von Ruhe keine Rede sein. Die nachhängende Büroarbeit wird zu den unmöglichsten Zeiten fertiggestellt, zum Beispiel nachts und frühmorgens und selbstverständlich am Wochenende.

Nach achtzehn Uhr beginnen die Cocktail-Parties und Empfänge. Beide sind ungemütliche Steh-Veranstaltungen mit Massenandrang, während denen man nicht selten einen Satz mit jemand anderem beendet als mit dem, mit dem man ihn begonnen hatte. Die Gastgeber und Gäste sehen sich nur für die Zeit eines Händedrucks, zwischen Tür und Angel, wortwörtlich, denn der Hausherr und die Hausfrau stehen während der ganzen Zeit neben dem Eingang, um die Flut der Kommenden und Gehenden mit Shakehands und einer freundlichen Plattheit zu begrüßen und zu verabschieden. Immerhin trifft man viele Leute und frischt im Herumgehen Verbindungen auf. Die politisch Interessierten diskutieren in Gruppen oder tuscheln zu zweit und dritt in einem Winkel, der Wand zugekehrt, damit man sie nicht stört. Verabredungen kommen zustande, man erwischt Bekannte, die man wegen irgendeiner Sache nicht direkt antelefonieren möchte, jedoch sprechen muß. Und veranstaltet man selbst eine Cocktail-Party, so ist dies die Gelegenheit, jene vielen zu sich zu bitten, mit denen man wohl Kontakte zu pflegen hat, die man aber nicht zu Tisch oder sonst in einem intimeren Kreis einzuladen braucht. Keine Woche vergeht ohne Empfänge und Cocktails, oft sind es zwei oder drei am selben Tag. Wenn nach ihnen noch eine Dinereinladung fällig ist, macht man sie, schon dafür gekleidet, in Smoking und Abendtoilette mit. Sind sie aus irgendwelchen Gründen auch so nicht alle zu bewältigen, übernimmt der Botschafter einen Teil der gesellschaftlichen Obligationen und seine Frau geht zu den restlichen.

Die Diners sind zwar auch ermüdend, weil man bis dahin jedenfalls schon abgekämpft ist, dennoch sind sie am positivsten zu bewerten. In einem gepflegten Heim bequem und in Ruhe sitzend, bei einem schön gedeckten Tisch, guten Speisen und einem ausgesuchten Tropfen kommt immer Atmosphäre auf. Wir erleben es stets von neuem, wie auch zurückhaltende Menschen bei einer gastlichen Tafel auftauen und um wieviel persönlicher und spontaner danach ihr Verhältnis zu uns geworden ist.

Schrecklich hingegen sind Abendvorträge und Wohltätigkeitsvorführungen. Nach einem mehr als ausgefüllten Tag einen langen Kulturfilm etwa über Amöben ansehen zu müssen, kommt einer raffinierten Folter gleich.

Schlimm sind auch die Wohltätigkeitsbälle, weil sie weit über Mitternacht dauern. Der arme Botschafter muß mit den Frauen der anwesenden Persönlichkeiten, unabhängig vom Alter und Gewicht der Damen, das Tanzbein schwingen, keine darf er dabei übersehen. Die Herren höheren Ranges – und meist auch Alters – halten es wiederum für ihre Pflicht, mit der Frau des Botschafters viel zu lange Ehrenrunden zu drehen.

Man glaube ja nicht, daß die Diplomaten alle Einladungen annehmen, sozusagen wahllos zu jeder hinrennen! Ganz im Gegenteil, jeder bremst, wo er nur kann, sonst wäre es gar nicht zu schaffen. Was ich hier aufzählte, ist nur die unumgängliche Repräsentation. Es gibt Tage, für die man für dieselbe Zeit und die gleiche Art von Geselligkeit bis zu einem halben Dutzend Einladungen zugeschickt bekommt.

Besäße man das Geld, das man während all der Jahre für Einladungen und die Heere von Gästen ausgegeben hat, wäre man versorgt. Allerdings hatte man diese Summen genau genommen eigentlich nie selbst besessen, sondern sie wurden einem von seinem Staat zu treuen Händen Monat für Monat mit dem Auftrag überwiesen, sie gleich wieder für Repräsentationszwecke im Interesse des Staates zu verwenden. Dazu verlangt das Vaterland von seinen Diplomaten, daß sie ihm dieses Geld auf der Stelle verzinsen, nämlich mit ihrer Kraft, ihren Nerven und ihrer Gesundheit. Mit jenem Müheaufwand eben, ohne den das vorgeschriebene gesellschaftliche Auftreten nicht zu bewerkstelligen ist. Um so weniger, als die Bezahlung nicht annähernd großzügig genug ist, um damit eine Repräsentation ohne ein Maximum an Arbeitseinsatz und Kraftaufwand zu ermöglichen. Diese stehen in überhaupt keinem Verhältnis zum effektiven Verdienst der Diplomaten. Was uns zum Beispiel für die eigenen Bedürfnisse monatlich übrigbleibt, ist ein Betrag, für den sich kein Schuster zum Leisten stellen, kein

Fleischhauer, Kaufmann auch nur die halbe Mühe geben würde, ganz zu schweigen davon, daß jeder private Konzern das Vielfache dieses Geldes zahlen muß, wenn er einen tüchtigen Mann haben will. Es gibt Länder, die ihre Diplomaten sehr gut besolden, sie sind aber in der absoluten Minderheit.

»Zu treuen Händen«, sagte ich zuvor, aber das stimmt gar nicht, denn scheinbar trauen die heimischen Behörden ihren diplomatischen Dienern im Ausland keine treuen Hände zu; die meisten Staaten kontrollieren die repräsentative Geselligkeit ihrer Diplomaten mit peinlicher Genauigkeit. Diese Überwachung kann zum Beispiel aus einem »Gesellschaftsbericht« bestehen. Ein solcher muß regelmäßig dem heimischen Außenministerium vorgelegt werden und hat eine zeitraubende Aufschlüsselung aller gegebenen und erhaltenen Einladungen aufzuweisen, mit Angaben über die Art der Veranstaltungen, der Anzahl und sogar dem sozialen Stand der Gäste. Im Endeffekt ein wenig würdiges Dokument, durch welches der Staat seine hochqualifizierten, persönlichen Vertreter, die sonst gut genug sind, um die Verantwortung für nationale Interessen zu tragen, mit einem beschämenden Mißtrauen behandelt. Und wehe, wenn die Zahl der Gäste, oder die der erhaltenen Einladungen nicht hoch genug ist!

Als Argument gegen die schlechten Verdienstverhältnisse der Diplomaten werden immer wieder ihre Privilegien ins Treffen geführt, sowie die »Naturalien«, die sie genießen, das heißt das – sich zwangsläufig ergebende – Lebensniveau auf Staatskosten.

Die Privilegien, ihre Immunität, die Zollfreiheit, der Diplomatenpaß und das CD-Schild am Wagen sind wunderschön, ehrenvoll, bequem, alles, was man will, nur haben sie wenig praktischen Wert. Zum Vorrecht der Unverletzbarkeit sei bemerkt, daß durch Diplomaten verursachte skandalöse Kriminalfälle nur selten vorkommen, sie hingegen dennoch entführt, beschossen und mit Bomben bedacht werden. Die Zollfreiheit gäbe zu Mißbräuchen Gelegenheit, aber man ist eben kein Gauner. Der Ehrenkodex der Diplomaten ist sogar sehr streng, und wenn sich alle paar Jahre einmal irgendeiner von ihnen zum Schmuggeln von goldenen Uhren hergibt, so kann man diesen als eines jener schwarzen Schafe werten, die bekanntlich auch in den besten Familien vorkommen. Das Diplomatenethos verlangt, daß sie die Gesetze und Bestimmungen des Gastlandes beachten, und das tun sie auch.

Was ihr Lebensniveau betrifft, daß nämlich ihre gesellschaftliche Position mit allem Drum und Dran nicht als reines Positivum gewertet werden kann, darüber brauche ich wohl kein Wort mehr verlieren. Bleibt von den »Naturalien« also noch das Wohnen übrig, – die repräsentativ eingerichtete Residenz. Es ergab sich, daß wir eines Tages auf einen Posten kamen, wo mein Mann schon als junger Diplomat gedient hatte. Er kam als Botschafter zurück und ich als Hausfrau der Residenz, in die wir einst als junge Zugeteilte nur bei Einladungen des damaligen Chefs Einlaß fanden. Der alte Portier, das Faktotum der Botschaft, der uns ehemals als Anfänger erlebte, konnte diese Entwicklung nicht recht verdauen und riskierte, als ich mit ihm einmal wegen irgendeiner Reparatur durch das Haus ging, die Bemerkung: »Und wie fühlen sich Madame als Besitzer im Hause?« »Monsieur Alfred«, sagte ich ihm, »ein Hausbesitzer sind Sie. Denn wenn Sie heute nach Büroschluß heimgehen, erwartet Sie ihr eigenes, zweistöckiges Haus. Es gehört Ihnen. Dieses Gebäude hier ist uns nur anvertraut. Wir sind darin nicht einmal Mieter.« Und so ist es wirklich.

Diese nach außen hin so glänzende Situation der Diplomaten hat aber auch eine moralische Seite, noch dazu eine recht ernste. Wenn man nämlich in dieser Karriere seinen gesunden Menschenverstand beibehält, dann wird man sich während seiner ganzen Laufbahn bewußt sein, daß man, was die schönen Äußerlichkeiten und das Lebensniveau betrifft, in vom Staat zur Verfügung gestellten Kulissen eine geliehene Existenz führt. Alles ist an das Amt und nichts an die Person gebunden. Nur selten ist ein heutiger Diplomat so vermögend, daß er sich auch privat einen »Diplomaten-Lebensstandard« leisten kann. Noch weniger wurde es ihm in die Wiege gelegt, immer nur in der ersten Reihe aufzutreten und überall automatisch mit der Führung und Elite eines Landes zu verkehren. Wenn man aber während vieler Jahre auf diese Art lebt, ist es trotz der Kehrseite der Medaille gar nicht leicht, auf jenem nüchternen Boden zu bleiben, der einen während der obligaten Dienstzeit in der Heimat[35] und erst recht im Ruhestand erwartet. Und noch viel schwieriger ist es, die Kinder von diesem falschen Glanz unberührt zu erhalten und ihnen die reale Welt verständlich und schmackhaft zu machen.

»Es gibt mancherlei, was nicht erfunden, aber nichts, was nicht Wirklichkeit werden könnte«

*(Altchinesisches Sprichwort)*

Was würden Sie tun, falls Sie im Kino, wenn es nach der Vorstellung Licht wird, bemerken, daß im vermeintlichen leeren Fauteuil neben Ihnen eine Riesenschlange eingerollt liegt? Meine Freundin Tutti, Frau des italienischen Botschafters in einem ostafrikanischen Staat und ahnungslose Nachbarin der Schlange während zweier Stunden, meinte gelassen: »Der Film war schlecht. Sogar die Boa ist dabei eingeschlafen.«
Wahrhaftig, auf Posten rund um die Welt erlebt man die erstaunlichsten Dinge. Es kann vorkommen, daß man als Geschenk einen Affen erhält. Oder einen Elefanten.
Genau das passierte Tutti. In jenem Land, mit der Schlange im Kino, hatte der italienische Botschafter eine besondere Position. Als ehemalige Kolonie war es immer noch durch vielerlei Interessen mit Italien verbunden, vor allem aber benötigte es Hilfe für seine Wirtschaft, und man bemühte sich dementsprechend um des Botschafters Wohlwollen. Daß seine Frau und seine zwei kleinen Töchter viel für Tiere übrig hatten, sprach sich bald herum. Und so bekamen sie schon kurz nach ihrer

Ankunft von einem Potentaten einen kleinen Affen geschenkt. Tierliebend wie sie waren, ließen sie das Äffchen in der Wohnung frei. Scheinbar war es aber gerade erst eingefangen worden, denn die Begegnung mit der menschlichen Zivilisation versetzte das Tierchen in eine panikartige Raserei, die sich darin äußerte, daß es alles Zerreißbare zu Fasern zerfetzte. Wenige Stunden nach seinem Einzug in die Botschaft gab es unter anderem keinen heilen Vorhang mehr. Die bestürzte Familie beschloß daraufhin, da es ihr an einer freundlicheren Möglichkeit mangelte, das Äffchen in den Löwenkäfig zu sperren. Sie besaßen nämlich einen. Er lag im Park der Botschaft und stammte aus der Zeit, als es im Lande noch einen italienischen Gouverneur gegeben hatte, weil ein Gouverneur eben, der etwas auf sich hielt, Löwen haben mußte, prestigehalber, als Symbol seiner Macht sozusagen.

Der Käfig war zwar schon seit langem unbesetzt, duftete aber leider immer noch gewaltig nach Löwen. Dieser Geruch ließ den armen kleinen Affen in einen Zustand verfallen, den mir Tutti als »a complete nervous break-down« bezeichnete; völlige Apathie wechselte mit hysterischen Kreischkrämpfen, deren schrille Töne nicht nur durch Mark und Bein, sondern auch durch die Mauern drangen.

Inzwischen erschien der freundliche Spender, um sich nach dem Affen zu erkundigen, – und man bedankte sich bei ihm abermals höflichst für sein Geschenk, das allen so viel Freude machte. Warum sie das Tier behielten? Weil das Abweisen oder Mißachten eines Geschenkes in vielen Gegenden – und auch in jenem Land – als eine grobe persönliche Beleidigung gilt.

Das Äffchen kreischte weiter. In ihrer Verzweiflung zwängten die Kinder schließlich einen Spielzeugteddy durch die Gitterstäbe des Käfigs, sie hofften, der Affe würde sich mit dem Teddybären weniger alleine fühlen und sich dann vielleicht nicht mehr so fürchten. Sie behielten recht. Das Äffchen nahm das zottige Ding sofort an sich und verbrachte die nächste Zeit mit dem Bären im Arm, melancholisch, aber ruhig. Freilich reagierte der Teddy auf die ihm entgegengebrachte Zuneigung nicht im Geringsten, und da er auch keine Flöhe hatte, begann er den Affen zu langweilen. Die Schreikrämpfe begannen von neuem. Nach einigem Zögern gab man ihm nun ein lebendes Huhn als Gefährten, – womit man ins Schwarze traf. Der kleine Affe versuchte es als Reittier und unterhielt sich damit ausgezeichnet. Alsbald konnte man im Löwenkäfig der Botschaft ein Äffchen, mit einem Spielzeugbären im Arm, auf dem Rücken eines Huhnes die Runden reiten sehen.

Das nächste Geschenk, das das Botschafterehepaar erhielt, war ein Elefant. Wohl nur ein Babyelefant, aber immerhin. Die Kinder waren entzückt. Der Vater hegte freilich gegenüber geschenkten Tieren schon seit längerem ein nicht unbegründetes Mißtrauen. Außerdem gab es nicht einmal in der einstigen Gouverneursresidenz eine Bleibe für einen Elefanten. Jedenfalls erkundigte sich der Botschafter vorerst, womit ein Babyelefant ernährt werden müsse. Als er erfuhr, daß dieser während seiner zwei ersten Lebensjahre ausschließlich Milch trinke und zwar im Werte von durchschnittlich zweihundert Dollar im Monat, lehnte er das Geschenk, zumal der Spender kein Einheimischer war, energisch ab.

Die Kinder heulten, und auch Tuttis Mandelaugen trübten sich, denn das Elefantenbaby war ein Waisenkind. Seine Mutter war im Busch verendet und ohne Milch erwartete es das selbe Schicksal. Im Augenblick betreute ein italienischer Forscher, der in der Wildnis arbeitete, das Tier noch aus seinem eigenen Trockenmilchvorrat. In dem Maße aber, in dem dieser schwand, wurden die Funksignale des Gelehrten, wann das Geschenk geliefert werden könne, immer eindringlicher. Die Stimmung im Hause des Botschafters sank unter Null. In seiner Bedrängnis rief er schließlich die Vertretung einer großen internationalen Hilfsorganisation an und erkundigte sich verlegen, ob er für ein Baby Milchpulver kaufen könnte. Der Chef der Organisation bejahte es sofort mit einem beflissenen Wortschwall. Als aber auf seine Frage nach Alter und sonstigen Personalien des Säuglings: »Er ist sechs Monate alt und ein

Elefant« als Antwort kam, verstummte seine Stimme am anderen Ende des Drahtes für eine gute Weile. Dennoch rollte bald danach ein mit Trockenmilchkisten beladenes Lastauto in Richtung Busch.

So problematisch es für einen Normalverbraucher scheinen mag, einen Elefanten mit Milch zu verköstigen, so war es für Tutti beinahe noch schwieriger, ihren Haushalt mit frischem Gemüse zu versorgen. Im Land gab es nichts Brauchbares, sie mußte es per Flugzeug aus Nairobi kommen lassen. Die Preise waren dementsprechend. Darüber verzagt, entschloß sie sich, einen Gemüsegarten anzulegen.

»Na und«, fragte ich, »hast Du etwas zustande gebracht?«

»Ich *hätte*«, sagte Tutti finster. »Alles gedieh prächtig. Aber eine Art von Leguanen fraßen es mir regelmäßig weg. Zuletzt bin ich im Morgengrauen mit einem Besen bewaffnet in den Garten gegangen, um meine Gurken zu verteidigen.«

»Leguane sehen doch wie kleine Krokodile aus?«

»Sehr ähnlich«, bestätigte sie.

Ihr Park grenzte an einen Fluß, in dem sich, das wußte ich, neben Nilpferden auch Krokodile gütlich taten. Wenig zuvor war der deutsche Botschafter im Kongo von einem Krokodil angefallen worden und ist dabei elend umgekommen. Diese Nachricht lag mir noch in den Knochen. Ich war ehrlich entsetzt.

»Wie weißt Du denn um Himmels willen, wenn Du im Halbdunkeln diesen Biestern begegnest, ob sie Deine Tomaten oder gar Dich verzehren wollen?«

»Sie schmatzen anders«, sagte Tutti tiefgründig und ließ mich über das differenzierte Zungenschnalzen der Krokodile und Leguane in Nachdenken versinken.

Ein Steinbock aus dem Atlasgebirge, den in einem nordafrikanischen Staat ein Berberstamm einem europäischen Botschafter verehrte, brachte es sogar fertig, diplomatische Spannungen zu schaffen. Die Gegenparteien waren der mit dem Steinbock beschenkte Botschafter C. und der humorlose Botschafter einer westlichen Großmacht.

Atlassteinböcke sind seltene Tiere, mutwillig und stark, mit riesigem, sensenförmig nach hinten gebogenem Gehörn, das aus einem Stirnknochen, hart wie Stahl, wächst und durch die ungeheuere Muskelkraft des Tieres zu einer furchtbaren Waffe werden kann. Sie vermögen damit Mauern einzurennen. Was der geschenkte Bock auch unverzüglich tat. Zuerst demolierte er die Garage, in der man ihn provisorisch untergebracht hatte. Dann kam das für ihn errichtete Gehege dran, aus dem er sich spielend befreite. Alsdann setzte er mit einem Sprung über die Gartenmauer, – und damit begannen die diplomatischen Verwicklungen. An das Grundstück grenzte nämlich jenes der erwähnten westlichen Großmacht. Genauer gesagt der große Vorhof ihres Areals, wo vor dem Haupteingang der Botschaft, in weißen Gamaschen, Gürtelriemen und mit geschultertem Gewehr die Schildwache – der Botschafter hatte sich dafür eigens Militär aus seiner Heimat zuteilen lassen – stramm auf und ab patrouillierte. Für einen wütenden Steinbock ein verlockendes Ziel. So peilte das Tier den Wachtposten auch sofort an und ging gesenkten Hauptes und in rasendem Galopp auf ihn los. Der völlig überrumpelte Bursche hatte kaum Zeit, vor Schreck aufzubrüllen, dann hieß es, um das Leben zu rennen. Nun, daß man um sein Leben leichter ohne Gewehr rennt, leuchtet ein. Nicht aber dürfte dies der Fall sein, wenn man wachhabender Sentinelle des Vertreters einer Großmacht ist. Daß der Soldat »seinen Posten verließ« und »anstatt seinen Dienst fortzusetzen, auf einen Baum kletterte und dort würdelos verharrte«, während das Tier wie besessen immer wieder den Baum rammte und dieser bedenklich ins Wanken geriet, verschmerzte der Botschafter gerade noch. Nicht aber, daß der Militärposten sein Gewehr weggeworfen hatte. Mit mehr als kühlen Worten forderte er seinen Kollegen schriftlich auf, das gefährliche Objekt, welches die Moral seines Militärs zu untergraben versuchte, im Zaum zu halten. Sollte sich der Vorfall wiederholen, sähe er sich gezwungen . . .
Da man das Geschenk eines stolzen Berberstammes natürlich behalten mußte, kostete Botschafter C. das »im Zaum halten«

zuerst einmal ein vollkommen vergittertes Gehege aus armdicken Eisenstangen, die der Steinbock monatelang hundertmal im Tag blindwütig in Angriff nahm. Dann den Tierarzt samt vier Gehilfen, die dem Bock mit vereinten Kräften wegen seiner zerschmetterten und infizierten Stirnhaut immer wieder Antibiotika spritzen mußten. Noch beim Erzählen dieser Geschichte war Botschafter C. fassungslos darüber, wie ihm das unzähmbare Tier ins Haus gebracht wurde. Zwei Berber stiegen damit aus einem Taxi aus.

Oh ja, lebende Geschenke können es in sich haben.

Während eines Festessens, das man für meinen Mann in einem orientalischen Staat veranstaltet hatte, half beim Servieren ein Negerknabe von etwa acht Jahren. In grünseidenem Kaftan und Pluderhosen, mit einem großen weißen Turban über dem hübschen Gesicht, sah er allerliebst aus, und sowohl mein Mann als auch ich schauten ihn immer wieder lächelnd an. Schließlich machte mein Mann dem Hausherrn ein Kompliment über seinen kleinen Diener.

»Wollen Sie ihn haben?« fragte dieser daraufhin, nicht anders, als ob er nochmals vom Braten anbieten würde. Mein Mann, der diese Wendung natürlich als Scherz wertete, antwortete mit einigen nichtssagenden Höflichkeitsfloskeln, die unser Gastgeber allerdings – nach orientalischem Brauch – als artig gezierte Zustimmung werten konnte, wenn er wollte. Und er wollte. Er war an Verbindungen zur Schwerindustrie unseres Landes höchst interessiert. Entgeistert mußten wir wahrhaben, wie er uns den Knaben förmlich aufdrängte.

Es wurde ein denkwürdiges Mahl. Wir wanden uns in blumenreichen Ausreden, warum wir das Geschenk leider unmöglich annehmen könnten, ein schwieriges Unterfangen, wenn wir mit unserer Ablehnung den großzügigen Hausherrn nicht zutiefst verletzen wollten. Ich sah uns schon eines Tages in unsere mitteleuropäische Heimat mit einem Negersklaven zurückkehren – mit meiner Tochter an der einen und dem Negerbuben an der anderen Hand ... Oder sollten wir ihn etwa auf dem Sklavenmarkt[36] versteigern lassen? Oder verschenken?

Schließlich rettete uns der Kleine selbst, der, als er begriff, daß es um seine Haut ging, herzzerreißend zu weinen begann. Nun versteiften wir uns darauf, daß wir einen so edlen Herrn seines treuen Dieners nicht berauben dürften, denn wie ergeben ihm dieser erst als Erwachsener folgen werde, wenn er schon als Kind so heiße Tränen für seinen Gebieter zu vergießen vermochte. An dieses Argument klammerten wir uns verzweifelt, wie Schiffbrüchige an ein Stück Schwemmholz. Zu unserer unendlichen Erleichterung mit Erfolg. Wir konnten das gastliche Haus ohne einen geschenkten Sklaven verlassen.

Ein anderes Mal war mir die hastig zugeflüsterte Mahnung meines Mannes, ich solle mit dem Lob sofort aufhören, im Grunde meines Herzens gar nicht recht.

Scheich S. führte uns in Bagdad seine Rennpferde vor. Der Scheich war ein großer Verehrer unseres Landes, wo ihn ein berühmter Augenarzt vor dem Erblinden gerettet hatte. Er lud uns zur Besichtigung seiner Stallungen ein. Träume von Pferden ließ er an uns vorbeitänzeln, langbeinig wie Gazellen, voller Feuer und Grazie, unter ihnen eine junge Fuchsstute von einmaliger Schönheit. Ich konnte mit meiner Begeisterung nicht zurückhalten, – und spürte, wie mein Mann mir den Arm drückte. »Hör auf!« zischte er. »Er schenkt sie Dir!« Wahrhaftig, was sollten wir damit, – im Flugzeug mitnehmen? Oder die zwölfhundert Kilometer Heimweg durch die Wüste auf dem Pferderücken zurücklegen? Wir wohnten damals im Libanon. Also verstummte ich. In der Tat, der Orientale ist nicht nur gastfreundlich, er ist auch gebefreudig. Man muß sich in acht nehmen, sogar der Ärmste ist meist sofort bereit, sich etwas zu versagen, das jemand bei ihm bewundert. In Bagdad kam ich ohne Pferd davon, aber einmal mußte ich, im Libanon, ein recht bescheidenes Haus in einem Dorf, wo ich ein Kind zur Taufe brachte, mit einer monstruösen Pendeluhr im Arm verlassen, dem einzigen »Schmuckstück« der Familie. Um Freude zu machen, lobte ich es. Als ich die Uhr nicht annehmen wollte, gab es Tränen. Sich zu revanchieren war dann immer eine ebenso heikle wie kostspielige Angelegenheit.

Natürlich bekommt ein Diplomat auch in den exotischsten Gegenden nicht unbedingt gleich einen Elefanten oder einen Sklaven angeboten. In einem fernen Land indessen erhielt jeder Botschafter nach der Überreichung des Beglaubigungsschreibens vom König ein Schwert mit goldenem Griff, das in einer mit Goldplatten überzogenen Scheide steckte. Dazu gehörte eine komplette einheimische Tracht, und zwar so verziert, wie sie zu tragen nur der königlichen Familie zustand. Mit dieser Ausstattung wurde man symbolisch in die Familie des Herrschers aufgenommen. Aber es gab dabei Nuancen. Mein Mann erhielt ein sauberes Gewand. Der Botschafter einer der Supermächte ein gebrauchtes. Als besondere Auszeichnung hatte es der König vorher getragen. Eine Unterscheidung, mit der man wohl die besonderen Öl-Relationen zwischen den beiden Staaten zu würdigen gedachte.

Sitzt man mit Diplomatenkollegen beisammen, rückt bald dieser, bald jener mit einer bizarren Story heraus, die ihm während seinem Dienst in fremden Ländern zugestoßen war. Leider sind viele nicht wiederzugeben, auch ist es unmöglich, alle zu erzählen. Aber die Geschichte, wie ein brasilianischer Botschafter, der ein fanatischer Jagd- und Schießeisen-Gegner war, auf einem seiner Posten zwangsweise zum größten Jäger des Landes aufstieg, soll hier noch Platz finden.

Senhor Olivarez – nennen wir ihn so – schwor sich bereits mit dreizehn Jahren, nie in seinem Leben einen Gewehrhahn abzudrücken, und schon gar nicht auf der Jagd. Er verspürte keinerlei Ambitionen, jemals ein Held zu werden, vor allem aber kein Heros des Waidwerkes. Sein Vater war nämlich einer, er galt als der berühmteste Pumajäger Brasiliens. Er pflegte den Puma im Sprung zu schießen. Erst als sich das Tier, meist von einem Baum, auf ihn warf, in jenem Bruchteil der Sekunde also, während der Puma über ihm in der Luft schwebte, ging sein Schuß los. Schon als zehnjähriger Bub mußte Senhor Olivarez seinen Vater auf die Jagd begleiten, auch er sollte einmal ein großer Pumajäger werden. Der Knabe litt während diesen Ausflügen Höllenqualen. Der Dschungel mit seinen Gefahren war ihm ein Grauen, er fürchtete sich jedesmal zu Tode. Das Bild des anspringenden Pumas, seine phosphoreszierenden Augen, der glühende Rachen und die weit gespreizten Krallen an den vorgestreckten Tatzen sowie das Krachen des Gewehres und dann das dumpfe Aufschlagen des getroffenen Tierkörpers am Boden verfolgten ihn bis in seine Träume. Nein, er wollte kein Jäger werden, und er gelobte sich, niemals einen Schuß freiwillig abzufeuern. Sobald er konnte, verließ er die väterlichen Besitzungen und wurde Diplomat.

Eines schönen Tages und schon im reiferen Alter, – Botschafter Olivarez, der nicht sehr groß gewesen war, hatte sich inzwischen beachtliche Rundungen zugelegt – entsandte man ihn in ein nordeuropäisches Land auf Posten. Der König dort, eine ranke Tanne von einem Sportsmann und ein gewaltiger Jäger vor dem Herrn, hatte die Gewohnheit, alle bei ihm akkreditierten Botschafter einmal im Jahr zu einer Bärenjagd einzuladen. Diese Veranstaltung war stets ein großes Ereignis; der den Bären erlegte, saß beim Souper zur Rechten des Königs und auch über die kleinsten Einzelheiten der Jagd wurde danach noch lange gesprochen. Alle Missionschefs nahmen daran teil, sogar die Damen. Botschafter Olivarez suchte nach einem Ausweg für sich. Es gab keinen. Einmal hätte er sich eventuell krank stellen können, aber während der folgenden Jahre? Nachdem er in Erfahrung gebracht hatte, daß während des Treibens jeder auf dem ihm zugeteilten Hochsitz alleine verblieb, entschloß er sich, an der Jagd teilzunehmen.

Am großen Tag erklomm Senhor Olivarez, nicht besonders zünftig gekleidet und mit einem geborgten Bärentöter über der Schulter, mit etwas Mühe seinen Hochsitz. Dieser war, mit Ausblick auf eine Lichtung, in das verschlungene Geäst einiger eng beisammen stehender Fichten gezimmert, alles uralte, mit Moos und Flechten behangene Bäume. Der ganze Wald bestand aus solchen Riesen. Oben angelangt, lehnte der Botschafter als erstes das verhaßte Schießeisen in die Ecke, er hatte keine Ahnung, wie es gehandhabt wurde und wollte es auch gar nicht wissen. Dann richtete er sich in seinem Fußsack zu-

recht und hoffte inständig, daß der Bär nicht kommen würde. Für alle Fälle hatte er sich von seinem Chauffeur einen Revolver geliehen, dessen Hahn er zumindest abzudrücken verstand.
Der Wald raunte, Äste knackten ... Nach einer guten Weile hörte er das ferne Bellen der Meute. Zu seinem Unbehagen näherte sich das Gekläff – sehr schnell sogar. Schon erschienen die ersten Hunde am Rande der Lichtung und kurz darauf waren, zur größten Bestürzung Senhor Olivarez, alle unter seinem Hochsitz versammelt. Sie heulten und keiften wie von Sinnen, witterten in die Luft und sprangen immer wieder japsend in die Höhe. Bestürzt überlegte der Botschafter, wie er den schrecklichen lärmenden Haufen loswerden könnte, bis er sich endlich, von einer furchtbaren Ahnung ergriffen, umdrehte und in die Höhe, in die von den Hunden unmißverständlich angedeutete Richtung schaute. Und dort saß der Bär. Keine vier Meter von ihm entfernt, im dichten Geäst der nächststehenden Fichte. Nun blieb ihm nichts anderes übrig, als den Revolver zu ziehen. Er schoß, den Arm hoch nach rückwärts gestreckt, mit abgewandtem Kopf und zugedrückten Augen einigemale in die Richtung des armen Meister Petz. Der Bär plumpste zu Boden, so nahe, daß er im Fallen den Hochsitz streifte ... Botschafter Olivarez zeigte uns das Fell, es war ein Ungeheuer von einem Braunbären.
Das Schicksal indessen hatte für Senhor Olivarez noch eine weitere Farce bereit. Die abschließende Attraktion der königlichen Bärenjagd war stets ein Lachsfang nach uraltem Brauch. Man hatte die Fische, die zum Laichen die Flüsse hinaufzogen, bei ihren Sprüngen über Wasserfälle oder eine Wehr mit einem stählernen Wurfspießhaken in der Luft zu treffen. Am Spieß war eine lange Schnur befestigt, deren Ende der Fischer um sein Handgelenk gewickelt hielt. Zuerst taten sich die einheimischen Gäste in dieser Übung hervor, die Diplomaten standen herum und sahen zu. Da forderte der König den Helden der Jagd, den Bärentöter, zum Wurf auf. Botschafter Fernando Olivarez verwickelte sich zuerst einmal in die Schnur,

schleuderte dann, rutschte dabei aus und fiel hin. Alles lachte. Doch da spannte sich die Leine am Handgelenk – er hatte getroffen! Nicht nur getroffen, sondern den Lachs auf eine mit einem Spezialausdruck bezeichnete seltene Art gefangen, – der Spieß war durch die Kiemen gedrungen.
Alle Zeitungen feierten den großen Jäger. Botschafter Olivarez war überzeugt, daß sein Vater aus dem Jenseits die Hand im Spiel gehabt hatte.

## »Abschiednehmen heisst ein wenig sterben«

*(Edmond Harancourt)*

Immer von neuem in ein fremdes Land verpflanzt und dort unter oft ungewöhnlichen und schwierigen Umständen Jahre hindurch zum Mitleben gezwungen, drohen den Diplomaten, genauer gesagt ihrer für den Beruf notwendigen Objektivität, einige grundsätzliche Klippen.
An einer prallen jene auf, die mit Vorurteilen den Dienst an ihrem neuen Posten antreten. Oft entspringt diese Einstellung rein persönlichen Ursachen, etwa, weil man den Dienstort aus irgendeinem Grunde ablehnt oder einen bestimmten anderen Posten haben wollte. Manchmal aber gehören Diplomaten auch der Kategorie von Menschen an, – die freilich in der Karriere völlig fehl am Platz sind –, für die nichts über die eigenen nationalen Qualitäten und die eigene Meinung geht und die ihre vermeintliche Überlegenheit auch ununterbrochen beweisen wollen, egal, ob es um Mentalität, Staatsform, klimatische Verhältnisse oder um die Beschaffenheit des Rindfleisches in der Fremde geht. Sie registrieren die Schwierigkeiten, die natürlich überall vorkommen, und alles Negative stets mit freudiger Genugtuung und ersticken durch ihr Schwarzsehen in ihrer verneinenden Subjektivität.

Ihnen folgen jene, oft mit besonderer Phantasie und Sensibilität ausgestatteten Kollegen, die wiederum zum Tragen von rosa Brillen und dadurch zur Verniedlichung der Dinge neigen. Alles Fremdartige, Eigentümliche, Ungewohnte erobert sie. Ihnen wird das Wesentliche im Gastland oft durch den malerischen Bart eines Yogi, die Lederhosen von Tiroler Bergbauern oder von Ruinen alter Monumente verstellt. Ihre Begeisterungsfähigkeit entführt sie in Gefilde, von wo aus es keine klare Sicht mehr geben kann.

Aber sogar denen droht ein Hindernis, die, für den Diplomatenberuf besonders geeignet, sich wach und hellhörig in der Fremde anpassen und dort, ohne die eigenen Merkmale und ihren Blickwinkel aufzugeben, Fuß fassen. Diese nähern sich der Klippe erst mit der Zeit. Verbleiben sie nämlich verhältnismäßig lange auf ein und demselben Posten, beginnen ihre Wurzeln im fremden Boden zu tief zu greifen. Mit allem und jedem vertraut, nehmen sie am Leben des Gastlandes bereits so intensiv teil, daß sie für seine Probleme unwillkürlich Partei ergreifen. Sie werden – paradoxerweise gerade als Ergebnis ihrer guten Arbeit – zu »Lokalpatrioten«. Damit aber hört ihre Objektivität auf. Dagegen gibt es nur eine Abhilfe: die rechtzeitige Versetzung. Kurzum, fassen die Wurzeln, um deren Verankerung man sich so zu bemühen hatte, endlich richtig, haben sich die fremden Pfade, auf denen man zu Anbeginn, und noch lange nachher beschwerlich entlangstolpern mußte, geebnet und geweitet, dann ist man eigentlich für einen neuerlichen Wechsel fällig.

Die ideale Zeitspanne, während der man die Möglichkeiten eines Postens im Ausland optimal auszuschöpfen vermag, scheint zwischen dem zweiten und fünften Jahr zu liegen. Einen Missionschef schon nach zwei Jahren oder gar früher abzulösen, ist vergeudetes Kapital. Um richtig ins Fahrwasser zu kommen, das heißt, die neuerworbenen Verbindungen und Kenntnisse erfolgreich einsetzen zu können, dauert es mindestens ein, eher aber eineinhalb Jahre. Und nach dem fünften Jahr etwa beginnt man auf subjektive Geleise zu geraten.

Das Damoklesschwert eines Postenwechsels taucht meist nach ungefähr dreieinhalb Jahren über unseren Köpfen auf. Das »Ob, Wann und Wohin« liegt noch in der Zukunft, doch rückt die Änderung mit jedem Monat bedrohlich heran. Bedrohlich, weil bis auf die wenigen notorischen Schwarzseher, deren Animosität gegen das Gastland mit den Jahren sogar zunimmt, alle anderen Diplomaten sich mit der Zeit in der Fremde einleben und ungern scheiden, bedeutet doch die Versetzung eine Trennung von dem, wofür man dort gearbeitet hat. Der Wechsel naht, was das tägliche Leben betrifft, genau zu jener Zeit, in der im Haus und im Tagesrhythmus alles seinen sinnvollen Platz erhalten hat, und man in den Räumen die Türklinken auch im Finstern findet. Endlich kann man sich kleine Angewohnheiten zulegen. Endlich kennt man sich aus, ist mit der Landessprache einigermaßen vertraut, endlich fühlt man sich ein wenig heimisch. Die Sträucher im Garten, die man selbst gepflanzt hat, beginnen gerade richtig zu wachsen, man steht freudig vor ihnen, – und da muß man sich eines Tages plötzlich fragen, ob man sie das Jahr darauf noch blühen sehen wird. Ob man diese oder jene Stätte noch einmal aufsuchen, die liebgewonnene Eigenheit einer Gegend oder Jahreszeit nochmals erleben können wird?
Mir persönlich erging es auf einem Posten im Süden mit den Mimosen so. Und mit den zehn, zwölf Tagen Anfang Mai, während denen die Sonne schon glühend auf den weißen Sandstrand niederbrannte, das aufgepeitschte Meer von tintenblauen Fernen zu großen, kühlen, glasgrünen Wellen am Ufer emporwuchs und ein stetiger, sehr starker Wind wehte, der seltsam lind über die frischgebräunte Haut strich. Sonderbarerweise hängt man in der Fremde meist an Dingen, die man im Grunde genommen missen kann. Aber gerade das wiederholte Erleben solcher Kleinigkeiten verleiht ein leises Gefühl von Zugehörigkeit und Geborgenheit, einen Abglanz dieser Lebenskomponente, die wir in unserem Nomadendasein stets schmerzlich entbehren müssen.
Die allmählich fällig werdende Versetzung nimmt erstmalig

durch Briefe von Spediteuren, die für eine Übersiedlung ihre Dienste anbieten, greifbarere Formen an. Man fühlt sich von ihnen auf einmal wie von Aasgeiern umringt und fragt sich, was wohl in der Zentrale, im Außenministerium daheim vorgehen mag. Wie diese Transportunternehmer zu ihren Informationen kommen, ist rätselhaft, jedenfalls entgehen ihnen nicht einmal die ersten Kombinationen um ein Revirement.
Eine Umbesetzung diplomatischer Posten wirkt sich meist lawinenartig aus. Werden ein oder mehrere Posten aus irgendeinem Grund frei, – sei es, weil der Botschafter schon lange genug dort gedient, sei es, daß er die gesetzliche Altersgrenze erreicht hat und in den Ruhestand tritt, oder weil man ihn aus sonstigen Erwägungen abberuft –, löst dies jedesmal eine Kettenreaktion aus. Die entstandenen Lücken müssen durch Neuernennungen ausgefüllt werden und die dafür ausersehenen, von ihrem bisherigen Posten abgezogenen, hinterlassen wiederum dort eine Leere. Die jungen Diplomaten versetzt man wie Soldaten, es steht ihnen kein Veto zu, außer sie können triftige Gesundheitsgründe geltend machen. Ab einem gewissen Rang – und demnach Alter – pflegt man einen Postenwechsel meist im Einvernehmen mit dem Betroffenen durchzuführen, sowohl aus fachlichen Überlegungen, wie auch aus kollegialer Fairneß. Eine Regel ist dies jedoch nicht. Übrigens würden sich auch die ranghöchsten Botschafter keine Eigenwilligkeiten erlauben, Loyalität und »Esprit de Corps« werden in diesem Beruf immer noch groß geschrieben. Die Jüngeren, die sogenannten Zugeteilten, Attachés, Botschaftssekretäre und Botschaftsräte – alle Botschafter in spe – werden nach ein oder zwei Auslandsposten regelmäßig auf einige Jahre zur Dienstleistung in die Zentrale einberufen. Die Missionschefs im großen und ganzen ebenfalls. Aber es kann auch vorkommen, daß sie mehrere Male hintereinander Auslandsposten besetzen. Es gibt Länder, welche die Dauer jeder diplomatischen Zuteilung, gleich, ob im Ausland oder Inland, von vornherein mit meistens vier Jahren begrenzen, sie ersparen dadurch ihren Diplomaten die Qualen jenes Damoklesschwertes.

Wenn schließlich die sichere Nachricht über die Versetzung eintrifft, kommt sie zuerst in der Form einer Verständigung, nach der man für einen bestimmten anderen Posten vorgesehen ist. Solange man aber die offizielle Abberufung nicht erhalten hat, muß man die bevorstehende Veränderung als Geheimnis behandeln, man darf sie niemandem mitteilen. Was die Missionschefs anlangt, fragt, sobald ihre Betrauung mit der Leitung eines anderen Postens beschlossen ist, das eigene Außenministerium bei der Regierung des zukünftigen Gastlandes an, ob der Botschafter, den man zu entsenden gedenkt, dort »persona grata«, das heißt genehm ist. Erst nach der bejahenden Antwort erhält er sein in feierlicher Form abgefaßtes Beglaubigungsschreiben ausgehändigt. Nur selten kommt es vor, daß die Person eines Botschafters abgelehnt wird.
Normalerweise hat man gute zwei Monate Zeit, um seine Zelte abzubrechen, und die braucht man auch dazu. Aber auch das ist keine Regel. Uns ist die endgültige Verständigung einmal so verspätet zugeschickt worden, daß für den Aufbruch, für alle Abschiedsbesuche und Abschiedseinladungen, für die schon geschilderten hunderterlei Erledigungen, dem Packen, Übersiedeln und der Reise nur knappe zwanzig Tage übrig blieben. Das war ein Alptraum, wir saßen Wochen hindurch mit versiegeltem Mund wie auf glühenden Kohlen. Da wir den Postenwechsel noch nicht bekanntmachen durften, konnten wir auch mit den Vorbereitungen dafür nicht beginnen und mußten schließlich alles im Laufschritt bewältigen.
Eine große Trauer ist es jedesmal, wenn man die Versetzung seinen treuen Hausgeistern mitteilt, mit denen man oft lange Zeit hindurch zusammengearbeitet hat. Und denen, die, trotz der Hektik und dem »Muß-Soll« des Berufes Freunde geworden sind. Zu einer wahren Katastrophe hingegen kann sich das Herausreißen der Kinder aus ihrer kleinen Welt gestalten, die mit ihrer neuen Umgebung oft nur unter den größten Schwierigkeiten fertig werden. Sogar als sie noch ganz klein war, schluchzte unsere Tochter Wochen hindurch Abend für Abend, aus Heimweh nach dem verlassenen Posten.

Besonders eindrucksvoll gestaltete sich unsere Abreise, als wir einmal, nach verhältnismäßig vielen Jahren, ein gewissermaßen noch patriarchalisch verwaltetes Land verließen. Nach einheimischem Brauch strömten die uns Nahestehenden, vom Laufdiener bis zu den Freunden, samt ihren Familien zum Abschiednehmen auf das Schiff. Es waren weit über hundert Personen an Bord um uns versammelt, ich wurde mit Geschenken und Blumen überhäuft und es gab so ein Gedränge und soviel Tränen, daß mich, als wir dann nach der Abfahrt alleine an der Reeling standen und traurig die uns lieben Menschen, die Stadt und die Küste langsam in der Ferne verschwinden sahen, Mitreisende ansprachen und voller Mitleid fragten, ob wir denn auswandern.

Ja, im gewissen Sinne emigriert man jedesmal.

Zum Abschluß sollen die Worte einer jungen Freundin stehen, die mein Manuskript in die Maschine tippte. »Mir scheint«, schrieb sie mir dazu, »Diplomat zu sein ist kein Beruf, sondern eine Berufung.«

# Anmerkungen

1. Für die Inder ist Manu der Stammvater der Menschheit und ihr Gesetzgeber. Er gilt als Urheber des indischen Gesetzbuches Manawadharmaschastra, das aus vielen älteren Texten, wahrscheinlich etwa zu Beginn unserer Zeitrechnung, zusammengestellt wurde.
2. Harun al Raschid und Karl der Große tauschten zweimal Gesandtschaften aus. Auch Gesandter Radbert, Leiter der zweiten diplomatischen Abordnung Kaiser Karls, starb unterwegs. Die Geschenke, die damals zwischen Bagdad und Aachen hin und hergeschickt und von den Chronisten sorgfältig festgehalten wurden, ergeben ein aufschlußreiches Bild.
   Harun sandte, außer Abulabaz, den angeblich einzigen Elefanten, den er besaß, »... Affen, ein Lustgezelt und Vorhänge für den Vorhof von ungemeiner Größe und Schönheit, ... zahlreiche kostbare Seidengewänder, ... Messingleuchter in ausgezeichneter Größe und Form, ... Wohlgerüche, Räucherwerk, Farbstoffe, Balsam, Narde, verschiedene Salben und manche Arzneien, ... in solchen Mengen, als wollte er den Orient entleeren und den Occident anfüllen ...« Große Bewunderung erregte ein automatisches Uhrwerk aus Messing »höchst kunstvoll gearbeitet«, das ebenso die Schwäche der Abassiden-Khalifen für mechanische Spielereien verriet, wie auch das Können ihrer Gelehrten und die Perfektion ihrer Handwerker. Das durch Wasser angetriebene Werk zeigte den Ablauf jeder Stunde durch eine Metallkugel an, die pünktlich in ein Becken fiel und dieses dabei zum Erklingen brachte. Am Ende von zwölf Stunden öffneten sich dann zwölf verschlossene Türen, aus denen zwölf Reiter herauskamen, »sowie noch vieles andere befand sich in dieser Uhr, dessen Aufzählung zu weit ginge«.
   Karl der Große schickte dem Khalifen »... hyrkanische Pferde und Maultiere, friesische Tuche in weißer, grauer, bunter und blauer Farbe, die dortzulande, wie er hörte, selten und sehr kostbar sind, Hunde von besonderer Schnelligkeit und Wildheit, wie sie sich der Khalif selbst gewünscht hatte, um mit ihnen Löwen und Tiger zu fangen«.
3. François de Callières, Diplomat und Theoretiker der Diplomatie und der Diplomatentugenden wurde 1645 als Sohn eines Generals geboren. Callières diente zuerst als des Sonnenkönigs Geheimagent und später als sein beglaubigter Gesandter in den Niederlanden, Deutschland und Polen und vertrat Frankreich bei den Verhandlungen, die 1697 zum Frieden von Ryjswijk und zur Beendigung des Pfälzer Erbfolgekrieges führten. Danach wurde er Sekretär im Kabinett und zum Conseil d'Etat ernannt. Sein 1716 erschienenes Werk »De la manière de négocier avec les Souverains« widerspiegelt die praktischen Erfahrungen und den Geist eines Vollblut-Diplomaten.
4. Ilias III. 205–244, in der Übertragung von Thassilo von Scheffer.
5. Aristide Briand (1862–1932), französischer Staatsmann, der für die engere Verbindung der europäischen Staaten eingetreten ist, erhielt,

gemeinsam mit Stresemann, Chamberlain und Daves 1926 den Friedensnobelpreis.

6. Herodian.
7. Das Protokoll ist die Gesamtheit der im diplomatischen Verkehr gebräuchlichen Formen und Gepflogenheiten.
8. Die berühmteste der byzantinischen Wunderwaffen war das sogenannte »Griechische Feuer«. Das Grundmaterial dazu bestand aus einer Mischung von Schwefel, Werg und Kienspänen, zu der später noch Kalk und Erdöl dazukamen. Die dickflüssige Masse wurde, ähnlich wie bei den heutigen Flammenwerfern, als brennender Strahl aus einem langen Rohr auf den Feind geschossen. Da dieses Feuer auf der Wasseroberfläche weiterbrannte, war es ein überaus gefürchtetes Seekampfmittel. Die byzantinische Flotte hatte zweitausend solcher Feuerspeimaschinen und die Armee ebensoviele.
   Im Nahkampf gebrauchten sie Handgranaten. Sie sollen auch eine Art von Gasbomben gekannt und verwendet haben.
9. Goldmünze aus 3,5 Gramm Feingold.
10. Der 4. Kreuzzug (1202–1204) wurde von den Venezianern aus gewinnsüchtigen Gründen nach Konstantinopel umgeleitet. Die Stadt wurde gestürmt, erobert und auf unvorstellbare Weise geplündert. Dann errichteten die Venezianer dort ein »Lateinisches Kaisertum«, dem die Byzantiner 1261 ein Ende setzten. Die Kraft des Reiches war jedoch für immer gebrochen.
11. Die Karawanenstraße von China nach Westasien, über die die chinesische Seide nach dem Westen gelangte. Sie umging das ostturkestanische Wüstengebiet auf einer nördlichen und einer südlichen Piste.
12. Johannes von Montecorvino vom Orden der Minoriter wurde 1292 mit sechsunddreißig Jahren als päpstlicher Legat nach China entsandt. Dort verbrachte er an die vierzig Jahre mit intensiver Missionstätigkeit und wurde auch zum Erzbischof von Peking bestellt.
13. Im Jahre 1236 verwüsteten die Mongolen Perm und Bulgar an der Wolga, 1240 Kiew, dann ganz Rußland, Galizien, Polen, Mähren und Ungarn. 1242 standen sie vor Wiener Neustadt, wo sie die Nachricht vom Tod ihres Großkhans Occoday, dem dritten Sohn und Nachfolger Dschingis Khans erreichte. Daraufhin strömten sie umgehend nach dem Osten zurück, um dort einen Nachfolger zu wählen und ihrem Reich die erforderliche Neuordnung zu geben.
14. Papst Innozenz IV. war kurz vorher vor dem Staufer-Kaiser Friedrich II. nach Lyon geflohen.
15. Rundes Filz-Zelt asiatischer Nomaden.
16. Mittelasiatische Völker.
17. Das Wort »Christen« ist hier im Sinne »die an Gott glauben« gebraucht.
18. Goldmünze aus 4,25 Gramm Feingold.
19. »Ruß« nannten die einheimischen ostslawischen Völkerstämme jene schwedischen Normannen, die bei Beutezügen ab dem 7. Jh. in ostslawische Gegenden – Gebiete des späteren europäischen Rußlands – einfielen, sich dort ansiedelten und seit Mitte des 9. Jh. eine Art Staats-

wesen organisierten. Die Zentren dieser Wikingerfürsten waren Nowgorod und Kiew. Als Reichsgründer werden Rurik und seine Brüder angesehen. Diese über die ansässigen ostslawischen Völker dominierende skandinavische Herrscherschicht slawisierte sich aber bald, und die Bezeichnung »Ruß« wurde von ihnen auf das gesamte Volk und Land übertragen. Im 10.–11. Jh. nahmen die »rußischen Fürsten« das durch Byzanz vermittelte Christentum an. Das Geschlecht des Rurik herrschte in Rußland bis zum Ende des 16. Jh., es erlosch mit dem Tode Feodor I., des Sohnes von Iwan dem Schrecklichen.

20. Die Massenfunde kufischer Münzen, das heißt arabischer Münzen des Mittelalters, in Ost- und Nordeuropa, ist eines der größten kulturgeschichtlichen und volkswirtschaftlichen Rätsel. In diesen Gebieten kamen überall riesige Massen, ja Millionen arabischen Münzgeldes, meist aus Silber, zum Vorschein, die regelrechte Vermögen darstellten, so am Ladogasee gleich ein ganzes Faß voll und bei Nowgorod gar 7000 Goldzechinen. Aber auch in Finnland, Schweden, auf den Ostseeinseln und selbst in Island fand man kufische Münzen, in Gegenden, wo die Anwesenheit arabischer Händler bisher nicht bezeugt ist. Alle diese Münzen sind zwischen 699–1013 geprägt. Man weiß zwar, daß im 11. Jh. in Mainz zum Beispiel Samarkander Münzen Kurswert hatten, die volkswirtschaftliche Rolle von solch ungeheuren Mengen arabischen Geldes konnte aber noch nicht geklärt werden, da zu jenen Zeiten Barzahlungen weniger interessant waren als Tauschhandel. Eine mögliche Antwort auf die Frage wäre, daß in den Fundgebieten damals die Völker selbst noch keine Metallmünzen hatten und die arabischen als »argent courant«, als »Zahlungsgeld« verwendeten. In diesem Fall bleibt es aber unverständlich, warum der arabische Münzzufluß mit dem Jahre 1013 schlagartig aufgehört hat, obwohl der blühende arabische Handelsverkehr mit Ost- und Nordeuropa bis zum 14. Jahrhundert anhielt.

21. Uan-Khan bedeutet Volks-Khan.

22. Papst Alexander III. hielt sich im Jahre 1177 in Venedig auf, wo er im »Frieden von Venedig« seine langjährige Fehde mit Kaiser Barbarossa beendete und damit die päpstliche Macht festigte.

23. Als Mauren bezeichnete man ursprünglich die arabischen Eroberer Spaniens, und dann die ganze islamische Bevölkerung Nordafrikas, jene Mischung von Arabern und Berbern, zu denen später die aus Spanien vertriebenen Araber hinzukamen.

24. Interessanterweise bestand im 15. Jh. zwischen den Herrschern Portugals und Dänemarks eine enge Zusammenarbeit, und zwar vorwiegend auf erdkundlichem Gebiet. Aber auch an den Kriegen gegen die Mauren nahmen Dänen an der Seite der Portugiesen teil. In einem 1676 in Amsterdam erschienenen Werk heißt es: »Große Progressen in Africa wurden damals durch die Tapferkeit einiger dänischer Helden getan, daß derselbigen Thaten von ihrem König mit einem Ritter-Orden – einer von den führnehmsten Vier der ganzen Welt –, nämlich dem ›Ritterorden vom Elefanten‹ belohnt und begabet worden.« Das ist der noch existierende dänische »Orden vom Elefanten«.

Ritter Vallarte, Gesandter von Prinz Heinrich dem Seefahrer, war also nur einer der vielen Dänen im portugiesischen Dienst. Gesandter Vallarte kenterte, als er während der erwähnten Expedition eine unbekannte Küste Westafrikas besichtigen wollte, mit seinem Landungsboot und wurde von Negern, die am Ufer lauerten, verschleppt.

25. Vom 6. bis zum 14. Jahrhundert gab es am mittleren Nil ein blühendes christliches Staatswesen. Die Bewohner dieser nubischen Gebiete wurden im 6. Jh. von byzantinischen Missionaren für das Evangelium gewonnen. Die Hauptstadt des im 6. und 7. Jh. unter dem Namen Nobatia bekannten Staates war Faras. Zu Beginn des 8. Jh. vereinigte sich Nobatia mit seinem südlichen Nachbarn, dem Königreich Makuria zum Vereinigten Königreich von Dongola. Dongola hielt, wenn auch mit Gebietsverlusten, bis zum 14. Jh. dem islamischen Druck stand. Die wunderbarsten Zeugen jener frühchristlichen Kultur kamen während der Rettungsaktionen für die Monumente des zu überflutenden Niltales aus den Kirchen der sandverwehten Ruinenstätte Faras' ans Tageslicht.

26. Das »livre«, seit 1796 »franc«, war im Jahre 1715 viermal so viel wert wie ein französischer Franc zwischen den beiden Weltkriegen.

27. Die Goldmünze »écu«, aus 3,2 Gramm Feingold, entsprach zur Zeit des Sonnenkönigs ungefähr dem Wert von sechs »livres«. In seiner Relation zu ausländischen Währungen konnte sie einem silbernen Reichstaler von damals gleichgestellt werden.

28. Vom 12. bis zum 15. Jh. stiegen die Preise für sogenannte »Freundschaftsbeweise« stetig an. Die Tarife für »Freundschaftsdienste« an den verschiedenen Höfen im 17. und 18. Jh. sind dokumentarisch festgehalten. In Holland nahm man wenig, leistete dafür aber auch nicht viel. In England war man für Geld äußerst zugänglich. Am Hof des Kurfürsten von Brandenburg war so ziemlich jeder käuflich, und sogar die Favoritin, Fräulein von Wangenheim, nahm, wo sich eine Gelegenheit geboten hat. Unbestechlich in jener Welt waren nur der Hof von Savoyen und die französischen Diplomaten. Einer Zusammenstellung des französischen Botschafters in Wien sind die Kosten der »Freundschaftsdienste« am Hofe Kaiser Karl VI. zu entnehmen.

»Seit dem 8. Juli 1725 bis an das Ende des Jahres 1726:

1) Einem Sekretär, um über die Kuriere und anderes informiert zu werden, jährlich 200 Florine, halbjährlich 100 Florine (Gulden).

2) Dem Herrn Rotterstein, Ingenieur, für die Pläne der Festungen und andere Auskünfte, 400 Florine.

3) Dem Baron von Pettekum, 900 Florine.

4) Verschiedenen Emissären, um über die Demarchen des Herrn Riperda informiert zu werden, 400 Florine.

5) Den zwei Chiffrebeamten Reidsmann und Swal, als halbjährliche Pension 400 Florine.

6) Denselben, für die Chiffres der kaiserlichen Gesandten im Ausland, 300 Florine.

7) Dem Sekretär der Kriegskanzlei, um über die Bewegungen und Stärke der Truppen informiert zu werden, 300 Florine.

8) Verschiedene Geschenke an die Kaiserin und ihre Günstlinge, 600 Florine.

9) Den Türhütern des Kaisers, um über die geheimen Audienzen informiert zu werden, jährlich 150 Florine.«

Kaunitz räumte mit der Bestechlichkeit am Wiener Hof gründlich auf und ging eisern gegen käufliche Bedienstete vor. In seinen »Gedanken und Erinnerungen« erzählt Bismarck: »Ich habe einmal ein geheimes österreichisches Aktenstück in den Händen gehabt, aus dem mir dieser Satz erinnerlich geblieben ist: ›Da Kaunitz nicht herausfinden konnte, wer von seinen vier Sekretären ihn verraten hat, ließ er alle vier in die Donau versenken, wobei ein Schiff mit durchlöchertem Boden verwendet wurde.‹«

29. Das Beglaubigungsschreiben ist ein handgeschriebenes, in feierlicher Form verfaßtes Dokument, mit dem das Staatsoberhaupt eines Landes jemand als seinen Botschafter oder Gesandten im Gastland bevollmächtigt. Das Beglaubigungsschreiben wird im Rahmen einer Zeremonie dem Staatsoberhaupt des Empfangsstaates überreicht. Erst nach der vollzogenen Übergabe ist der Botschafter oder Gesandte offiziell bevollmächtigter Vertreter seines Staates im Gastland.

30. Die Bezeichnung »Tanzender Kongreß« scheint der achtzigjährige Feldmarschall Karl Fürst de Ligne lanciert zu haben, er schrieb in einem Brief an Talleyrand: »Man erzählt, ich hätte gesagt, der Kongreß tanze und komme nicht vorwärts.«

Dieses Bonmot haben ihm manche verübelt, vor allem aber fühlte sich jener davon zutiefst verletzt, der sich – als einziger Monarch – auch außer den für alle Festgäste obligaten einschläfernden Polonaisen, tatsächlich an jedem sich nur bietenden Tanzvergnügen unermüdlich beteiligte, nämlich Zar Alexander I. Er nahm den alten Feldmarschall wegen seines Ausspruchs sogar ins Gebet. Ansonsten konnte man den anderen führenden Persönlichkeiten ein freudiges Tanzbein auch beim schlechtesten Willen nicht andichten. »Hatte man jemals den stets todernsten Kaiser Franz, den sich überall langweilenden König von Preußen oder gar den König von Württemberg, für dessen anormalen Leibesumfang man einen Halbkreis aus den Tischen heraussägen mußte, in den Armen einer Tänzerin erblickt? Unvorstellbar wäre es gewesen, den behäbigen König von Bayern oder den schemenhaften König von Dänemark nach den Klängen eines Walzers über das Parkett dahinschweben zu sehen. Auch die Staatsmänner waren keine tanzfreudigen Gäste, vom hinkenden Talleyrand und dem stocktauben Hardenberg war nicht zu erwarten, daß sie sich als Anhänger Terpsichorens entpuppen würden. So blieb fürs Amüsement nur die nimmermüde Jugend übrig, die aber nicht dazu berufen war, die Landkarte Europas umzugestalten.« (Jean de Bourgoing, »Vom Wiener Kongreß«.)

31. Der französischen Tradition der Unbestechlichkeit setzte Talleyrand ein Ende. Er war an Geld in einer geradezu atemberaubenden Weise interessiert. Dem IV. Band seiner Memoiren legte Barras ein siebenseitiges Verzeichnis bei, das von Madame de Staël erstellt war und folgenden Titel trägt: »Diplomatische Trinkgelder und Geschäfte von

Talleyrand, Fürst von Benevento«. Als Außenminister spielte Talleyrand ohne Risiko mit dem Staatsfonds an der Börse und ließ sich die Unterzeichnung von Verträgen in barer Münze entgelten. Nach dem Basler Frieden entrichtete Spanien monatlich fünf Millionen Francs an Frankreich. Napoleon wollte auf diese Zahlung verzichten, doch Talleyrand drängte, sie anzunehmen, aber um die Hälfte zu kürzen. Das Pariser Schatzamt wurde davon verständigt, nicht aber Spanien, das noch sechs Jahre hindurch die volle Summe überwies. Die verschwiegenen fünfzig Prozent flossen in die Tasche von Talleyrand und eines Günstlings der spanischen Herrscher. Der Handelsvertrag mit den Vereinigten Staaten brachte ihm zwei Millionen, der Friedensvertrag von Lunéville siebeneinhalb Millionen Francs ein. Von Juli 1800 bis Februar 1801 kassierte er fünfzehn Millionen. Nach Jena gab ihm der König von Sachsen, um seine Gemäldegalerie nicht zu verlieren, eine Million. Dies sind nur einige Beispiele. Barras' Liste endet mit dem Jahre 1815 und der Summe von 117 690 000 Francs. Ganz Europa suchte und bezahlte Talleyrands gute Dienste.

32. Das Metternichsche System bezweckte die Erhaltung der 1815 am Wiener Kongreß geschaffenen staatlichen Ordnung Europas und sagte allen revolutionären Bewegungen, die zur Erschütterung der Legitimität und dadurch des allgemeinen Friedens führen hätten können, den Kampf an. Die neue Ordnung basierte auf der Sicherung des Gleichgewichtes der Mächte. Zur Erreichung dieser Ziele sah Metternich eine gemeinsame Intervention der Großmächte bei jeglicher Bedrohung der inneren und äußeren Ordnung vor. Der Stärkung der Souveränitätsrechte sollte eine enge Zusammenarbeit mit Preußen im Rahmen des »Deutschen Bundes« dienen und eine noch engere zwischen Preußen, Österreich und Rußland in der »Heiligen Allianz«, die durch Beitritt anderer Monarchen allmählich erweitert wurde.

33. In seinem Bericht vom März 1800 zeichnet Talleyrand das Bild eines vollkommenen Diplomaten:
»Es gibt zwei Arten von Eigenschaften, die zusammen den Geist und die Ehre dieses Berufs bilden: die Eigenschaften der Seele und diejenigen des Geistes. Die der Seele sind: 1. Umsicht, 2. Verschwiegenheit, 3. absolute Selbstlosigkeit und 4. eine gewisse Vornehmheit der Gefühle, die alles das empfinden läßt, was an Großem und Erhabenem in der Vertretung der Nation liegt. Die des Geistes sind: 1. Neigung des Geistes zum Studium der politischen Beziehungen, 2. die unentbehrliche Fazilität, um das Wesentliche schnell und wohl aufzufassen, da kein anderer Beruf den Beamten eine so rasche und den Kern der Dinge berührende Arbeit auferlegt, 3. eine gewisse Weite der Ideen, weil in dieser Tätigkeit die Einzelheiten in ein großes Ganzes zusammenfließen. Eine dritte Art hängt mit diesen aufgezählten beiden zusammen; die Gewandtheit in der Behandlung der diplomatischen Geschäfte.«

34. Diese »schützende Hand« wird nach Fatima, der einzigen Tochter des Propheten Mohammed benannt.

35. Während der Inlandsverwendung der Diplomaten, das heißt, ihrer

Tätigkeit im Außenministerium ihrer Heimat zwischen zwei oder mehreren Auslandsposten, fallen sämtliche Auslandszulagen weg und sie sind, wie alle anderen Beamten ihres Ranges in den übrigen Ministerien, bezahlt. Dasselbe gilt für die Besoldung im Ruhestand, die nach ihrem Rang als normale Beamte im Inlandsdienst berechnet wird.

36. In dem Land, in dem sich diese Episode zutrug, gab es damals noch die Sklaverei und auch Sklavenmärkte. Offiziell wurde die Sklaverei dort um die Mitte unserer Sechzigerjahre abgeschafft.

*Isabella Nadolny*

Ein Baum wächst übers Dach
*120. Tsd. 293 Seiten, Ganzleinen*

Seehamer Tagebuch
*32. Tsd. 184 Seiten, Ganzleinen*

Allerlei Leute – auch zwei Königinnen
*169 Seiten, Ganzleinen*

Vergangen wie ein Rauch
Geschichte einer Familie
*40. Tsd. 230 Seiten, Ganzleinen*

---

*Eckart Klessmann*

## Prinz Louis Ferdinand von Preußen

Gestalt einer Zeitenwende
*320 Seiten, 12 Seiten Abbildungen, Ganzleinen*

Das nur knapp 34 Jahre währende Leben des Prinzen Louis Ferdinand von Preußen haben Mit- und Nachwelt mit der Erscheinung eines Meteors verglichen.
Nur von wenigen Menschen ist eine solche Faszination ausgegangen wie von diesem Mann, den Dichter wie Goethe, Fouqué, Arnim, Freiligrath und Fontane bewunderten, zu dessen Freunden Beethoven, Rahel, Stein, Clausewitz und Fürst de Ligne zählten, und den Robert Schumann den »romantischsten aller Fürstensöhne« genannt hat.

PAUL LIST VERLAG